유아교사를 위한

교과교재연구 및 지도법

임은숙 저

태영출판사

처음 유치원 교사 생활을 시작했을 때를 기억해 본다. 그 시절에는 교수매체를 사용하려면 교사가 모든 자료를 직접 구입하고 제작해야만 했다.

지금은 교육계획을 위한 다양한 저서, 그리고 상업화된 교수자료나 교구가 교사의 선택을 기다리고 있어 교육 준비가 훨씬 수월해진 것이 사실이다.

그러나 상업화된 교구들이 교육목적과 다른 경우도 있고 인쇄 색상이나 질감이 일정하여 어린이들이 만지고 놀기에 미흡한 경우도 있다.

본 교재는 유아들과의 힘든 일과 뒤에 또다시 교수매체 제작에 매달려야 하는 어려운 현실 속에서도 유아들을 위해 끊임없이 노력하는 선생님들과 교수매체에 대한 기초가 없는 유아교육 관련 학생들이 교육계획을 하고 교육목적에 적합한 교수매체를 제작하고자 할 때 제작 기술이나 활용에 도움을 주고자 한다.

수업활동을 위한 교육계획의 구체적인 내용들은 교육목표의 설정, 활동내용의 선정 및 조직, 유아들의 선행경험 정도의 파악, 활동방법 및 활동 유형의 선정, 교구매체 및 교구의 선정, 발문기술의 탐색, 활동의 전개계획, 평가계획 등 사전계획을 수립하는 활동 등이 포함된다. 교육목표, 교육내용, 교수-학습 방법, 교육평가에 관련된 내용은 교직 및 전공 선택의 교과목에서 많이 다루어지고 있으므로 이 책에서는 교수-학습 방법(교육활동 유형, 지도방법, 교수매체) 영역 중에서 교수매체를 위주로 다루고자 한다.

본 교재는 교수매체 제작에 있어서 실제적인 면을 중심으로 집필되었으며 다음과 같은 점에 중점을 두었다.

첫째, 교구 제작 시 활용할 수 있는 다양한 소재 및 작업용구의 제시이다.

소재의 종류와 활용법이 설명되고 있으며 학과나 유치원에서 구입하여 교수매체의 완성도를 높일 수 있는 작업 용구를 소개하였다.

둘째, 교수매체 제작법에 대한 방안 제시이다.

똑같은 목적을 가진 교수매체라도 제작방법을 달리하여 더욱 효율적으로 활용될 수 있도록 하였다.

셋째, 수납을 고려한 입체적인 교수매체 제작을 위한 방안 제시이다.

유아는 평면적인 교수매체보다 입체적인 교수매체를 좋아한다. 따라서 유아들이 사용할 때는 입체적으로 조립이 되고 보관할 때는 평면적으로 접거나, 상자 자체가 게임도구로 쓰이다가 게임이 끝나면 보관함으로 사용하도록 하였다.

넷째, 주제에 따라 그림의 교체가 가능한 교수매체 제작 방안의 제시이다.

학습목적이나 주제에 따라 교수매체 전체를 제작하기에는 시간과 경제적인 손실이 크므로 기본 형태는 유지하면서 그림만 교체하여 활용할 수 있도록 하였다.

아직도 미진한 부분이 너무나 많지만 또다시 새로운 학기를 준비해야 하는 현실이 이대로 마무리할 것을 종용하고 있다. 앞으로 이 책을 접하시는 분들의 지도편달을 받아 보완하고자 한다.

끝으로 교수매체 제작에 대한 영감을 불어넣어준 제자들과 주부의 자리를 포기한 나를 위해 집안일을 맡아 주신 친정어머니, 교구 사진 촬영을 도와준 사랑하는 나의 남편과 딸, 그리고 출판을 맡아 주신 태영출판사 김현태 사장님과 편집을 맡아 수고해 주신 편집진 여러분께 감사를 드린다.

2010. 12

저자 씀

차 례

제 1 장

교수공학과 교과교재연구 및 지도법

1. 교과교재의 정의
2. 교육공학과 교과교재연구 및 지도법
3. 교수매체의 기초이론 및 분류방법
4. 교육계획안 작성 및 교수매체 제작의 실제

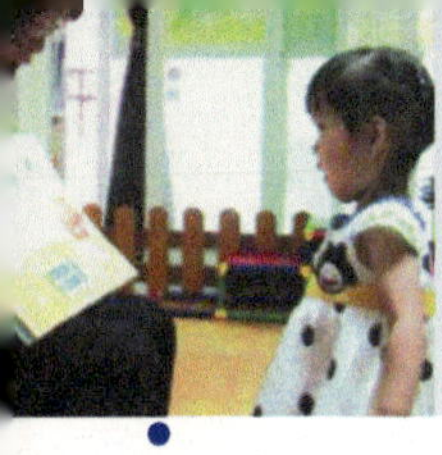

1. 교과교재의 정의

교과란 교육내용을 학교교육의 목적에 맞게 조직해 놓은 묶음을 말하는 것으로 국어, 수학, 과학 등이 그 예이며(서울대학교 교육연구소, 1994), 교재란 교육을 위해 필요한 재료이며 교구는 학습을 구체화하고 효과적으로 지도하기 위해 사용하는 도구, 칠판, 괘도, 표본, 모형 등을 일컫는다(표준국어대사전, 1999).

그러나 교과의 구분은 학문적 분류의 체계에만 의존하는 것이 아니라 교육받는 대상과 사회적 필요에 의해 다르게 성립될 수 있으며, 교과라는 것은 어떤 고정된 실체가 아니라 각급 학교의 교육과정에서 교수-학습을 위한 활동영역의 단위를 가리키는 말이다(김경배 외, 2001). 그러므로 학습과 발달이 통합적으로 이뤄지는 유아교육의 특성상 교과를 분리하지 않고 활동의 각 내용들이 서로 연결되고 통합됨으로써 유아들이 효과적으로 학습할 수 있도록 해야 한다. 초등학교 이상의 각급 학교에서는 교과를 가르치기 위해 주로 교과서를 교재로 사용하고 있으나 유아교육은 놀이를 통한 통합적 교육과정을 운영하므로 활동 및 자료들이 교재가 된다. 유아교육에서는 교과교재라는 말보다 교수매체, 교재교구, 교수자료, 시청각교재, 교수 · 학습자료 등으로 불려진다.

게를라흐(V. S. Gerlach)와 엘리(D. P. Ely)는 교수매체를 광의와 협의로 나누어 해석하고 있다(유태영 역, 1981). 광의로 볼 때, 교수매체는 학습자에게 지식 · 기능 · 태도를 습득시킬 때 조건을 제시해 주는 인물이나 사물을 가리키며, 이 경우에는 교수자나 교과서 등도 매체라고 볼 수 있다. 그러나, 협의로 볼 때의 교수매체는 시각정보 또는 언어정보를 파악 · 처리하여 재현시키는 데 쓰이는 각종 시청각 자료를 비롯하여 전자식 또는 기계적인 수단을 의미한다(이성호, 1999, 재인용).

2. 교육공학과 교과교재연구 및 지도법

1) 교육공학

교육공학의 영역은 좁게는 한 시간의 수업을 어떻게 효과적이고 효율적이며 매력적이고 안전하게 할 것인가에 대한 과학적이며 실천적인 수준의 문제해결에서부터 크게는 각종 교육기관의 교육목표를 효율적, 효과적, 매력적이고 안전하게 달성하기 위한 제반 문제를 탐구하고 해결책을 제시하는 것까지를 포함한다고 볼 수 있다(변영계 외, 2000).

씨일과 리체(Seels & Richey, 1994)는 교육공학이라는 용어 대신에 교수공학이라는 용어를 사용하며 "교수공학이란 학습을 위한 과정과 자원의 설계, 개발, 활용, 관리 및 평가에 관한 이론과 실제이다"라고 정의하였다. 현재 교육 분야에서는 교육공학과 교수공학을 엄격하게 구분하지 않고 동일한 의미로 사용하고 있다.

그러나 일반인들이 이해하고 있는 교육공학이라는 의미는 교육현장에서 교수매체를 어떻게 활용할 것인가 하는 영역과 교수설계 분야에 한정지은 것으로 이해할 수 있다. 즉, 수업을 어떻게 활용할 것인가 하는 것이 교육공학의 내용으로 이해되고 있는 것이다. 따라서 최근 교육공학은 교수매체공학이나 교수공학에 더 가까운 개념으로 인식되고 있는 것이 사실이다(김영봉 외, 2008).

2) 교과교재 연구

유아교육에서는 교과교재라는 말보다 교사와 학습자 등 교육의 주체와 객체를 매개로 하여 교수-학습을 성립시키는 교육의 자료나 도구를 의미하는 교재교구라는 말이 널리 쓰이고 있다.

교재 연구의 관점을 살펴보면 다음과 같다(박인학, 2002).

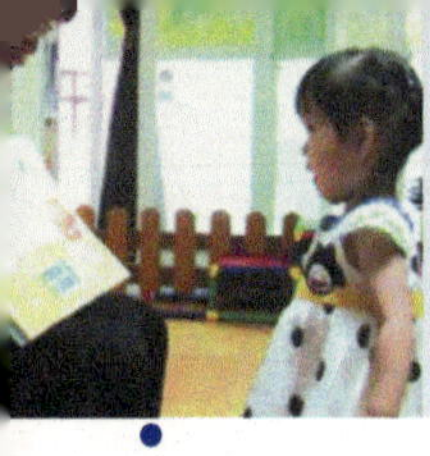

첫째, 교재 그 자체를 이해하기 위한 작업으로 교재가 갖는 사실을 교사 스스로가 어떻게 생각하고 있고 본인이 학습자라면 무엇을 알고 싶은가를 묻는 교재에 대한 연구이다.

둘째, 교사가 교재를 사용할 때 학생들의 능력과 교재의 난이도를 파악해서 어려운 부분은 어떻게 다루어야 하며, 어떻게 보충해 주면 좋을까 등을 연구하는 학습자를 위한 교재연구이다.

셋째, 바람직한 지도계획을 확립하기 위해 교재의 성질이나 한계를 확인한 후 유효한 지도계획을 작성하고 어디서 어떻게 교재의 역할을 다할 수 있는 것을 찾을까에 대해 생각하는 바람직한 지도 작성을 위한 연구이다.

3) 교육공학과 교과교재연구 및 지도법

교육공학-교수공학의 개념체계 속에서 교과교재연구 및 지도법은 교수매체 뿐만 아니라 실제로 교육계획 영역으로 수업을 계획하는데 포함되는 구체적인 내용들을 말하며 교육목표의 설정, 활동내용의 선정 및 조직, 유아들의 선행경험 정도의 파악, 활동방법 및 활동유형의 선정, 교구의 선정, 발문기술의 탐색, 활동의 전개계획, 평가계획 등의 사전계획을 수립하는 활동이 포함된다.

즉 교과교재연구 및 지도법은 하나의 주제를 중심으로 지도하는 활동에 대한 구체적이고 실천적인 지도방안을 탐구하는 분야라 할 수 있다(정용주 · 오성숙, 2007).

4) 교수-학습 방법과 교수매체

유아교육기관에서의 교육은 '무엇을, 왜 교육할 것인가' 하는 교육의 목적과 내용을 설정하고, 목적을 달성하기 위해 어린이들에게 구체적으로 '어떤 학습경험을 어떠한 방법을 선택하여 학습목표에 도달시키는가', 즉 교수-학습 방법의 수단을 선정한다.

교수(instruction) 또는 수업은 교육과정에 내포된 내용을 가르치는 일이며 학습(learning)은 배우는 것이라는 별개의 개념이 있지만 20세기 무렵 나타난 진보주의, 아동중심교육의 영향으로 교수와 학습은 서로 밀접히 관련되어 있으며 교사의 지도하에 유아가 일정한 교육내용을 습득해 가는 통합적 의미의 '교수-학습의 과정'으로 일컬어지고 있다(김진영 외, 2001). 학습자는 교수매체를 통해서 학습할 수도 있지만, 매체 자체를 학습대상으로 삼아 기능적인 경험을 습득할 수도 있다. 즉 매체는 학습할 내용인 동시에, 경험을 구성하는 기능을 갖고 있다(박인학, 2002).

따라서 교과교재 연구 및 지도법은 유아교육의 효율성을 극대화하기 위한 교육계획, 수업전략 수립 및 수업의 구체적인 실천기술에 이르기까지 일련의 교육과정에 따른 교수방법을 탐구하는 것으로 정의할 수 있다. 그 내용에 있어서는 유아들의 학습내용, 활동의 지도방법, 학습활동에 필요한 모든 매체, 교수-학습 자료의 활용방법 등 방법론적인 측면에 초점을 둔 '교수방법의 탐구'를 의미한다.

3. 교수매체의 기초이론 및 분류방법

교수매체의 이론적인 발달을 정리하여 보면 1923년 미국교육연합회 내에 시각교육국이 공식 기구로 조직되고 시청각 교육이 하나의 전문분야로 간주되어 공식적이고 조직적인 활동이 전개되었다. 당시의 시각교육운동은 시각자료를 단순히 교사의 수업 보조물로만 간주하였을 뿐 시각자료의 잠재적인 가능성, 즉 시각자료에만 의한 독립적인 교수의 가능성에 대해서는 고려하지 못했다.

1930년대 말 음향 기기가 보급되면서 호반, 데일, 올센이 청각적인 요소를 가미함으로써 시청각 교육의 개념으로 확대 변화하게 되었으나 여전히 시청각 교재를 교사의 수업보조물의 역할로만 이해하였다는 면에서 역시 제한적인 개념을 가지고 있었다. 또한 시청각 교재 각각의 고유하고 잠재적인 가능성을 확대, 개발하기보다는 사실주의에 기초한 구체성과 추상성의 단순 개념을 기준으로 교재를 분류

하여 일차원적이고 평면적인 이해에 그쳤을 뿐이다.

1950년대에 접어들면서 통신이론의 발달과 함께 교수-학습 과정을 일종의 통신 과정으로 보는 시각이 탄생하였다. 통신이론과의 통합으로 말미암아, 시각이나 청각 등의 감각적, 신체적 경험만을 강조하던 평면적 차원의 시청각 교육의 개념에 많은 변화가 일어나게 되었다. 즉 교사와 아동의 상호작용 및 아동의 해석 능력에 대한 배려, 환경적 요소의 고려 등 교수-학습 과정에 대한 종합적이고 다면적인 이해가 가능하게 된 것이다. 또한 전통적인 시청각 교재에서 강조하던 사물, 감각, 구체성 등의 단편적이고 독립적인 개개의 개념에서 탈피하여 교수-학습 과정의 시청각적 요소를 역동적인 통신과정의 일부로 인식함으로써 시청각 교육에 대한 보다 과학적인 이해가 이루어졌다.

이러한 시청각 통신이론은 체제이론(systems theory)과 행동과학적 학습이론이 통합되어 교육공학이론으로 발전하게 되었다. 즉 교육 분야에 현대 자연과학의 산물인 기계 매체의 활용은 물론 교육문제에 대한 공학적 시도, 즉 과학적이고 분석적인 공학적 연구방법과 원리 및 기술을 조직적으로 적용함으로써 종래의 시청각 통신의 개념적 차원을 넘어서 보다 조직적이고 상호 관련적인 체제적 과정으로 이해할 수 있게 되었다. 결국 교수 매체들은 교수-학습 통신 과정의 일부일 뿐만 아니라 관련된 모든 인적, 물적 요소와 일련의 교수절차가 상호작용하는 통합된 교수체제 속에서 역동적인 하나의 구성요소로 작용하는 것이다. 그러므로 교수매체의 활용은 교수 목표 및 교수 방법, 관련된 인적 · 물적 요소와의 연관 속에서 계획되고 사용되며, 그 활용 효과에 대한 피드백과 수정 및 보완 작업이 병행되어야 하는 것이다.

1) 호반의 시각교재 분류

호반(C. F. Hoban, 1960)은 교육의 주요 목적을 인간경험의 일반화에 두어야 한다고 보고 이 일반화 과정에 있어서 학습경험을 시각화해야 할 필요가 있음을 역설하였다. 경험의 일반화를 이루기 위해서 언어만으로 불가능하며, 그렇다고 경험만을 중시하고 언어를 무시해서도 안 되며, 경험과 언어의 양자를 결부시켜야

한다고 보고 있다. 즉 추상(언어)을 구체(실제경험)에 의하여 보강토록 하여야 한다는 것이다. 그러므로 학습지도는 보다 구체성이 많은 내용으로부터 점차적으로 추상적인 것으로 옮아가야 한다고 보는 것이다. 구체에서 추상으로 옮겨가는 데 있어서 그 계열로 다음과 같이 다섯 가지를 내세운다.

① 현장견학 : 현장관찰

② 박물관 자료 : 실물, 표본, 모형

③ 영화

④ 사진 : 정물사진(2차원적인 것)

⑤ 도표 : 그래프, 도형, 지도 등

그는 다시 구체와 추상의 단계를 그림과 같이 내세워 체계화하고 있다.

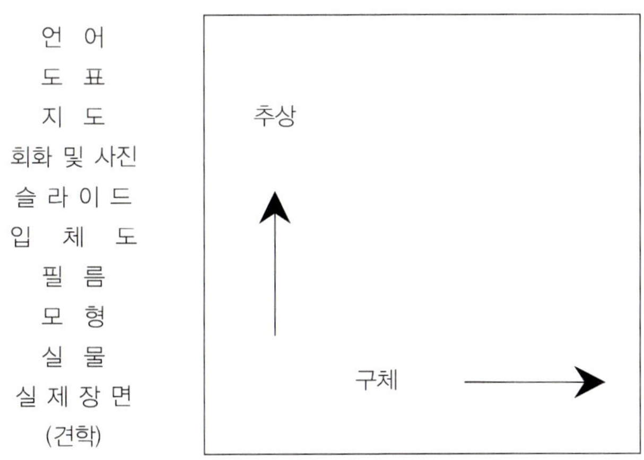

[그림 1-1] 호반에 의한 시각교재 분류

2) 데일의 경험의 원추이론

데일(Edgar Dale, 1969)은 교수매체를 활용한 학습경험의 종류를 그 구체성과 추상성의 정도에 따라 분류하였으며 이를 경험의 원추(cone of experience)라고 하였다.

행동적 경험이란 실제 노끈을 묶는 것과 같이 직접 행동을 통한 경험으로 가장 구체적인 경험을 말한다. 시청각적 경험은 실제 행동이나 실물의 경험은 아니지만

시청각적 표현 · 현상을 통한 경험으로써 어느 정도 구체성이 깃들은 경험이라고 할 수 있다. 예를 들면, 지금까지 노끈을 묶지 못하던 아이가 그림이나 영화를 보고 노끈을 맬 줄 알게 되었다면 이것은 시청각적 경험의 효과라고 볼 수 있다.

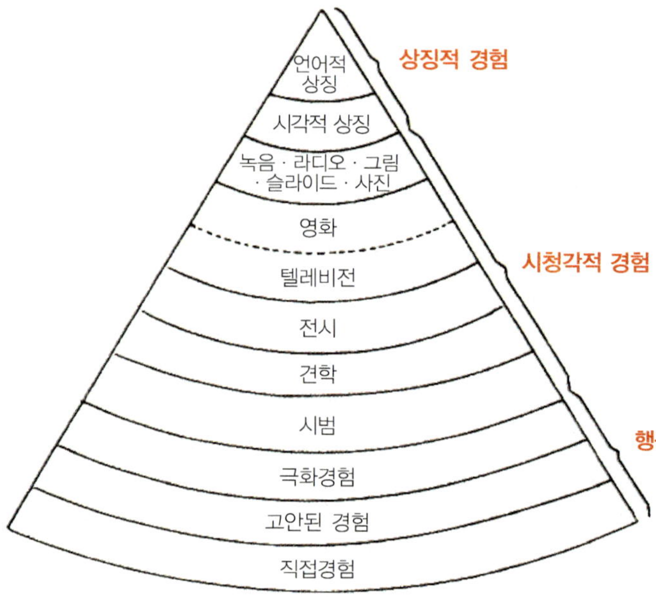

[그림 1-2] 데일의 경험의 원추

3) 올센에 의한 효율적인 학습방법

올센(E.G. Olsen, 1945)의 분류에 의하면 학습자의 관찰이나 참여행동을 동반하는 견학 · 현장 실습 등의 직접적인 경험은 매우 구체적인 성격을 띠며, 모형 · 슬라이드 · TV 등의 시청각 매체에 의한 학습은 매개물을 통한 일종의 대리 경험이므로 그 구체성이 실제 경험보다 낮다. 그리고 도표 · 문자 · 강의 등의 시각 기호를 통한 학습은 고도의 추상성을 띤 경험이라 하겠다. 올센은 어린이를 지도할 때 구체적인 교재로부터 시작하여 점차 추상적인 교재를 사용해 갈 때 학습의 효과를 기할 수 있다고 하였다.

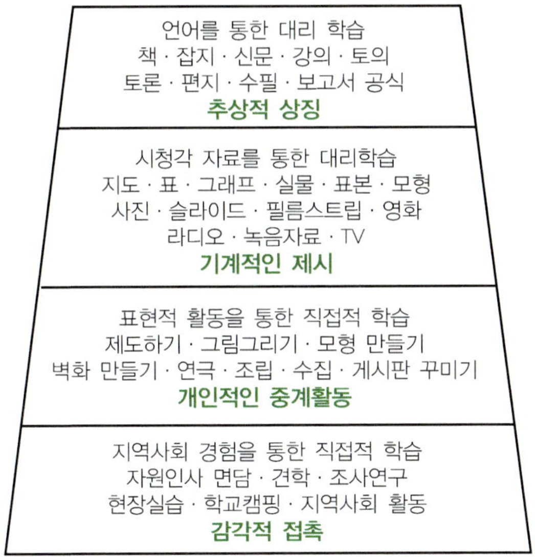

[그림 1-3] 올센에 의한 효율적인 학습 방법

4) 함리우스의 교수체제설계모형

교육공학(Educational Technology)은 인간학습에 포함된 문제점들을 분석하고 이에 대한 해결책을 고안하고 실행하며 평가관리하기 위하여 요원, 절차, 아이디어, 교구 및 조직을 포함하는 복합적이고 통합된 과정으로 정의한다.

그리고 교수매체의 활용에 대해 종래의 '시청각 통신'의 개념적 차원을 넘어서 보다 조직적이고 상호 관련적인 체제적 과정으로 설명한다. 즉, 교수매체들은 교수-학습 통신 과정의 일부일 뿐 아니라 관련된 모든 인적 · 물적 요소와 일련의 교수 절차가 상호 작용하는 통합된 교수 체제 속에서 역동적인 하나의 구성 요소로 작용한다는 것이다. 함리우스(Hamreus)의 교수체제설계모형은 교수매체의 활용시 교수 목표 및 교수 방법, 관련된 인적 · 물적 요소와의 연관 속에서 계획되고 사용되며, 그 활용 효과에 대한 피드백과 수정 및 보완 작업이 병행되어야 하는 것으로 설명한다.

교육공학은 인간학습에 포함된 문제점들을 분석하고 이에 대한 해결책을 고안하고 실행하며 평가관리하기 위하여 요원, 절차, 아이디어, 교구 및 조직을 포함하는 복합적이고 통합된 과정으로 정의한다.

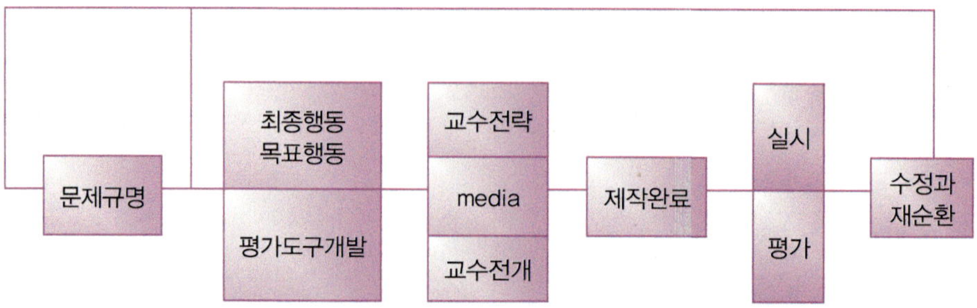

[그림 1-4] 함리우스의 교수체제설계모형(호재숙 외, 1989, p. 190, 재인용)

5) 게를라흐와 엘리의 분류

게를라흐와 엘리(Gerlach and Ely, 1971)는 교수매체의 제시 기능에 따라 다음과 같이 분류하였다.

(1) 실물

인물, 사건, 견학, 시범 등이 포함된다. 이것은 단순히 시각 · 청각 · 언어정보뿐만 아니라 미각 · 후각 · 촉각정보까지도 얻을 수 있다.

(2) 언어표현

교과서나 워크북(Workbook)과 같은 인쇄물 외에 영화 · 텔레비전 · OHP(Over Head Projector) 슬라이드 · CAI(Computer Assisted Instruction)의 CRT(브라운관)에 나타나는 문자 언어와 녹음자료의 음성언어까지도 포함된다.

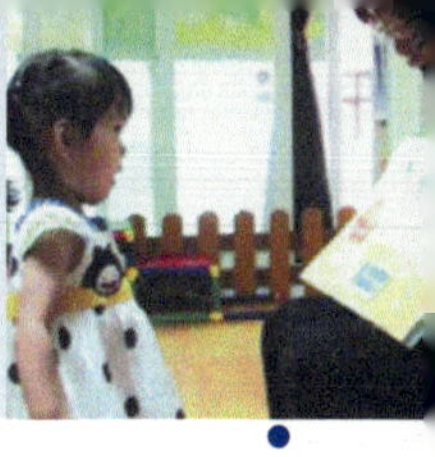

(3) 도식표현

교과서, 게시판, 슬라이드, TP(Transparency : 오버헤드 프로젝터용 슬라이드) 등의 자료를 제작할 때 도식(chart), 그래프, 지도, 회화 등으로 제시될 수 있다.

(4) 사진(photo-essay)

흑백이나 원색의 사진, 교과서의 삽화나 게시판의 게시, 슬라이드나 TP 자료로도 볼 수가 있다. 실제의 사물이나 상황을 실제의 모습보다 크거나 작게 기록할 수 있다.

(5) 동화(動畵)

흑백이나 원색의 영화 · 텔레비전 · 비디오 등으로써 움직임을 재현시키며, 필요에 따라서는 현실의 움직임이나 변화를 빠르게 하거나 느리게 또는 멈출 수 있으며 음성언어 · 음악 · 효과음향을 넣을 수 있다.

(6) 녹음

자기테이프, 미니디스크, 디지털 오디오 테이프, MP3 저장장치 등에 의한 녹음은 편집이 용이하며, 개별 청취나 라디오의 교내 방송 장치로 방송도 가능하다.

(7) 학습 프로그램

프로그램 학습방법의 교재나 티칭머신(teaching machine), CAI용 학습 프로그램(software), 정보 제시는 인쇄물과 슬라이드 · 테이프 · 비디오 등을 조합해서 사용함이 가능하다.

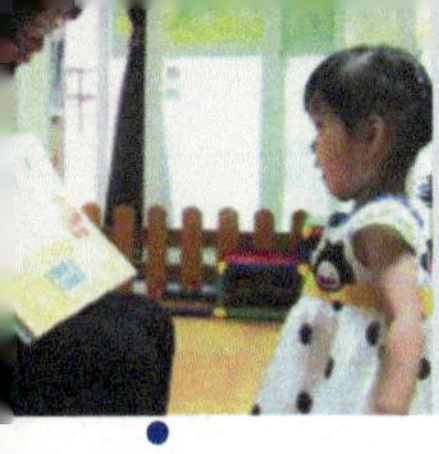

(8) 시뮬레이션(simulation)

모의 훈련 장치(simulation)에 의한 훈련 외에 교육용 게임을 포함한다.

이 밖에도 전기 작동 기능의 유무에 따라서도 교수매체를 분류할 수도 있다.

4. 교육계획안 작성 및 교수매체 제작의 실제

1) 교육계획안 작성의 실제

(1) 연간교육계획안

연간교육계획을 수립하면 1년 동안 진행할 유치원 교육과정의 전체적인 흐름을 쉽게 파악할 수 있고 부족한 내용을 신속하게 수정 보완할 수 있으며, 필요한 교재교구를 미리 준비하여 안정적이고 충실한 교육을 할 수 있다(교육과학기술부, 2009).

다음 〈표 1-1〉은 만 5세 연간교육계획안의 예이다.

표 1-1

만 5세 연간교육계획안의 예

학기	월	생활주제	주	주제	학기	월	생활주제	주	주제
1학기	3	유치원과 친구	2	즐거운 유치원 생활	2학기	9	동식물과 자연	1	곤충 II
		나와 가족	3	나의 생각과 감정			교통기관	2	교통통신과 교통생활
							우리나라	3	우리나라의 자랑거리
			4	나의 몸				4	한가위
		유치원과 친구	5	친구가 좋아요		10		5	우리나라의 놀이(탈춤)
							세계	1	세계 여러 나라 사람들

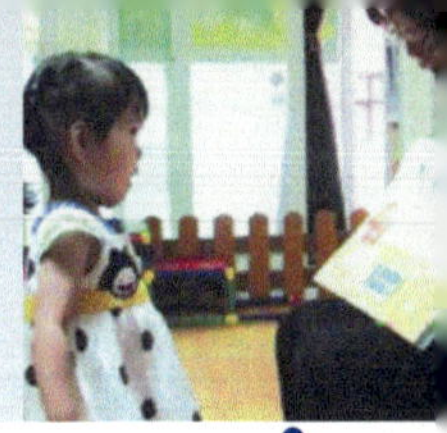

학기	월	생활주제	주	주제
	4		1	우리는 친구
	4	계절(봄)	2	봄이 왔어요
	4	계절(봄)	3	봄의 식물
	4	계절(봄)	4	봄의 동물
	5	나와 가족	1	사랑하는 가족
	5	나와 가족	2	효 이야기
	5	우리동네	3	우리 고장 인천
	5	행복한 미술관	4	행복한 미술관 I
	6	행복한 미술관	1	행복한 미술관 II
	6	동식물과 자연	2	동물
	6	동식물과 자연	3	과거의 동물(공룡)
	6	건강과 안전	4	즐거운 운동과 휴식
	6	건강과 안전	5	맛있는 음식과 건강
	7	계절(여름)	1	물 I
	7	계절(여름)	2	물 II
	7	계절(여름)	3	여름캠프 여름방학
	7	계절(여름)	4	*여름방학*
	8	계절(여름)	1	*여름방학*
	8	계절(여름)	2	*여름방학*
	8	계절(여름)	3	*여름방학*
	8	동식물과 자연	4	곤충 I

학기	월	생활주제	주	주제
		여러 나라	2	국제 이해의 날
		환경과 생활	3	지구와 우주
		환경과 생활	4	지구의 환경
	11	계절(가을)	1	나뭇잎 I
	11	계절(가을)	2	나뭇잎 II
	11	생활도구	3	다양한 생활도구
	11	생활도구	4	생활도구를 움직이는 힘
	12	생활도구	1	측정(길이, 무게)
	12	우리동네	2	보도기관
	12	계절(겨울)	3	김장
	12	계절(겨울)	4	함께하는 세상
	12	계절(겨울)	5	*겨울방학*
	1	계절(겨울)	1	*겨울방학*
	1	계절(겨울)	2	*겨울방학*
	1	계절(겨울)	3	*겨울방학*
	1	책	4	책
	2	계절(겨울)	1	즐거운 설날
	2	초등학교에 가요	2	초등학교에 가요 I
	2	초등학교에 가요	3	초등학교에 가요 II

※ 위의 내용은 유아의 흥미, 요구, 주제에 따라 변경될 수 있습니다.

출처 : 재능대학부속유치원 2010학년도 유치원교육 운영계획서.

(2) 주간교육계획안

주간교육계획은 생활주제에 따라 1주일 동안 이루어지는 활동들을 한눈에 볼

수 있도록 계획하여 기록하는 것이다. 주간교육계획안에는 요일별로 자유선택활동 시간에 이루어지는 각 흥미영역의 활동들과 대 · 소집단 활동들을 선정하여 기록하고 각 활동에 필요한 교재 · 교구, 이야기나누기의 주제, 활동내용 등을 구체적으로 기록한다. 이 때 교사용(유치원 보관용) 교육계획안은 학부모 배부용과 별도로 준비하는데 각 활동에 적합한 교재 · 교구를 선정하고 유치원의 기준에 따라 정해진 교재 · 교구 목록화 번호를 기입하여 각 활동마다 어떠한 교재 · 교구를 사용하는지 파악할 수 있도록 준비한다. 다음 〈표 1-2〉는 학부모 배부용 주간 교육계획안의 예이고 〈표 1-3〉은 유치원 보관용 주간교육계획안의 예이다. 유치원 보관용 주간교육계획안은 유치원의 교재 · 교구 목록에서 찾을 수 있도록 목록화된 교재 · 교구 번호를 써 넣는다. 파란색 번호는 기존의 교구를 사용하는 것이며 빨간색 번호는 교육 목적에 맞게 새로이 제작한 교구를 뜻한다.

표 1-2

생활주제 계절(가을) 중 주제 '나뭇잎의 주간교육계획안(만 5세, 학부모 배부용)

<table>
<tr><td colspan="2">반 이 름</td><td colspan="3">해오름반, 달오름반, 별오름반</td><td>시 기</td><td>2010년 11월 1주</td></tr>
<tr><td colspan="2">생 활 주 제</td><td colspan="3">계절(가을)</td><td>주 제</td><td>나뭇잎 I</td></tr>
<tr><td colspan="2">목 표</td><td colspan="5">계절의 변화를 느낀다. 나뭇잎에 관심을 갖고 탐구한다.</td></tr>
<tr><td colspan="2">날짜/요일
활동</td><td>1일(월)</td><td>2일(화)</td><td>3일(수)</td><td>4일(목)</td><td>5일(금)</td></tr>
<tr><td colspan="2">행 사 및 준 비 물</td><td></td><td>체육복</td><td>도서반납</td><td>현장학습</td><td>도서대여</td></tr>
<tr><td rowspan="8">자유선택활동</td><td>쌓기 놀이 영역</td><td colspan="5">가을 전시회 블록으로 가로수길 구성하기</td></tr>
<tr><td>역할 놀이 영역</td><td colspan="5">농부의 가을걷이 나뭇잎 가족</td></tr>
<tr><td>언어 영역</td><td colspan="5">가을을 만났어요 나뭇잎 책 만들기 나뭇잎 글자 만들기
나뭇잎 하면 생각나는 것 글자 나무 만들기</td></tr>
<tr><td>수 · 조작 놀이 영역</td><td colspan="5">가을 열매 어림셈 나뭇잎 퍼즐 나뭇잎 구성하기</td></tr>
<tr><td>과학 영역</td><td colspan="5">곡식의 양 재어보기 현미경으로 나뭇잎 관찰하기 녹차 마시기</td></tr>
<tr><td>조형 영역</td><td colspan="5">나뭇잎 발 만들기 나뭇잎 판화 나뭇잎 책갈피 만들기</td></tr>
<tr><td>음률 영역</td><td colspan="5">나뭇잎 마라카스로 연주하기 비발디 사계 중 '가을'감상</td></tr>
<tr><td>컴퓨터 영역</td><td colspan="5">아낌없이 주는 나무</td></tr>
</table>

대·소 집단 활동	이야기 나누기	가을을 느껴요	나뭇잎 하면 생각나는 것	여러 가지 색의 나뭇잎	빨갛게 노랗게 물들었어요	나뭇잎으로 할 수 있어요
	동화, 동극, 동시	맛있는 열매 (동화)	나뭇잎을 타고 (동시)	단풍잎의 가을밤 (동화, 동극)	나뭇잎의 모험 (동화)	가랑잎 그림책 (동시)
	음 률	가을길 (노래)		나뭇잎 (노래)	청라생태공원 현장학습	몰래 들어와서는 (악기연주)
	신 체		점프플래그 (체육)			
	게 임		같은 모양 나뭇잎 찾기			나뭇잎 뒤집기 게임
바깥놀이 활동		가을철 꽃 씨 뿌리기		실외유원장의 나뭇잎들		
중 식		검정콩밥 버섯육개장 (국내산 한우) 두부조림 쥐포채볶음 깍두기 앙팡요쿠르트	보리밥 시금치된장국 자반카레구이 호박표고볶음 김치	흑미밥 갈비탕 (국내산 한우) 오징어참나물 무침 과일샐러드 깍두기 귤	수수밥 어묵국 닭살브로콜리 볶음 (닭:국내산) 콩나물무침 김치	오므라이스 달걀실파국 콘샐러드 단무지 요플레

※ 위 교육 내용은 유아들의 흥미와 요구에 따라 변경될 수 있습니다.

출처 : 재능대학부속유치원 주간교육계획안.

표 1-3

생활주제 계절(가을) 중 주제 '나뭇잎의 주간교육계획안(만 5세, 유치원 보관용)

반 이 름	해오름반, 달오름반, 별오름반			시 기	2010년 11월 1주
생 활 주 제	계절(가을)			주 제	나뭇잎 I
목 표	계절의 변화를 느낀다. 나뭇잎에 관심을 갖고 탐구한다.				
날짜/요일 활동	1일(월)	2일(화)	3일(수)	4일(목)	5일(금)
행 사 및 준 비 물		체육복	도서반납	현장학습	도서대여

제 1 장

<table>
<tr><td rowspan="8">자유선택활동</td><td>쌓기 놀이 영역</td><td colspan="5">가을 전시회(개정교.12.P.288) 블록으로 가로수길 구성하기(여러 가지 블록, 가로수 사진)</td></tr>
<tr><td>역할 놀이 영역</td><td colspan="5">농부의 가을걷이 (03(5)-04③-역-01) 나뭇잎 가족 (10(5)-04③-역-)</td></tr>
<tr><td>언어 영역</td><td colspan="5">가을을 만났어요 (개정교.12.P.290)
나뭇잎 책 만들기 (책만들며.교육청.P.165)
나뭇잎 하면 생각나는 것
나뭇잎 글자 만들기
글자 나무 만들기 (10(5)-04③-언-)
(02(5)-04③-언-01)</td></tr>
<tr><td>수 · 조작 놀이 영역</td><td colspan="5">가을 열매 어림셈 (10(5)-04③-수-)(개정교.12.P.293)
나뭇잎 퍼즐 (10(5)-04③-조-)
나뭇잎 구성하기 (02(5)-04③-수-02)</td></tr>
<tr><td>과학 영역</td><td colspan="5">곡식의 양 재어보기 (03(5)-04③-과-02)
현미경으로 나뭇잎 관찰하기 (현미경, 여러 가지 나뭇잎)
녹차 마시기 (잎녹차, 따뜻한 물)</td></tr>
<tr><td>조형 영역</td><td colspan="5">나뭇잎 발 만들기 (색지, 털실, 스카치테이프)
나뭇잎 판화 (나뭇잎, 물감, 크레파스)
나뭇잎 책갈피 만들기 (나뭇잎, 코팅지, 끈)</td></tr>
<tr><td>음률 영역</td><td colspan="5">나뭇잎 마라카스로 연주하기 (10(5)-04③-음-)
비발디 사계 중'가을'감상 (카세트.CD)</td></tr>
<tr><td>컴퓨터 영역</td><td colspan="5">아낌없이 주는 나무(http://parents.jr.naver.com/donghwa)</td></tr>
<tr><td rowspan="5">대 · 소 집단 활동</td><td>이야기 나누기</td><td>가을을 느껴요
1.비밀상자에 배를 넣고 맞춰본다.
2.가을에 많이 볼 수 있는 것들에 대해 이야기 한다.
- 열매, 곡식
3. 가을철에 우는 벌레에 대해 이야기 한다.- 베짱이, 귀뚜라미, 여치, 방아깨비, 방울벌레
4.가을철 씨를 뿌리는 식물들 에 대해 이야기 한다.- 튤립, 히아신스, 나리, 수선화, 크로커스 등)
- 추위에 강한 종류로 추위에 해를 받지 않음.
(02-04③-01)
(09-04③-01)
담당:정현아</td><td>나뭇잎 하면 생각나는 것
1.나뭇잎에 대한 사전경험에 대해 이야기 해본다.
2.자유선택활동시간에 작성한'나뭇잎 하면 생각나는 것'을 발표한다.
(나뭇잎에 대해 생각 모으기 한 종이를 융판에 붙인다.)
3.비슷한 내용끼리 모아 유목화를 한다.
4.게시장소를 정한 후 게시한다.
(유아들이 작성한 '나뭇잎 하면 생각나는 것'종이, 유목화 판)
담당: 이경진</td><td>여러 가지 색의 나뭇잎
1.도입자료를 이용하여 나뭇잎 색의 변화를 소개한다.
2.나뭇잎마다 색이 다른 이유를 간단하게 이야기 한다.
3.색에 따른 나뭇잎을 소개한다.
-녹색, 황색, 적색, 적갈색
4.나뭇잎을 분류하여 비교해 본다.
5.자신이 좋아하는 나뭇잎을 소개한다.
(10-04③-)
담당:이경진</td><td>빨갛게 노랗게 물들었어요
1.청라생태공원에 다녀온 경험에 대해 이야기 해본다.
2.청라생태공원에 가면 무엇이 있을지 생각 해 본다.
3.청라생태공원 현장학습을 갈 때 주의해야 할 점에 대해 이야기 해본다.
4.청라생태공원에서 떨어져 있는 나뭇잎을 채집주머니에 넣어온다.
5.청라생태공원에 다녀온 후 기억에 남는 장면으로 그림으로 그려본다.
(종이, 쓰기도구)
담당:전은혜</td><td>나뭇잎으로 할 수 있어요
1.나뭇잎을 사용한 것들에 대해 이야기 한다.
- 차(녹차,솔잎차 등),음식,작품만들기,염색,방향제, 지붕, 그릇 등
2.청라생태공원에서 주워온 나뭇잎으로 무엇을 할 수 있을지 생각해 본다.
3.자신이 주워온 나뭇잎을 사용하여 작품을 만들어본다.
4.만들어진 작품을 친구들에게 소개한다.
(10-04③-)
담당:전은혜</td></tr>
<tr><td>동화, 동극, 동시</td><td>맛있는 열매
(그림동화-10)
(08-04③-03)</td><td>나뭇잎을 타고
(동시)
(02-04③-04)</td><td>단풍잎의 가을밤
(융판동화, 동극)
(02-04③-04)</td><td>나뭇잎의 모험
(그림동화)
(02-04③-16)</td><td>가랑잎 그림책
(동시)
(08-04③-01)</td></tr>
<tr><td>음 률</td><td>가을길
(노래)
(05-04③-01)</td><td></td><td>나뭇잎
(노래)
(10-04③-)</td><td rowspan="3">청라생태공원 현장학습
(채집주머니)</td><td>몰래 들어와서는
(악기연주)
(02-04③-03)</td></tr>
<tr><td>신 체</td><td></td><td>점프플래그
(체육)</td><td></td><td></td></tr>
<tr><td>게 임</td><td></td><td>같은 모양 나뭇잎 찾기
(03-04③-05)</td><td></td><td>나뭇잎 뒤집기 게임
(10-04③-)</td></tr>
</table>

바깥놀이 활동	가을철 꽃 씨 뿌리기		실외유원장의 나뭇잎들		
도서 목록	* 단풍(한국슈바이처), 빨간모자 알갱이와 노란모자 알갱이(두산동아), 나무(비룡소), 우리는 모두 한몸이야(보리), 나뭇잎 등(한국 차일드아카데미), 여러 가지 나무(프뢰벨)				

※ 위 교육 내용은 유아들의 흥미와 요구에 따라 변경될 수 있습니다.

출처 : 재능대학부속유치원 주간교육계획안.

(3) 일일교육계획안

일일교육계획안은 주간교육계획안에 근거하여 하루 동안에 이루어지는 교육활동을 시간의 순서에 따라 계획하고 운영한 후 평가할 수 있도록 한다.

〈표 1-4〉에서와 같이 일일교육계획안에는 학급명, 생활주제, 일일주제, 대상연령, 교육 목표, 활동명, 활동소요 시간, 활동내용, 준비물(활동자료) 등을 기록한다. 특히 준비물은 활동별 제작 자료 또는 상품화 자료를 각 유치원의 상황에 맞는 자료 분류 기준에 따라 목록화하여 관리하고 일일교육계획안의 각 활동 준비물 란에 자료 사진과 목록번호를 기록하면 각 활동에 어떤 자료를 활용하였는지 한눈에 알 수 있다.

표 1-4

생활주제 계절(가을) 중 주제 '여러 가지 색의 나뭇잎'의 일일교육계획안(만 5세)

학급명	해오름반	유아 연령	만 5 세	지도 교사		일시	2010년 11월 3일 (수)
생활 주제	계절 (가을)		주제	나뭇잎 I		소주제	여러 가지 색의 나뭇잎
목 표	· 나뭇잎에 관심을 갖고 탐구한다.						
일 일 시간표	시 간		활 동 명 (코끼리 1 코스, 곰돌이 1 코스)				
	8 : 50 ~ 9 : 00		등원 및 출석카드 도장 찍기				
	9 : 00 ~ 10 : 30		놀이계획 및 자유선택활동				
	10 : 30 ~ 10 : 40		정리 · 정돈 및 평가				
	10 : 40 ~ 11 : 00		이야기 나누기(여러 가지 색의 나뭇잎)				
	11 : 00 ~ 11 : 20		바깥놀이 활동(실외유원장의 나뭇잎들)				
	11 : 20 ~ 11 : 50		동화 · 동극(단풍잎의 가을밤)				

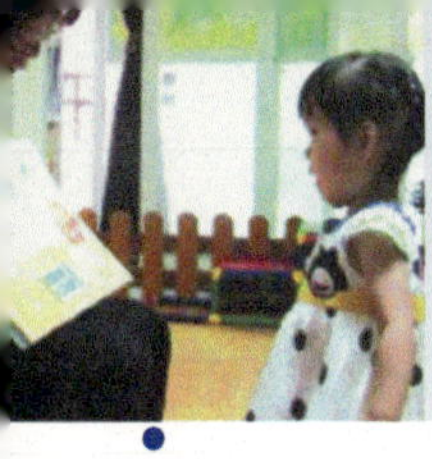

	11 : 50 ~ 12 : 10	음률(노래-나뭇잎)
	12 : 10 ~ 13 : 10	점심식사 및 잇솔질
	13 : 10 ~ 13 : 20	평가 및 귀가 준비

시간/활동명	활동 목표	〈활동 내용〉	준비물	교육과정 관련요소	평가
8:50~9:00 등원 및 출석카드 도장 찍기	· 반갑게 인사하고 자신의 물건을 스스로 정리한다.	· 유아를 맞이하면서 유아의 상태(기분, 건강 등)를 점검한다. · 유아는 출석카드에 오늘 날짜 도장을 찍고 가방과 옷을 벗어서 정리한다.	출석 카드, 도장	사회생활-이웃과 더불어 생활하기-예절바르게 생활하기	
9:00~10:30 놀이계획 및 자유선택 활동	· 다양한 블록을 이용하여 창의적으로 가로수 길을 구성해 본다.	[쌓기 놀이 영역] 블록으로 가로수 길 구성하기 (Ⅱ 수준) · 가로수 길 사진을 보며 도로와 가로수의 모습을 살펴본다. · 가로수 길의 모습을 입체적으로 나타낼 수 있는 방법을 이야기 나눈다. · 여러 가지 나무 사진을 나무블록에 붙여 준비한다. · 필요한 블록을 가지고 다양한 모습의 가로수 길을 만들어 본다. · 구성한 가로수 길에 자동차 모형과 사람 모형 등을 이용하여 놀이한다.	   여러 가지 블록, 가로수길 사진, 나무 그림 (10(5)-04③-쌓-)	표현생활-예술적 표현 즐기기-통합적으로 표현하기	유아에게 따로 소개해 주지 않아도 가로수길을 구성하여 사람도 지나가게 하고 자동차도 지나가게 하며 놀이하였다.
	· 역할놀이를 통해 가족의 구성원과 역할에 대해 안다.	[역할 놀이 영역] 나뭇잎 가족 (Ⅱ 수준) · 역할 놀이에 필요한 나뭇잎 머리띠를 살펴본다. (조형 영역에서 유아들이 원하는 나뭇잎을 그려서 만들 수도 있다.) · 유아들이 각자 나뭇잎 머리띠를 선택하고 어떤 가족 구성원이 될지 역할을 정한다. · 머리띠를 하고 역할에 맞게 나뭇잎 가족 놀이를 한다.	 나뭇잎 머리띠 (10(5)-04③-역-)	표현생활-예술적 표현 즐기기-극놀이로 표현하기	동극을 할 때 단풍나뭇잎을 머리에 쓰고 단풍나무 역할을 하였다.
9:00~10:30 놀이계획 및 자유선택 활동	· 나뭇잎에 관한 생각을 자유롭게 그림과 글로 표현한다. · 다양한 재료를 이용하여 책을 만들어 본다.	[언어 영역] 나뭇잎 책 만들기 (Ⅱ 수준) · 나뭇잎 모양으로 색지를 잘라 한 유아당 3~4장씩 나누어 갖는다. · 나뭇잎 모양 색지에 나뭇잎에 관한 내용을 그림과 글로 표현해 본다. · 여러 가지 재료를 이용하여 책의 제목과 표지를 꾸민다. (표지는 두꺼운 재질의 종이를 사용한다.) · 펀치를 이용하여 한 번에 구멍을 뚫는다.	 나뭇잎 모양으로 자른 색지, 색연필, 색종이, 할핀, 흰도화지, 두꺼운 도화지	언어생활-쓰기-쓰기에 관심가지기 탐구생활-과학적 기초 능력 기르기-	출판사, 지은이까지 모두 적은 후 자신이 생각하는 가을이나 나뭇잎에 대한 것들을 적거나

		· 할핀으로 책을 연결하고 할핀 위에 테이프를 붙인다. · 완성된 작품을 친구들과 서로 바꾸어 읽어 본다. (※ 출처: 책 만들며 행복한 아이들. 교육청. p. 165)		자연현상에 대해 알아보기	좋아하는 나뭇잎을 그리기도 하였다.
	· 부분과 전체를 알고 퍼즐을 알맞게 맞춰 본다.	[수 · 조작 놀이 영역] 나뭇잎 퍼즐 (Ⅱ 수준) · 나뭇잎 퍼즐 조각을 보고 같은 나뭇잎 퍼즐끼리 모아본다. · 모은 나뭇잎 퍼즐조각을 퍼즐판에 알맞게 붙인다.	 나뭇잎 퍼즐 10(5)-04③-조-	탐구생활-수학적 기초능력 기르기-공간 및 도형에 대해 알아보기	
	· 나뭇잎의 여러 가지 특징에 대해 관심을 가지고 관찰하여 기록한다.	[과학 영역] 현미경으로 나뭇잎 관찰하기 (Ⅱ 수준) · 다양한 나뭇잎의 모양과 색, 크기 등을 관찰한다. · 활동지에 자신이 관찰한 나뭇잎을 그리고 색칠한다. · 현미경을 이용하여 나뭇잎을 보며 어떤 모양일지 추측해 본다. · 현미경을 사용하여 자세히 관찰해 본다. · 확대된 부분을 그림으로 그려보거나 글씨로 써 본다.	 현미경, 여러 가지 나뭇잎, 활동지, 연필, 색	탐구생활-과학적 기초 능력 기르기-자연현상에 대해 알아보기	
	· 나뭇잎의 잎맥의 특징을 이용하여 판화로 찍어 본다.	[조형 영역] 나뭇잎 판화 (Ⅱ 수준) · 나뭇잎과 물감, 붓, 도화지 등 주어진 재료를 이용하여 그림을 그릴 수 있는 방법을 이야기 나눈다. · 나뭇잎에 물감을 칠하여 도화지에 찍어 낸다. · 물감이 마른 후 자르거나, 크레파스 등 다른 도구를 이용하여 그림을 꾸민다. · 완성한 그림을 교실에 게시한다.	  나뭇잎 판화 순서도, 나뭇잎, 물감, 크레파스, 붓, 도화지, 연필	탐구생활-과학적 기초 능력 기르기-자연 현상에 대해 알아보기 표현생활-예술적 표현 즐기기-조형활동으로 표현하기	받침대는 물감이 스며들지 않기 때문에 판화를 찍을때 신문지를 사용하였다.

	· 나뭇잎 마라카스로 즐겁게 연주한다.	[음률 영역] 나뭇잎 마라카스로 연주하기 (Ⅱ 수준) · 나뭇잎 마라카스를 준비한다. (비닐봉지나 다양한 재활용품 통을 이용하여 유아가 직접 만들어 볼 수도 있다.) · 나뭇잎 마라카스의 소리를 들어보고 서로 비교해 본다. · 어떤 노래에 맞춰 연주할지 정해 본다. · 노래를 부르며 나뭇잎 마라카스로 연주한다.	 나뭇잎 마라카스 10(5)-04③-음-	표현생활-감상하기-아름다움 느끼기	키보드에 오늘 부를 '나뭇잎' 노래를 녹음해 놓았더니 녹음되어 있는 것을 틀어 놓고 연주하기도 하였다.
	· 나무와 나뭇잎이 우리에게 줄 수 있는 이로움에 대해서 알 수 있다.	[컴퓨터 영역] 아낌없이 주는 나무 (Ⅱ 수준) · 주니어 네이버로 동화를 감상한다. · 나무와 나뭇잎이 우리에게 줄 수 있는 것들에 대해서 이야기 나눈다. · 나뭇잎이나 나무가 우리 생활에 도움을 줄 수 있는 또다른 것들을 인터넷으로 검색하거나 책으로 찾아본다. (http://parents.jr.naver.com/donghwa)	컴퓨터	언어생활-듣기-문학 작품 즐겨 듣기 탐구생활-과학적 기초 능력 기르기-물체와 물질에 대해 알아보기	나무가 불쌍하다며 안타까워 하기도 하였다.
10:30~10:40 정리 · 정돈 및 자유선택 활동 평가	· 놀잇감을 정리하고 자유선택 활동을 평가한다.	· 피아노 반주에 맞추어 놀잇감을 정리한다. · 의자를 가지고 카펫으로 모인다. · 출석을 부른다. · 오늘의 날짜와 날씨를 알아본다. · 하루 일과를 알아본다.	달력판, 날씨판, 일과계획판	건강생활-건강하게 생활하기-몸과 주변을 깨끗이 하기	오늘은 쌓기 놀이 영역이 조금 더디게 정리되었다.
10:40~11:00 이야기 나누기	· 나뭇잎의 색의 변화에 대해 관심을 갖는다.	〈여러 가지 색의 나뭇잎〉 (Ⅱ 수준) **도입** **· 계절에 따른 나무의 모습이 담긴 사진을 살펴본다.** - 이 사진을 보니 어떤 생각이 드나요? - 무엇이 다른가요? - 왜 그렇게 생각했나요? - 같은 장소인데 왜 달라 보였을까요? **전개** **· 나뭇잎 색의 변화에 대해 이야기한다.** - 나뭇잎에는 엽록소가 들어 있어요. 엽록소는 초록색을 가지고 있어요. 나뭇잎은 여름에 많은 비를 맞고 햇빛도 많이 받으면 쑥쑥 자라면서 엽록소도 많아져요. 그래서 여름이면 많아진 엽록소 때문에 자기 색을 감추고 초	봄, 여름, 가을, 겨울의 나무 사진 도입자료 (10-04③-)  (10-04③-)	언어생활-듣기-바른 태도로 듣기 탐구생활-과학적 기초 능력 기르기-자연현상에 대해 알아보기	엽록소에 대한 것들은 쉽게 받아들여졌는데 상록수가 늘 푸른 이유는 조금 어려웠던 것 같다. 초록색인 나뭇잎은 모두 길면서 가늘고 뾰족하다는 특징도

	· 나뭇잎의 색이 변하는 이유를 안다. · 여러 가지 준거에 의해 나뭇잎들을 분류하고 비교할 수 있다. · 자신이 좋아하는 나뭇잎을 소개할 수 있다.	록색을 보이고 있어요. 그러다가 가을이 되면서 날씨도 서늘해지고 햇빛도 조금씩 받게 되고 물도 조금씩 먹게 되면서 엽록소가 점점 줄어들게 되요. (나뭇잎 색의 변화를 볼 수 있는 색기둥을 제시하며) 그래서 노랑색을 많이 가지고 있던 나뭇잎은 노란색(황색)으로, 빨강색을 많이 가지고 있던 나뭇잎은 빨간색으로, 갈색을 많이 가지고 있던 나뭇잎은 갈색으로 변하게 되요. - 은행나무 잎은 무슨 색을 많이 가지고 있었을까요?(노란색) - 은행나무잎처럼 노란색으로 변하는 나뭇잎은 무엇이 있을까요?(자작나무, 등나무) - 갈색으로 변하는 나뭇잎을 알고 있나요? (플라타너스, 밤나무, 참나무) - 빨강색으로 변하는 나뭇잎은 무엇이 있을까요?(단풍나무, 화살나무, 담쟁이) **· 초록색을 유지하는 나뭇잎에 대해 알아본다.** - 나뭇잎 중에는 앞에서 알아본 나뭇잎과 달리 일년 내내 초록색을 가지고 있는 나뭇잎도 있어요. - 어떤 나뭇잎일까요?(소나무, 잣나무, 주목 등) - 왜 이러한 나뭇잎은 색이 변하지 않을까요? (2년마다 한 번씩 나뭇잎을 가는 상록수이기 때문에) **· 크기와 모양에 따라 나뭇잎을 분류해 본다.** - 지금까지는 나뭇잎을 무엇에 따라 분류해 보았나요? - (플라타너스와 등나무 잎을 제시하며) 왜 이렇게 나누었을까요? (크기 비교) - 선생님처럼 나뭇잎을 비교해 볼 수 있나요? **· 자신이 좋아하는 나뭇잎을 찾아 이야기해 본다.** - 이중에 여러분이 좋아하는 나뭇잎이 있나요? - 누가 나와서 찾아볼까요? - ○○는 왜 ○○를 찾았나요? **마무리** **· 실외유원장에서 나뭇잎을 찾아보도록 한다.** - 오늘은 이렇게 나뭇잎의 색을 알아보았는데, 이제 밖으로 나가서 우리가 알아본 나뭇잎도 살펴보고, 다른 나뭇잎도 살펴볼 거예요. 바르게 앉아있는 ○○부터 의자를 정리하고 문 앞에 줄 서도록 해요.	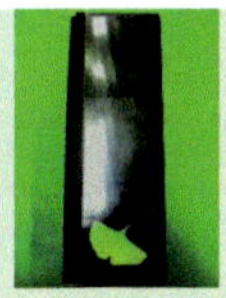 (10-04③-)  (10-04③-)	탐구생활-과학적 기초 능력 기르기-물체와 물질에 대해 알아보기 언어생활-말하기-생각과 느낌 말하기	찾아냈다. 나뭇잎을 비교하였을 때 대부분 모양으로 비교하였다. 단풍나무잎과 담쟁이는 둘 다 빨강색이지만 뾰족한 모양의 개수가 다르다고 하기도 하였다. 태하는 노란색 나뭇잎 중 등나무 잎과 자작 나뭇잎을 비교하였는데 등나무 잎에는 조금 진한색 느낌이 든다고 이야기하기도 하였다.

11:00~11:20 바깥놀이 활동	· 실외유원장의 나무에 관심을 갖는다. · 나무에 따라 나뭇잎의 생김새가 다름을 안다.	〈실외유원장의 나뭇잎들〉 (II 수준) · 줄을 서서 실외유원장으로 나간다. · 실외유원장에 있는 나무들의 이름을 알아본다. · 나무들의 잎을 살펴본다. · 떨어진 나뭇잎을 모아서 어떤 차이점과 공통점이 있는지 살펴본다. · 손을 씻고 줄을 서서 다시 교실로 돌아온다.	돋보기 사진기 구급약	탐구생활-과학적 기초 능력 기르기-자연현상에 대해 알아보기 탐구생활-과학적 기초 능력 기르기-물체와 물질에 대해 알아보기	실외유원장에서 그 동안 관심 있지 않았던 나뭇잎들도 찾아내었다.
11:20~11:50 동화 · 동극	· 동화를 즐겨 듣는다. · 동화를 듣고 극으로 표현할 수 있다. · 동극을 준비하며 다른 유아의 의견을 존중하고 협력한다.	〈단풍잎의 가을밤〉 (II 수준) · 동화를 듣는다. 무더운 여름이 지나고 시원한 바람이 불어오는 가을이 되었어요. 가을이 깊어가면서 나무의 나뭇잎들이 하나 둘씩 떨어지기 시작했어요. 엄마, 아빠 단풍잎도 떨어지고 아기 단풍잎도 떨어져 모두 흩어지게 되었어요. 아기 단풍잎은 여행을 하며 엄마 아빠를 찾으러 다녔답니다. 그러던 중 참새, 다람쥐, 토끼, 곰을 만났어요. 하지만 아무도 엄마 아빠를 보지 못했다고 해요. 아기 단풍잎이 너무나도 지칠 때 쯤 어디선가 거센 바람이 불어 왔어요. 거센바람과 함께 엄마 단풍잎이 날려 아기 단풍잎을 안아주었어요. 더 거센 바람이 불자 아빠 단풍잎이 날려 아기 단풍잎과 엄마 단풍잎을 감싸 안아주었어요. 아무리 바람이 세게 불어도 아기 단풍잎은 무섭지 않았어요. 왜냐하면 엄마 아빠를 다시 만났기 때문이에요. · 동화의 내용을 회상한다. · 등장인물에 대해 이야기해 본다. · 동극을 할 때 필요한 것들에 대해 이야기한다. - 이 동화로 동극을 하려면 무엇이 필요할까요? - 무대는 어디로 하면 좋을까요? - 나무는 무엇으로 하고 어디에 놓으면 좋을까요?	 융판동화 (02-04③-04)  동극머리띠	언어생활-듣기-문학 작품 즐겨 듣기 탐구생활-과학적 기초 능력 기르기-자연현상에 대해 알아보기 표현생활-예술적 표현 즐기기-극놀이로 표현하기 언어생활-말하기-이야기 지어 말하기 언어생활-말하기-생각과 느낌 말하기	동극 무대를 꾸미는데 나무는 의자로 하자고 하였다. 의자에 누군가 서서 있으면 좋겠다고 하였더니 유아들이 역할놀이 영역에 있는 단풍잎 머리띠를 하고 있으면 좋겠다고 하였다. 단풍 나뭇잎의 역할은 가장 하고 싶어 하였으나 곰 역할은 별로 좋아하지 않았다, 대부분의 유아들이 즐겁게

		- 등장인물은 어디에 있다가 나오면 좋을까요? · 등장인물을 정한다. - 아빠(엄마, 아기) 단풍잎을 역할을 하고 싶은 어린이 있나요?(참새, 다람쥐, 토끼, 곰의 역할도 정한다.) · 동극을 시작한다. · 동극을 마치면 등장인물이 자기소개를 한다. - 저는 ○○역할을 맡았던 ○○○입니다. · 동극을 하였을 때(또는 보았을 때)의 소감을 이야기해 본다.			참여하였지만 앞을 보며 큰 목소리로 공연하는 자세를 좀 더 길러야겠다.
11:50~12:10 음률 (노래)	· 나뭇잎에 관련된 노래를 즐겨 부른다.	〈나뭇잎〉 (Ⅱ 수준) · 나뭇잎을 본 경험에 대해 이야기한다. · 그림자료를 통해 노랫말을 소개한다. · 노래를 들려준다. · 어떤 노랫말이 나왔는지 이야기해 본다. · 멜로디만 들으며 허밍으로 따라 불러 본다. · 한 가지 소리로 멜로디를 불러 본다.(라라, 나나 등) · 노랫말판을 제시하고 노랫말을 읽어 본다. · 노랫말을 넣어 노래를 불러 본다. · 노래를 부른 후 느낌을 이야기해 본다.	 그림자료 (10-04③-)  (09-04③-08)	표현생활-자연과 생활에서 아름다움 찾아보기-예술적 요소 찾아보기 표현생활-예술적 표현 즐기기-음악으로 표현하기	서정적인 멜로디와 가사가 유아들을 차분하게 해 준 것 같다.
12:10~13:10 점심식사 및 잇솔질	· 바른 식습관을 형성한다. · 영양을 골고루 섭취한다.	· 깨끗이 손을 씻고, 차례로 한 줄을 선다. · 식당으로 이동한다. · 식판을 받은 후, 자리에 앉는다. · 도우미가 수저를 놓아 준다. · 인사를 한 후, 먹는다. "감사합니다. 잘 먹겠습니다. 선생님 먼저 드세요. 친구들아 맛있게 먹자." · 음식은 남기지 않고 먹는다. · 먹은 후 자리를 깨끗이 정리한다.	흑미밥 갈비탕 (국내산 한우) 오징어참나물무침 과일샐러드 깍두기 귤 칫솔, 치약 양치컵	건강생활-건강하게 생활하기-바른 식생활하기	갈비탕이 맛있다며 두 번씩 먹는 유아들도 많았다. 오징어참나물무침은 남기는 유아가 많았다.
13:10~13:20 평가 및 귀가 준비	· 평가를 통해 하루 활동을 마무리한다.	· 옷을 입고, 가방을 맨 후 카펫으로 모인다. · 하루 활동을 간단하게 평가한다. · 출석카드를 나눠 준다. · 선생님과 친구들과 인사를 나누고 안전하게 귀가한다.	출석카드	언어생활-말하기-생각과 느낌 말하기	

총 평	자유선택활동 시간에 조형영역에서는 나뭇잎 판화를, 언어영역에서는 나뭇잎 책 만들기를 하였는데 두 활동 모두 교사의 도움을 필요로 하는 활동이었다. 학생도우미가 있어서 무리는 없었지만 혹시라도 도우미교사가 없는 것을 감안하여 다음번 계획 시에는 이를 고려해야 할 것 같다. 이야기 나누기는 나뭇잎의 색이 변하는 색상자에 굉장한 흥미를 느끼는 것 같았고 모두가 집중할 수 있었다. 또한 나뭇잎들은 출력자료가 아닌 실물자료를 코팅하여서 그런지 더욱 좋았던 것 같았는데 소나무나 잣나무와 같은 나뭇잎들은 코팅이 불가능하여 실물을 붙여 두었는데 보관은 조금 어려울 듯하다. 오늘 준비한 수업을 유아들이 흥미로워하며 집중을 잘하여 나 역시 뿌듯함을 느꼈다.

출처 : 재능대학부속유치원 일일교육계획안.

2) 단위활동 계획안의 작성 및 교수매체 제작의 실제

(1) 이야기 나누기

이야기 나누기는 진행 중인 생활 주제와 관련된 내용을 교사와 유아가 대그룹 또는 소그룹으로 모여 정보를 교환하고 생각을 나누고 관심과 지식의 범위를 넓혀 가며 자신이 경험한 것이나 생각을 나누는 것이다. 이야기 나누기에서는 지식, 정보 공유의 매개체로 교수매체를 제공하는데 실물자료, 그림자료, 사진자료, 화보, 비디오자료 등을 미리 준비하여 주제와 관련된 정보가 유아에게 충분히 전달될 수 있도록 한다.

표 1-5

이야기 나누기 계획안의 예

활동명	이야기 나누기 (여러 가지 색의 나뭇잎)	유아 연령	만 5세
생활주제	봄 · 여름 · 가을 · 겨울 (가을)	활동형태	대집단활동
교육과정 관련요소	**언어생활** - 듣기 - 바른 태도로 듣기 **탐구생활** - 과학적 기초 능력 기르기 - 자연현상에 대해 알아보기 **탐구생활** - 과학적 기초 능력 기르기 - 물체와 물질에 대해 알아보기		
교육목표	가을철 자연의 변화에 관심을 가지고 탐구한다. 가을에 나뭇잎의 색깔이 변하는 것과 그 이유에 대해 알 수 있다.		

활동자료 및 준비물	· **도입자료** : 가로수 길의 사계 사진 · **전개자료** : 나뭇잎 색소판, 나뭇잎의 색깔변화 색기둥 (단풍잎, 플라타너스잎, 은행잎) 색깔별 나뭇잎 코팅 자료		
제작방법	사진	제작방법	재료
	봄, 여름, 가을, 겨울에 찍은 청주 가로수 길 사계사진	가로수길의 사계를 같은 위치에서 찍은 사진을 출력하여 배지를 대고 코팅한다.	사계사진, 색지, 코팅지
	〈나뭇잎 색소판〉 	1. 색지로 기본 나뭇잎판을 만들고 매직으로 테두리를 그려 코팅한다. 2. 초록색, 연두색, 노란색, 갈색, 빨간색으로 나뭇잎 조각을 만들어 코팅한다. 3. 기본판과 조각을 찍찍이로 연결하여 붙인다.	색지, 코팅지, 찍찍이
	〈나뭇잎의 색깔변화 색기둥〉  단풍잎 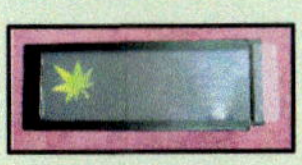  플라타너스잎  	1. 검정도화지를 10×27cm 크기로 세 개 자른다. 2. 단풍잎, 플라타너스잎, 은행잎 모양을 도화지 위에 판 후 코팅한다. (코팅지는 반대편 끝을 3cm 정도 남겨 코팅한다.) 3. 우드락을 11×30cm 크기로 4개 자른 후 맞물려 붙여 직육면체 기둥을 만든다. (밑판은 12×12.5cm의 직사각형으로 막아 붙인다.) 4. 9.5×26cm 크기의 3가지 나뭇잎 색깔 그라디에이션 종이를 세 면에 붙이고 나머지 면에는 검정도화지를 붙인다. (테두리 1cm를 띄우고 붙인다.) 5. 0.5×28cm로 우드락을 잘라 모서리에 붙인 후 모서리 위에 코팅지를 붙인다. (세 면에 그림을 끼울 수 있는 공간을 만든다.)	검정도화지, 검정색 마스킹테이프, 우드락, 칼, 가위, 나뭇잎 색깔 그라디에이션 자료, 양면테이프,

<table>
<tr>
<td></td>
<td>은행잎
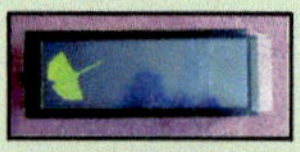
</td>
<td>6. 전체를 검정색 마스킹테이프로 마무리한다.</td>
<td></td>
</tr>
<tr>
<td></td>
<td></td>
<td>1. 색깔별로 낙엽과 나뭇잎을 찾아서 코팅한다. (주목, 잣나무, 소나무잎은 코팅하지 않고 실물로 준비하여 카드에 붙인다.)
2. 코팅한 나뭇잎을 색깔별로 배지를 댄 카드에 찍찍이로 붙인다.
3. 나무의 이름카드를 코팅하여 찍찍이로 카드에 붙인다.</td>
<td>여러 가지 나뭇잎, 이름카드, 코팅지, 색지, 찍찍이</td>
</tr>
<tr>
<td>활동내용</td>
<td colspan="2">도입
· 계절에 따른 나무의 모습이 담긴 사진을 살펴본다.
- 이 사진을 보니 어떤 생각이 드나요?
- 무엇이 다른가요?
- 왜 그렇게 생각했나요?
- 같은 장소인데 왜 달라 보였을까요?

전개
· 나뭇잎 색의 변화에 대해 이야기한다.
- 나뭇잎에는 엽록소가 들어 있어요. 엽록소는 초록색을 가지고 있어요. 나뭇잎은 여름에 많은 비를 맞고 햇빛도 많이 받으면 쑥쑥 자라면서 엽록소도 많아져요. 그래서 여름이면 많아진 엽록소 때문에 자기 색을 감추고 초록색을 보이고 있어요. 그러다가 가을이 되면서 날씨도 서늘해지고 햇빛도 조금씩 받게 되고 물도 조금씩 먹게 되면서 엽록소가 점점 줄어들게 되요.
(나뭇잎 색의 변화를 볼 수 있는 색기둥을 제시하며)
그래서 노랑색을 많이 가지고 있던 나뭇잎은 노랑색(황색)으로, 빨강색을 많이 가지고 있던 나뭇잎은 빨강색으로, 갈색을 많이 가지고 있던 나뭇잎은 갈색으로 변하게 되요.
- 은행나무잎은 무슨 색을 많이 가지고 있었을까요? (노랑색)
- 은행나무잎처럼 노랑색으로 변하는 나뭇잎은 무엇이 있을까요? (자작나무, 등나무)
- 갈색으로 변하는 나뭇잎을 알고 있나요? (플라타너스, 밤나무, 참나무)</td>
<td>봄에 찍은 가로수 길 사진
여름에 찍은 가로수길 사진
가을에 찍은 가로수길 사진
겨울에 찍은 가로수길 사진

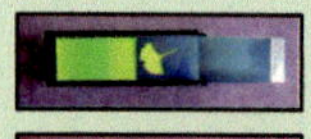

</td>
</tr>
</table>

	- 빨강색으로 변하는 나뭇잎은 무엇이 있을까요? (단풍나무, 화살나무, 담쟁이) **· 초록색을 유지하는 나뭇잎에 대해 알아본다.** - 나뭇잎 중에는 앞에서 알아본 나뭇잎과 달리 일년 내내 초록색을 가지고 있는 나뭇잎도 있어요. - 어떤 나뭇잎일까요? (소나무, 잣나무, 주목 등) - 왜 이러한 나뭇잎은 색이 변하지 않을까요? (2년마다 한 번씩 나뭇잎을 가는 상록수이기 때문에) **· 크기와 모양에 따라 나뭇잎을 분류해 본다.** - 지금까지는 나뭇잎을 무엇에 따라 분류해 보았나요? - (플라타너스와 등나무 잎을 제시하며) 왜 이렇게 나누었을까요? (크기 비교) - 선생님처럼 나뭇잎을 비교해 볼 수 있나요? **· 자신이 좋아하는 나뭇잎을 찾아 이야기해 본다.** - 이 중에 여러분이 좋아하는 나뭇잎이 있나요? - 누가 나와서 찾아볼까요? - ○○는 왜 ○○를 찾았나요? **마무리** **· 실외유원장에서 나뭇잎을 찾아보도록 한다.** - 오늘은 이렇게 나뭇잎의 색을 알아보았는데, 이제 밖으로 나가서 우리가 알아본 나뭇잎도 살펴보고, 다른 나뭇잎도 살펴볼 거예요. 바르게 앉아 있는 ○○부터 의자를 정리하고 문 앞에 줄을 서도록 해요.	 

출처 : 재능대학부속유치원 일일교육계획안.

(2) 동화

유아는 동화를 통해 등장인물들이 경험하며 느끼는 기쁨과 슬픔에 감정이입하여 정서적 순화를 경험하고 동화의 내용을 이해하여 다양한 문화와 정보 및 지식을 접할 수 있다. 동화는 교사가 직접 구연하여 들려주는 것이 좋으며 그림동화, 융판동화, 테이블동화, OHP동화, 앞치마동화 등 동화의 내용에 적합한 매체를 활용하는 것이 효과적이다. 다음은 테이블동화 활동계획안의 한 예이다.

표 1-6

동화 계획안의 예

활동명	동화(소리 나는 금방울)	유아 연령	만 3세
생활주제	환경과 생활 (소리와 우리생활)	동화유형	테이블 동화
교육과정 관련요소	**언어생활영역** - 듣기 - 문학작품 즐겨 듣기 **언어생활영역** - 말하기 - 생각과 느낌 말하기		
교육목표	동화에 나오는 다양한 동물의 울음소리를 탐색한다. 동물의 울음소리를 흉내내본다.		
활동자료 및 준비물	비밀상자, 금방울, 동화배경판, 조작틀, 등장인물(어린이, 돼지, 개구리, 오리, 강아지)		

	사진	제작방법	재료
제작방법	  **배경판**	① 큰 상자를 초록색 접착벨크로를 이용해 싼다. ② 하드보드지(11×38.5㎝)로 두 개의 상자를 만든다. ③ 큰 상자와 작은 상자 두 개를 찍찍이와 보들이를 이용해 붙인다. ④ 하드보드지를 반 원 형태로 잘라 배경판을 만든 다음 하늘색 벨크로를 이용해 싼다. EVA를 이용해 꾸민다.	상자 (큰 것 1개), 하드보드지 3장, EVA, 접착 벨크로 (초록, 하늘)
	 	① 포장용 골판지 박스(30×5.5㎝)에 양면테이프를 이용해 겹쳐 붙인 후 초록색 한지로 싼다. ② 하드보드지로 지름 22.5㎝ 사이즈의 원을 만든 다음 홈을 판다. 노란색 펠트지를 원위에 붙인다. ③ 하드보드지로 돌림판 지지대를 만든 다음 ①에 붙이고 할핀을 이용해 ②를 고정시킨다. ④ 금방울을 지지대 뒷면에 붙인다. ⑤ OHP필름을 방울 원 모양크기로 잘라 깨진	박스, 한지(연두), 하드보드지, 할핀, OHP필름, 펠트(노랑), 금방울

	 조작 틀	모양을 매직으로 표현한 다음 뒤에 까슬이를 붙인다.	
	 등장인물	① 등장인물을 앞면, 뒷면으로 출력한 다음 검정색 색지를 대고 코팅한다. ② 앞면, 뒷면 사이에 이쑤시개를 넣고 글루건을 이용해 붙인다.	등장인물 그림 (어린이, 돼지, 개구리, 오리, 강아지) 색지(검정색) 이쑤시개 (꼬치용)
활동내용	**도입** · **비밀상자에 들어 있는 금방울 소리를 들은 뒤 소리를 탐색해 본다.** - 비밀상자에서 어떤 소리가 들리나요? - 소리의 느낌이 어떤가요? - 언제, 어디에서 이런 소리를 들어 보았나요? · **금방울을 다양한 방법으로 소리내 본다.** (튀기기, 던지기, 굴리기, 흔들기 등) **전개** · **동화의 제목을 듣고 내용을 추측하여 본다.** · **동화를 듣는다.** <동화내용> 옛날에 커다란 금방울이 하나 있었어요. 금방울은 데굴데굴 굴러서 산을 넘고 강을 건너 돌이가 사는 동네에 도착했어요. 돌 이 : **어! 금방울이잖아. 여기 구멍이 있네. 한번 들어가 볼까? '으앙' 깜깜해서 아무것도 보이지 않아!** 돌이는 무서워 '으앙으앙' 울기 시작했어요. 커다란 금방울은 '으앙으앙' 울면서 굴러갔어요. 커다란 금방울은 데굴데굴 구르다 마당으로 갔지요. 그러자 마당에 있던 꿀꿀이가 소리쳤어요. 꿀꿀이 : **어! 금방울이잖아. 여기 구멍이 있네. 한번 들어가 볼까? 깜깜해서 아무것도 보이지 않아!** 꿀꿀이는 무서워 '꾸울꾸울' 울기 시작했어요. 커다란 금방울은 '으앙으앙, 꾸울꾸울' 울면서 굴러갔어요.		

금방울은 데굴데굴 굴러 호수로 갔어요.
호수에서 놀던 꽥꽥이가 소리쳤어요.

꽥꽥이 : 어! 금방울이잖아. 여기 구멍이 있네. 한번 들어가 볼까? 깜깜해서 아무것도 보이지 않아!

꽥꽥이는 무서워 '꽤액꽤액' 울기 시작했어요.
커다란 금방울은 '으앙으앙, 꾸울꾸울, 꽤액꽤액' 울면서 굴러갔어요.
커다란 금방울은 데굴데굴 구르다 집 앞으로 갔지요. 그러자 집 앞에 있던 멍멍이가 소리쳤어요.

멍멍이 : 어! 금방울이잖아. 여기 구멍이 있네. 한번 들어가 볼까? 깜깜해서 아무것도 보이지 않아!

멍멍이는 무서워 '멍멍멍멍' 울기 시작했어요.
커다란 금방울은 '으앙으앙, 꾸울꾸울, 꽤액꽤액, 멍멍멍멍' 울면서 굴러갔어요.
금방울은 데굴데굴 굴러 연못으로 갔어요.
연못에 살고 있던 개굴이가 금방울을 보았어요.

개굴이 : 어! 금방울이잖아. 여기 구멍이 있네. 한번 들어가 볼까? 깜깜해서 아무것도 보이지 않아!

개굴이는 무서워 '개굴개굴' 울기 시작했어요.
커다란 금방울은 '으앙으앙, 꾸울꾸울, 꽤액꽤액, 멍멍멍멍, 개굴개굴' 울면서 굴러갔어요.
금방울은 너무 무거워져서 그만 바위에 부딪혀 '쾅' 깨져 버렸어요.
밖으로 나온 돌이는 '룰루랄라' 노래를 부르며 집으로 돌아갔어요.
꿀꿀이는 '꾸울꾸울' 노래 부르며 마당으로 돌아갔어요.
꽥꽥이는 '꽤액꽤액' 노래 부르며 호수로 돌아갔어요.
멍멍이는 '멍멍멍멍' 노래 부르며 집 앞으로 돌아갔어요.
개굴이는 '개굴개굴' 노래 부르며 연못으로 돌아갔어요.

마무리 및 평가

- **동화의 내용을 회상하며 이야기한다.**
  - 처음 등장한 사람은 누구인가요? 그 다음엔 어떤 동물이 등장했나요?
  - 돌이와 동물들은 어떤 울음소리를 냈나요?
- **동물의 울음소리를 흉내내 본다.**
- **가장 재미있었던 장면을 소개한다.**

(3) 동시

동시활동에서는 동시판(글자)과 그림자료, 실물자료 등의 매체를 활용하여 언어의 리듬과 운율, 소리의 아름다움, 사고력과 상상력, 어휘력을 기를 수 있도록 한다. 동시를 듣고 나서 느낌을 생각할 시간을 충분히 제공하고, 유아가 그 내용과 관련한 유아의 경험과 느낌을 자유롭게 이야기할 수 있도록 한다.

표 1-7

동시 계획안의 예

활동명	뚝딱 뚝딱	유아 연령	만 5세
생활주제	도구와 기계	활동형태	대집단활동
교육과정 관련요소	**표현생활영역** - 생활에서 아름다움 찾아보기 - 예술적 요소 찾아보기 **언어생활영역** - 듣기 - 문학작품 즐겨듣기 **언어생활영역** - 말하기 - 생각과 느낌 말하기		
교육목표	반복되는 의성어를 재미있게 즐기며 동시를 낭송한다.		
활동자료 및 준비물	동시판, 도입자료, 배경음악		
제작방법	'뚝딱뚝딱'이라 쓴 나무를 낚싯줄에 끼워 넣는다. 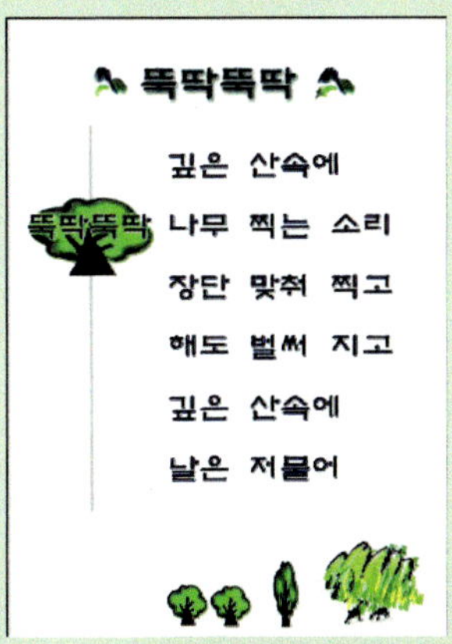 동시판 1 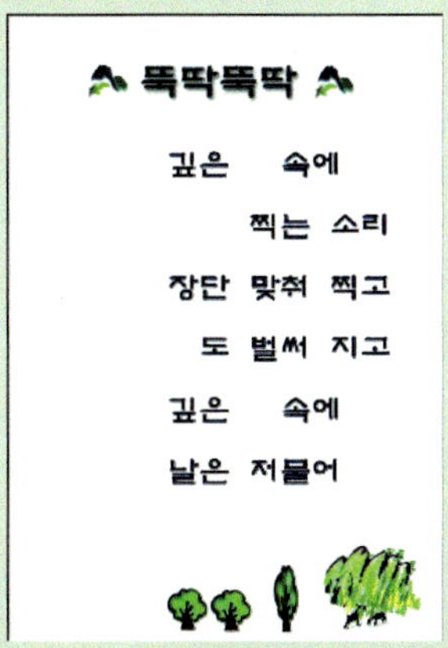 동시판 2	재료	출력자료 낚싯줄

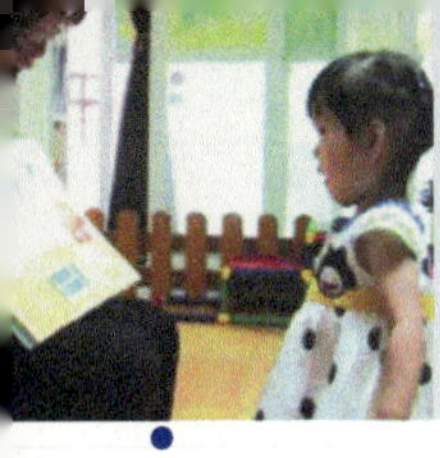

<table>
<tr>
<td></td>
<td>반복되는 단어 '뚝딱뚝딱'과 그림으로 나타낼 수 있는 단어가 들어가는 자리를 비운다.

동시판 3

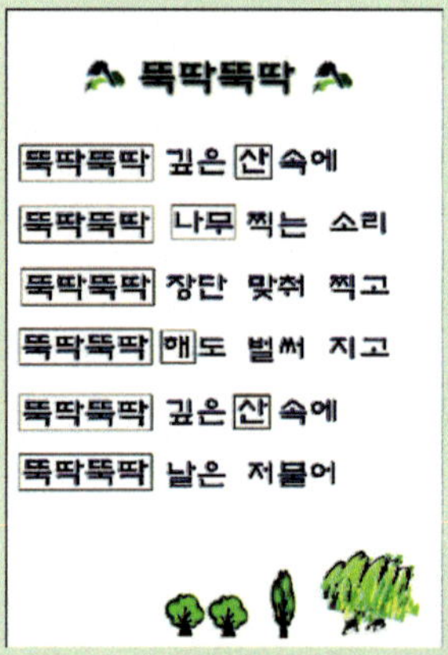
동시판 4

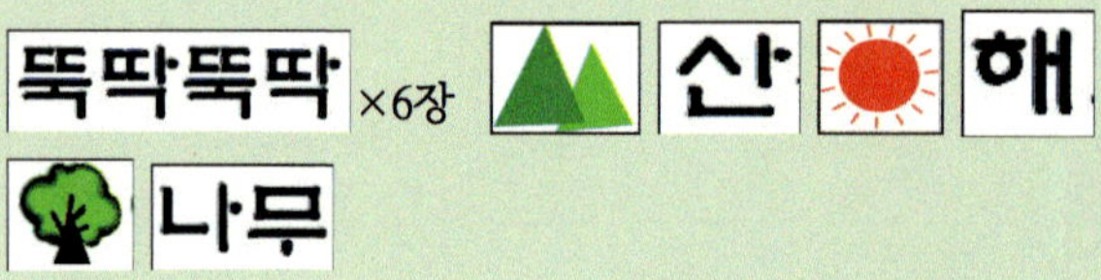
단어카드와 그림카드</td>
<td>출력자료
까슬이,
보슬이</td>
</tr>
<tr>
<td>활동내용</td>
<td>도입
· 그림자료를 이용해 동시를 읊는다.
배경음악에 맞춰 '뚝딱뚝딱'이라 쓴 나무를 노랫말에 맞춰 아래로 한 칸씩 내리면서 도끼로 찍는 시늉을 하며 노래를 부른다(동시판1 활용).

뚝딱 뚝딱
외국곡
뚝딱뚝딱 깊은 산 속에
뚝딱뚝딱 나무 찍는 소리
뚝딱뚝딱 장단 맞춰 찍고
뚝딱뚝딱 해도 벌써 지고
뚝딱뚝딱 깊은 산 속에
뚝딱뚝딱 날은 저물어</td>
<td></td>
</tr>
</table>

	· 동시를 듣고 생각나는 것들이나 느낌을 이야기해 본다. - 동시를 들어 보니 어떤 생각(느낌)이 나나요? · 동시판 2에 그림카드와 단어카드를 붙이며 읊어 본다. - 이번에는 선생님이 먼저 읊고, 여러분들이 따라 읊어 보도록 해요. · 동시를 부분으로 나누어 읊어 본다. - 이번에는 어떻게 낭송해 보면 좋을까요?(나누어서) - 어떻게 나누어 낭송하면 좋을까요?('뚝딱 뚝딱은 유아가, 뒷부분은 유아가 읊어보기) 등 여러 가지 방법으로 읊어 본다.) · 동시를 함께 읊어 본다. - 동시를 처음부터 끝까지 함께 읊어 보도록 해요. · 동시를 암송해 본다. - 이번에는 동시판을 보지 않고 읊어볼 수 있나요? · 혼자서 동시를 낭송해 보고 싶은 유아가 있는지 물어 본다. - 혼자서 동시를 읊어 보고 싶은 어린이 있나요? **마무리 및 평가** · 동시를 낭송해 본 소감을 이야기해 본다. - 오늘 동시를 함께 읊어 보니 어땠나요? - 어떤 점이 재미있었나요? - 다음 번에 낭송해 볼 때는 어떻게 하면 더 좋을까요? · 동시판 게시장소를 정한다. - 선생님께서 이 동시판은 언어영역에 게시해 두실꺼예요. 단어카드와 그림카드를 이용해서 동시를 완성해 보세요(예 : 동시판 3, 동시판 4).

(4) 동극

동극은 동화의 내용을 듣고 극화해 보는 활동으로 유아가 동극을 하기에 적합한 동화를 선정하는 것이 중요하다. 등장인물을 나타내는 머리띠 또는 목걸이 형태의 가면을 준비하며 그 밖에 동화의 소품 등을 유아와 직접 상의하여 제작하고 무대를 만들어 볼 수도 있다.

표 1-8

동극 계획안의 예

<table>
<tr><td>활동명</td><td>동극 (단풍잎의 가을밤)</td><td>유아 연령</td><td colspan="2">만 5세</td></tr>
<tr><td>생활주제</td><td>봄 · 여름 · 가을 · 겨울 (가을)</td><td>활동형태</td><td colspan="2">대집단활동</td></tr>
<tr><td>교육과정
관련요소</td><td colspan="4">사회생활영역 - 이웃과 더불어 생활하기 - 두레의 소중함을 알고 협력하기
표현생활영역 - 예술적 표현 즐기기 - 극놀이로 표현하기
언어생활영역 - 말하기 - 낱말과 문장으로 말하기
언어생활영역 - 말하기 - 바른 태도로 말하기</td></tr>
<tr><td>교육목표</td><td colspan="4">동화를 즐겨 듣는다.
동화를 듣고 극으로 표현할 수 있다.
동극을 준비하며 다른 유아의 의견을 존중하고 협력한다.
동물의 울음소리를 흉내내 본다.</td></tr>
<tr><td>활동자료
및 준비물</td><td colspan="4">동극 머리띠(아빠 단풍잎, 엄마 단풍잎, 아기 단풍잎, 토끼, 다람쥐, 곰, 참새)</td></tr>
<tr><td rowspan="3">제작방법</td><td>사진</td><td colspan="2">제작방법</td><td>재료</td></tr>
<tr><td></td><td colspan="2">동극 등장인물의 그림을 배지를 대고 코팅 후 펠트 머리띠에 찍찍이를 이용하여 붙인다.</td><td>사계사진,
색지, 코팅지</td></tr>
<tr><td>
</td><td colspan="2">1. 그림을 배지에 대고 코팅한 후, 뒷면에 까슬이를 붙인다.
2. 펠트지를 가로 40cm, 세로 3cm 크기로 자른다.
3. 유아들의 머리 크기에 상관없이 사용할 수 있도록 고무줄로 연결한다.</td><td>색지, 코팅지,
펠트지,
고무줄, 본드.
찍찍이</td></tr>
<tr><td>활동내용</td><td colspan="3">도입
· 동화를 듣는다.</td><td></td></tr>
</table>

무더운 여름이 지나고 시원한 바람이 불어오는 가을이 되었어요. 가을이 깊어가면서 나무의 나뭇잎들이 하나 둘씩 떨어지기 시작했어요. 엄마, 아빠 단풍잎도 떨어지고 아기 단풍잎도 떨어져 모두 흩어지게 되었어요. 아기 단풍잎은 여행을 하며 엄마 아빠를 찾으러 다녔답니다. 그러던 중 참새, 다람쥐, 토끼, 곰을 만났어요. 하지만 아무도 엄마 아빠를 보지 못했다고 해요. 아기 단풍잎이 너무나도 지칠 때 쯤 어디선가 거센 바람이 불어왔어요. 거센 바람과 함께 엄마 단풍잎이 날려 아기 단풍잎을 안아 주었어요. 더 거센 바람이 불자 아빠 단풍잎이 날려 아기 단풍잎과 엄마 단풍잎을 감싸 안아 주었어요. 아무리 바람이 세게 불어도 아기 단풍잎은 무섭지 않았어요. 왜냐하면 엄마 아빠를 다시 만났기 때문이예요.

전개

· **동화의 내용을 회상한다.**
- 단풍잎은 여행을 하며 어떤 동물들을 만났나요?

· **등장인물에 대해 이야기해 본다.**

· **동극을 할 때 필요한 것들에 대해 이야기한다.**
- 이 동화로 동극을 하려면 무엇이 필요할까요?
- 무대는 어디로 하면 좋을까요?
- 나무는 무엇으로 하고 어디에 놓으면 좋을까요?
- 등장인물은 어디에 있다가 나오면 좋을까요?

· **등장인물을 정한다.**
- 아빠(엄마, 아기) 단풍잎을 역할을 하고 싶은 어린이 있나요?
 (참새, 다람쥐, 토끼, 곰의 역할도 정한다.)

· **동극을 시작한다.**
- 지금부터 ○○○반의 '단풍잎의 가을밤' 동극을 시작하겠습니다.

· **동극을 마치면 등장인물이 자기 소개를 한다.**
- 저는 ○○역할을 맡았던 ○○○입니다.

마무리

· **동극을 하였을 때(또는 보았을 때)의 소감을 이야기해 본다.**
- 동극을 해보니 어떤 느낌이나 생각이 들었나요?
- 동극을 보고 어떤 느낌이나 생각이 들었나요?

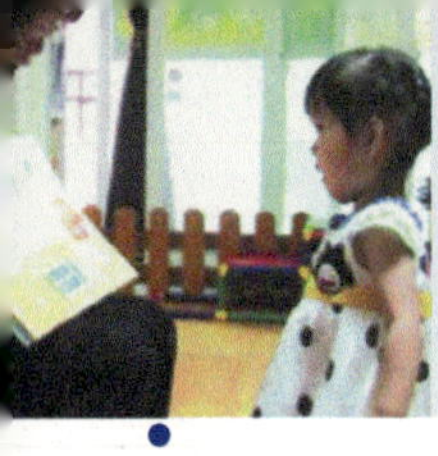

(5) 음률(새노래)

새노래 부르기 활동을 통하여 유아는 즐거움을 느끼며 소리의 빠르기, 세기, 장단, 높낮이, 멜로디, 노랫말 등을 경험하며 자신의 생각과 느낌을 표현한다. 이를 위하여 리듬이나 박자, 멜로디를 익힐 수 있는 건반악기, 리듬악기 그리고 노랫말을 익힐 수 있도록 노랫말판, 그림자료, 악보 등을 준비한다.

표 1-9

새노래 계획안의 예

<table>
<tr><td>활동명</td><td>음률(노래-나뭇잎)</td><td>유아 연령</td><td colspan="2">만 5세</td></tr>
<tr><td>생활주제</td><td>봄 · 여름 · 가을 · 겨울 (가을)</td><td>활동형태</td><td colspan="2">대집단활동</td></tr>
<tr><td>교육과정
관련요소</td><td colspan="4">표현생활 - 자연과 생활에서 아름다움 찾아보기 - 예술적 요소 찾아보기
표현생활 - 예술적 표현 즐기기 - 음악으로 표현하기</td></tr>
<tr><td>교육목표</td><td colspan="4">나뭇잎에 관련된 노래를 즐겁게 부른다.</td></tr>
<tr><td>활동자료
및
준비물</td><td colspan="4">그림자료, 가사판</td></tr>
<tr><td rowspan="2">제작방법</td><td>사진</td><td colspan="2">제작방법</td><td>재료</td></tr>
<tr><td>
그림자료</td><td colspan="2">1. 노래 가사의 배경이 되는 그림자료를 출력하여 코팅한다.
(배경은 담과 가을에 볼 수 있는 나무가 들어 있어야 한다.)
2. 나뭇잎과 산새를 출력하여 코팅한다.
3. 배경판에 EVA를 붙인다.
4. 담 밑 부분과 나무 윗부분에 송곳으로 구멍을 뚫는다.
5. 나뭇잎 코팅한 것 뒤에 할핀을 붙여 담 밑에 꽂아 고정한다.
6. 산새 코팅한 것 뒤에 할핀을 붙여 나무 위에 꽂아 고정한다.</td><td>출력자료
(배경, 산새, 나뭇잎),
코팅지, EVA,
할핀</td></tr>
</table>

	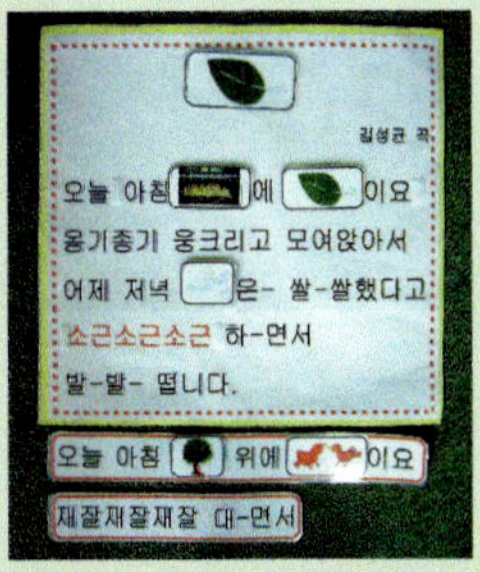 노랫말판	1. 노랫말을 출력한 뒤 배지를 대고 시트지로 싼다. 2. 2절 노랫말과 그림자료는 따로 출력하여 코팅한다. 3. 노랫말판 위에 까슬이와 보슬이를 붙여 2절 가사와 그림자료를 붙일 수 있도록 한다,	노랫말 출력자료, 배지, 시트지, 코팅지, 까슬이, 보슬이
활동내용	**도입** · **나뭇잎을 본 경험에 대해 이야기한다.** - 나뭇잎을 본 적이 있나요? - 나뭇잎을 보았을 때 어떤 느낌이 들었나요? · **그림자료를 통해 노랫말을 소개한다.** (그림자료에 있는 나뭇잎과 산새들을 조작하며 노랫말을 이야기 형식으로 들려준다.) **전개** · **노래 전곡을 들어 본다.** - 선생님께서 들려주시는 노래를 잘 들어 보세요. · **노래를 들었을 때의 느낌에 대해 이야기한다.** - 노래를 들었을 때 어떤 느낌이 들었나요? · **어떤 노랫말이 나왔는지 이야기한다.** - 노래 안에 어떤 노랫말이 나왔나요? · **반주 없이 피아노로 멜로디만 들려준다.** - 멜로디만 들어볼까요? 잘 들어 보세요. · **한 가지 소리로 부른다.(라라, 나나 등)** - 한 가지 소리로 불러 볼게요. - 어떤 한 가지 소리를 넣어 불러 볼까요? · **노랫말 판을 제시하고 노랫말을 읽어 본다.** - 노래의 제목은 무엇일까요? - 노래에 어떤 가사가 있는지 살펴볼까요? - 모두 함께 읽어보도록 해요. · **다양한 방법으로 노래를 나누어 부른다.** - 노래를 어떻게 나누어서 부르면 좋을까요? · **전곡을 부른다.** - 다 같이 불러 볼까요? **마무리 및 평가** · **노래를 부른 후 느낌을 이야기해 본다.**		

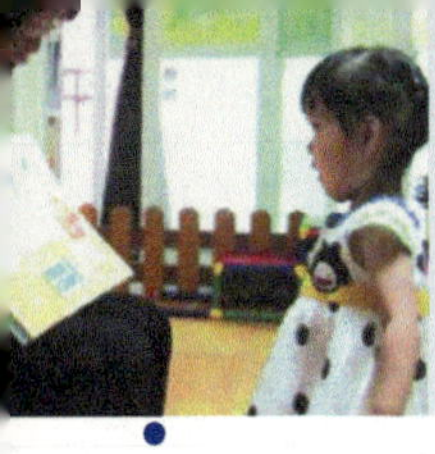

	- 노래를 불러 보니 어떤 느낌이 들었나요? - 어떤 점이 재미있었나요? - 힘든 부분은 없었나요?

출처 : 김성균 유아동요 1집. p. 91. 김성균음악교육연구소.

(6) 신체활동

신체활동에서는 유아의 발달수준을 고려하여 몸을 움직이고 이 과정에서 신체 조절력과 균형감, 리듬감 등을 기른다. 또한 몸으로 사물이나 동물, 자연현상 등을 표현함으로써 상상력과 창의적인 몸의 표현력을 기른다. 이러한 활동을 자유롭게 표현할 수 있도록 음악을 사용하거나 활동과 관련된 도구, 그림자료, 실물자료 등을 활용하면 더욱 효과적이다. 또한 안전한 신체활동을 위해 충분한 공간을 마련한다.

표 1-10

신체활동 계획안의 예

활동명	신체(물의 여행)	유아연령	만 4세
생활주제	봄 · 여름 · 가을 · 겨울 (여름)	활동형태	대집단활동
교육과정 관련요소	**건강생활영역** - 나의 몸 움직이기- 이동하며 움직이기 **표현생활영역** - 예술적 표현 즐기기- 움직임과 춤으로 표현하기 **탐구생활영역** - 과학적 기초 능력 기르기- 자연현상에 대해 알아보기		
교육목표	물의 순환과정에 대해 관심을 갖고 몸으로 표현해 본다.		
활동자료 및 준비물	물방울 목걸이, 스카프, 도입자료(물의 순환과정판), 라벨- 물의 유희cd, 카세트		

	사진	제작방법	준비물
제작방법	 도입자료(물의 순환과정판)	1. 구름, 물, 땅이 있는 그림자료를 출력하여 코팅한다. 2. EVA 흰색으로 물방울 모양대로 오린다. 3. 물과 구름 부분에 작은 구멍을 내고, 낚싯줄을 연결한다. 4. 뒷부분에는 쉽게 이동할 수 있게 낚싯줄 끝에 구슬을 단다. 5. 낚싯줄에 EVA로 만든 물방울을 붙인다.	구름, 물, 땅이 있는 그림자료, EVA 흰색, 낚싯줄
	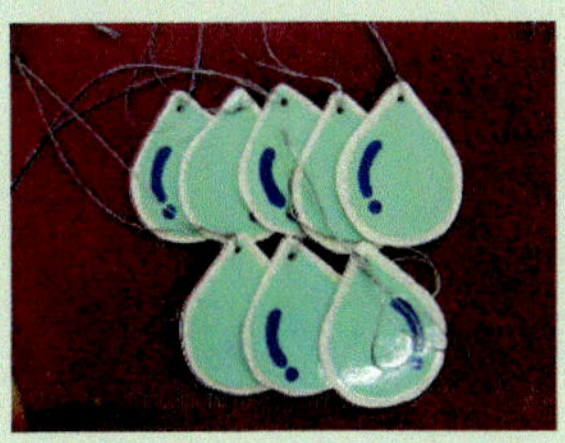 물방울 목걸이	1. EVA흰색으로 물방울 모양대로 오린다. 2. 1위에 하늘색 색지를 물방울 모양대로 오려 붙인다. 3. 물방울 윗부분에 펀치를 이용하여 구멍을 뚫는다. 4. 은줄을 이용해서 목걸이로 만든다.	EVA 흰색, 하늘색 색지, 펀치, 은줄
활동내용	**도입** **· 물의 순환과정판을 보여 준다.** - 그림 속에는 무엇들이 있나요? - 시냇물에 흐르고 있는 물은 어디로 이동할까요? - (물방울을 하나씩 움직이며) 물방울들이 어디로 이동하고 있나요? - 왜 물방울들이 하늘 위로 올라갔을까요? - 하늘 위에 올라가면 어떻게 될까요? - 구름이 된 물방울들은 어떻게 될까요? **전개** **· 라벨의 물의 유희를 감상한다.** - 눈을 감고 음악을 들어 보도록 해요. - 음악을 들어 보니 무엇이 떠오르나요? 어떤 장면이 떠오르나요? - 곡의 제목은 무엇일까요? - 여러분이 들어 본 음악은 라벨이라는 음악가가 만든 물의 유희라는 곡이에요. **· 다양한 물의 움직임을 표현해 본다.** - 폭포에 있는 물은 어디로 움직일까요? - 폭포에서 떨어지는 물은 얼마나 빠르게 움직일까요? - 시냇물에 있는 물은 어떻게 움직일까요?		

- 시냇물에 있는 물은 얼마나 빠르게 움직일까요?
- 웅덩이에 있는 물은 어떻게 움직일까요?

· **교사가 물의 여행을 이야기로 들려주면 유아들이 몸으로 표현해 본다.**
('라벨-물의 유희' 음악 CD를 배경음악으로 들려준다.)

*** 물의 여행 ***

어느 날, 하늘에서 한 방울, 두 방울, 세 방울… 비가 내리기 시작했어요. 그 빗방울들이 모두 모여 여행을 시작했어요. 빗방울들이 모두 모이자 작은 시냇물이 되었어요. 시냇물은 졸졸졸 소리를 내며 흐르기 시작했어요. 시냇물이 되어 흐르던 물은 높은 곳에서 떨어져 폭포가 되었어요. 폭포는 아주 높고 물의 양도 많아서 큰 소리를 내며 떨어졌어요. 폭포에서 떨어진 물은 넓은 강에 도착했어요. 넓은 강은 조용했어요. 조용하고 넓은 강에서 물은 천천히 움직였어요. 머나먼 길을 지나고 물은 바다에 도착했어요. 처음 바다에 도착하자 거센 파도에 휩쓸려 중심을 잡기 어려웠어요. 그래서 서로 흩어졌다 모였다를 반복했어요. 한참을 파도에 휩쓸리던 중 드디어 바다가 잔잔해졌어요. 강에서처럼 물들은 천천히 움직이며 평화롭게 보내고 있었어요. 시간이 지나고 날이 개이기 시작했어요. 갑자기 물방울들이 하늘로 올라가기 시작했어요. 하늘로 올라간 물방울들은 서로 모여 구름이 되었어요.

마무리

· **활동을 회상한다.**

- 처음 물방울들이 모여 무엇이 되었나요?
- 시냇물이 된 물방울들은 어떻게 움직였나요?
- 폭포에서 내려오는 물방울들은 어떻게 움직였나요?
- 강으로 간 물방울들은 어디로 이동했나요?
- 하늘로 올라간 물방울들은 무엇이 되었나요?
- 그럼, 구름이 된 물방울들은 어떻게 될 것 같나요?

(7) 게임

게임에는 편을 나누어 하는 놀이와 술래를 정해서 하는 놀이가 있다. 게임의 유형과 내용에 따라 준비해야 하는 도구(매체)도 다양하다. 게임의 방법이나 규칙을 알려주는 매체(게임설명 카드), 직접 게임에 필요한 도구(매체), 출발점에서 시작을 알리는 차임도구, 게임 결과를 확인할 수 있는 점수판 등이 필요하다.

표 1-11

게임활동 계획안의 예

<table>
<tr><td>활동명</td><td colspan="2">게임(꼬꼬댁! 알을 찾아 주세요)</td><td>유아연령</td><td>만 4세</td></tr>
<tr><td>생활주제</td><td colspan="2">도구와 기계(자석)</td><td>활동형태</td><td>대집단활동</td></tr>
<tr><td>교육과정
관련요소</td><td colspan="4">건강생활영역 - 나의 몸 움직이기- 이동하며 움직이기
사회생활영역 - 이웃과 더불어 생활하기- 질서와 규칙지키기
탐구생활영역 - 과학적 기초 능력 기르기- 간단한 도구와 기계 활용하기</td></tr>
<tr><td>교육목표</td><td colspan="4">자석에는 서로 다른 두 극이 있음을 안다.</td></tr>
<tr><td>활동자료
및 준비물</td><td colspan="4">달걀판, 어미닭 인형, 닭알(스티로폼 공), 점수판, 신호악기, 흰 책상 2개, 융판, 빨간색 · 파란색 마스킹 테이프</td></tr>
<tr><td rowspan="3">제작방법</td><td>사진</td><td>제작방법</td><td colspan="2">준비물</td></tr>
<tr><td>

어미닭 바구니</td><td>1. 펠트지 (흰색, 빨간색)를 어미 닭 도안에 따라 2세트로 재단한다.
2. 재단한 펠트에 솜을 넣고 바느질한 후 눈알을 붙인다.
3. 닭 펠트 인형에 바구니(기성품)를 빵끈으로 연결해 붙인다.
4. 달걀판(30개)을 준비한다.</td><td colspan="2">펠트지(흰색, 빨간색), 바느질 도구, 눈알, 바구니, 빵끈, 달걀판</td></tr>
<tr><td>
닭알</td><td>1. 5㎝ 스티로폼 공을 반으로 자른다.
2. 반쪽 스티로폼 공 단면에 지름 1㎝ 크기의 자석이 들어갈 수 있도록 깍아낸다.
3. 스티로폼 물감을 이용해 계란색(살구색)으로 색칠한다.
4. 반쪽 스티로폼 공 단면에 글루건을 이용해 자석을 붙인다.
5. 자석의 N극과 S극을 구분하여 짝이 이루어지도록 자석을 붙인다.
5. 자석의 극에 따라 색 스티커를 붙인다.</td><td colspan="2">스티로폼 공(5㎝), 스티로폼 물감 (살구색), 자석(1㎝), 원형 스티커 (빨간색, 파란색)</td></tr>
</table>

활동내용

도입

· **자석의 양극에 대해서 이야기 나눈다.**
- 선생님 앞에 어떤 물건이 있나요?
- 왜 자석이 두 가지 색으로만 이루어졌을까요?
- 자석에 클립을 붙여볼 거예요. 어떻게 될까요?
  (자석을 클립에 붙여 본다.)
- 어떻게 되었나요? 왜 이렇게 양쪽 끝에 자석이 많이 붙었을까요?
- 자석의 양쪽 끝에는 힘이 강해요.
- 오늘은 선생님께서 자석의 양극을 이용한 게임을 하나 준비해 오셨어요.

전개

· **게임 자료를 보고 활동방법을 생각해 본다.**
- 이 자료들로 어떤 게임을 할 수 있을까요?

· **게임 방법을 알아본다.**
- 여기 닭 알이 있어요. 이 닭 알을 반으로 나눠 보면 양쪽에 자석이 있어요. 우리가 게임을 할 때 출발선에서 닭알 반쪽을 들고 중간에 있는 나머지 닭알 반쪽을 맞춰 어미닭의 주머니에 알을 넣어 주고 오는 게임이에요.
- 그런데 이 닭알은 어떤 것은 붙고, 어떤 것은 붙지 않아요. 왜 그럴까요?
- 자석에는 양극이 있어서 같은 극끼리 닿으면 서로 밀어 내려는 성질 때문에 다른 극끼리는 붙고, 같은 극끼리는 붙지 않아요. 그러니까 게임을 할 때 서로 다른 극에 자석을 잘 찾아서 닭알을 알맞게 완성한 후 닭에게 주고 오도록 해요.

· **팀 이름을 정한 후 두 팀으로 나누어 앉는다.**
- 팀 이름은 어떻게 하면 좋을까요?
- 그럼 OO팀을 하고 싶은 어린이는 빨간줄에 **팀을 하고 싶은 어린이는 파란줄에 앉도록 해요.

· **교사 또는 유아가 시범을 보인다.**

· **게임규칙을 정한다.**
- 게임을 하기 위해 지켜야 할 약속이 있어요. 어떤 약속을 지킬 수 있을까요?
- 그래요. 바른 자세로 앉아있어요. 닭알을 조심히 내려놓아요.

· **응원 구호를 정한다.**
- 응원연습을 해보도록해요. 어떻게 응원할까요?

· **게임을 한다.**

① 출발선에서 닭알의 반쪽을 들고 간다.
② 중간 지점에 다른 닭알의 반쪽을 붙인다.
③ 닭알의 모양을 만들어 도착지점에 있는 어미 닭 바구니에 알을 놓고 출발지점으로 돌아온다.

마무리 및 평가

· **평가를 한다.**
- 게임하는데 어떤 점이 가장 즐거웠나요?

제 2 장

유아를 위한 교수매체

1. 유아를 위한 교수매체의 역사적 배경
2. 유아의 지각특성 및 발달에 따른 교수매체

1. 유아를 위한 교수매체의 역사적 배경

역사적으로 시청각 교육의 발전과정을 살펴볼 때, 그 근본 사상적 배경은 17세기 자연 과학의 발달과 맥을 같이하는 과학적 실학주의 운동으로 거슬러 올라간다. 이것은 중세의 언어 편중적 문헌 중심 교육에 반대하고 직접 감관을 통해 경험하는 실증적 방법을 강조하는 움직임이다. 이러한 교육의 근대화 운동은 코메니우스, 루소, 페스탈로치를 거쳐 프뢰벨, 듀이, 몬테소리로 이어지면서 본격적인 발전 단계로 접어든다. 이들은 유아교육을 위해서는 특별한 교수매체가 있어야 함을 인식하고 이를 직접 구상하고 제작한 학자들로 이들을 중심으로 교수매체의 발전과정을 살펴본다.

1) 코메니우스(Johan Amos Comenius, 1592-1670)

코메니우스의 저서 「대교수학」(Didactica Magna, 1632)에 나타난 그의 교수원칙은 언어보다는 사실을 일반 규칙보다는 구체적 사례를 앞세워야 한다는 것으로 근대 자연과학과 실학주의의 영향을 받았다.

코메니우스는 자연의 순리를 통한 개혁된 교수법을 통하여 유아의 학습이 보다 빠르고 유쾌하며 깊이 있게 될 것이라는 것과, 유럽문화에 익숙하기 위해 모든 아동에게 라틴어를 가르쳐야 하며, 문법보다는 사람에 대한 것을 가르치도록 해야 한다고 하였다.

특히 1658년에 제작된 「세계도회」(Orbis Sensualium Pictus, 1658)는 어린이들에게 라틴어를 쉽게 가르치기 위해 그림목판으로 제작한 것으로 인류사상 최초의 그림책이며, 어린이를 위해 교과서에 그림(그림 2-1)을 넣음으로써 시청각 교육운동의 선구적인 역할을 하였다.

2) 루소(Jean Jacques Rousseau, 1712-1778)

루소는 성선설에 입각한 자연주의 교육관을 제시하여 교육사상 유례없는 영향을 후세에 끼쳤다. 인간의 선한 본성이 문명사회의 각종 권위와 편견, 모순에 의해 말살되어 어린이의 올바른 발달을 방해하고 있다고 보고 이와 같은 비교육적인 사회로부터 어린이를 보호함으로써 자연성이 자유로이 발달하도록 도와 주어야 한다고 역설했다. 이러한 그의 교육관은 저서 「에밀」에 잘 표현되어 있는데 여기에 나타난 자연주의 교육관의 방법적 원리는 자연과 인간, 사물에 의한 교육이라 할 수 있다. 사물에 의한 교육이란 어린이로 하여금 주변에 있는 자연 사물을 일상적으로 접하고 감각적으로 경험하도록 하는 환경에 의한 교육을 말한다. 즉, 그는 사물 교육 · 감각 교육을 통한 어린이의 자연스런 성장 · 발달을 주장함으로써 시청각적 교육경험을 중시하는 교육사상을 전개한 것이다.

〈세계〉

하늘[1]은 불, 곧 별을 가지고 있습니다.
구름[2]은 하늘에 떠 있습니다.
새[3]가 구름 속을 날고 있습니다.
물고기[4]가 물 속에서 헤엄치고 있습니다.
대지에는 **산**[5], **숲**[6], **밭**[7]이 있고 **동물**[8], **인간**[9]이 있습니다.
이처럼 세계라는 커다란 몸은 네 가지 요소로 구성되어 있고 그 곳에서 살아가는 생물들로 가득 차 있습니다.

[그림 2-1] 세계도회

출처 : Comenius, J. A. 남혜승 역(1999). 세계 최초의 그림교과서 (ORBIS SENSUALIUM PICTUS). 씨앗을 뿌리는 사람. 23쪽.

3) 페스탈로치(Johann Heinrich Pestalozzi, 1746-1827)

페스탈로치는 직접적인 실제경험과 직결되지 않은 단순히 말을 통한 교육을 공허하고 비능률적이라고 말하였다. 모든 교육은 감각적 인지에 그 기초를 두고 있으며 적절한 감각적 경험을 통하여 잠재적 가능성을 개발시킬 수 있다고 믿었고 아동교육 방법으로도 실물교수(object lesson) 방법을 주장하였다.

페스탈로치의 직관교수의 원리는 모든 인식은 직관으로부터 출발한다는 사실에 토대를 둔다는 점에서 외견상 코메니우스의 주장과 비슷하나, 그 사상적 의미는 보다 발전된 것이었다. 즉 직관은 단순한 감각적 지각만이 아니라 인간 주체성의 주장을 내포하는 개념으로, 직관으로 파악한다는 것은 각 인간이 독립적 실체로서 사물이나 현상에 대해 주체적으로 인식한다는 의미였던 것이다. 이와 같은 생각은 시청각적 교수매체를 단지 교수장면에 필요한 도구적 의미로만 파악했던 당시의 일반적인 견해보다 진일보한 것이라 할 수 있다.

4) 프뢰벨(Friedrich Fröbel, 1782-1852)

프뢰벨은 유아의 정신을 제대로 발달시키기 위해서는 적당한 자료를 제공하여야 된다는 생각에서 1838년 '신이 주신 선물'이라는 뜻을 가진 놀잇감(가베)을 고안하고 작업(occupations)을 창안하였으며, 이것이 오늘날 유아교육 교수매체로 빼놓을 수 없는 블록(block), 조작자료, 구성자료의 기초가 되었다(이영자 외, 1999).

일본인들은 가베를 받아들이면서 은물(gifts)이라고 그 이름을 바꾸었고 단위도 3㎝로 바꿨다. 프뢰벨의 정통 가베는 그 기본 단위가 1인치(2.54㎝)이었으나 최근 들어 프뢰벨 교육의 철학과 이론을 연구하면서 2.5㎝의 가베가 나타났다,

은물의 종류에 대해서는 일관된 이론이 없다. 영국의 로렌스(Lawrence)는 「프뢰벨과 영국의 교육」이란 책에서 은물을 6가지로 기록하고 있고, 미국학자 란드버그(Leeb-Lundberg)는 8가지로 나누고 선을 나타내는 나무 가지, 점을 나타내는 씨 · 콩 · 자갈 · 진주를 덧붙여 설명하고 있다.

은물과 작업을 소개하면 다음과 같다.

(1) 은물

① 형체(제1-6은물)

- 제 1 은물(색) : 직경 6㎝의 빨강 · 파랑 · 노랑 · 주황 · 초록 · 보라색으로 된 6개의 색채 공
- 제 2 은물(형) : 기본 치수 6㎝의 나무로 된 구(球), 입방체(정육면체)
- 제 3 은물(수) : 기본 치수 3㎝의 나무로 만든 입방체 8개
- 제 4 은물(넓이) : 3×6×1.5㎝의 직방체 8개
- 제 5 은물(균형) : 기본 치수 3㎝의 입방체 21개, 삼각주 6개, 1/2삼각주 12개
- 제 6 은물(비례) : 3×6×1.5㎝의 직방체 18개, 기본 치수 3㎝의 1/2되는 입방체 12개(3×3×1.5㎝), 직방체 6개(1.5×6×1.5㎝)

② 면

- 제 7 은물 : 색판, 기본 치수 3㎝의 정사각형, 직각이등변삼각형, 직각부등변삼각형, 정삼각형, 둔각이등변삼각형, 원과 반원 각각 100개

③ 선

- 제 8 은물 : 3㎝, 6㎝, 9㎝, 12㎝, 15㎝의 막대기 각각 300개(대나무 또는 스테인리스로 된 것)
- 제 9 은물 : 고리(스테인리스 제품), 3㎝, 4.5㎝, 6㎝의 온 고리 각각 100개, 3㎝, 4.5㎝, 6㎝의 반 고리 각각 100개

④ 점

- 제 10 은물 : 콩, 작은돌 조각, 조개껍질, 그 밖에 여러 가지 종자, 두꺼운 종이로 만든 작은 조각으로 구성되어 있다.

제1은물

제2은물

제3은물

제4은물

제5은물

제6은물

제7은물

제8은물

제9은물

제10은물

[그림 2-2] 프뢰벨의 은물

(2) 작업

작업은 어린이의 정신운동기술을 증진시키기 위한 것으로 다음과 같다.

① 첫째 작업 : 종이에 구멍 뚫기(pricking)

- 5~6㎜의 눈금이 그어진 두꺼운 하드보드지에 바늘이나 송곳 같은 것으로 구멍 뚫기

② **둘째 작업** : 종이에 바느질하기(sewing))

- 첫째 작업에서 뚫은 하드보드지의 구멍을 털실이나 두꺼운 실로 바느질하듯 꿰매기

③ **셋째 작업** : 그림 그리기(drawing)와 색칠하기

- 준비단계 그리기와 12단계의 그리기
- 그린 그림을 물감이나 크레용으로 칠하기

④ **넷째 작업** : 종이끈으로 형태 만들기(paper-interlacing)

- 종이 접기와 종이 짜기

⑤ **다섯째 작업** : 매트 짜기(weaving)

- 정사각형(10×10㎝) 또는 직사각형(10×15㎝) 종이를 가운데만 세로로 잘라서 그 사이를 종이끈으로 엮기

⑥ **여섯째 작업** : 종이 접기(paper folding)

- 색종이(10×10㎝) 접기

⑦ **일곱째 작업** : 종이 오리기와 붙이기(paper cutting and pasting)

- 신문지를 작은 조각으로 오리는 것부터 시작하여 나중에는 특정한 규칙에 따라 대칭, 기하학적 형태로 오리기

⑧ **여덟째 작업** : 콩 작업(pease work)

- 말린 콩을 물에 12-18시간 담갔다가 가늘고 긴 둥근 막대기(이쑤시개나 꼬챙이로 대치 가능)에 끼우면서 구성활동하기

⑨ **아홉째 작업** : 상자 만들기(cardboard modelig)

- 두꺼운 종이로 모형 만들기

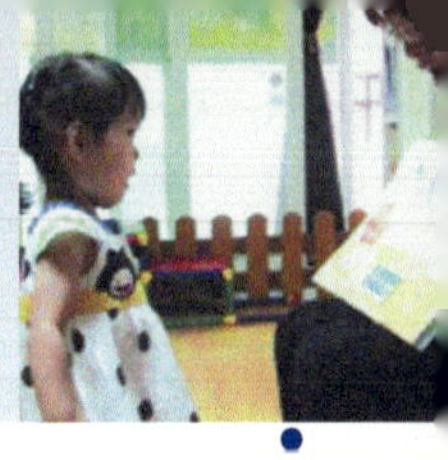

⑩ 열번째 작업 : 점토로 모형 만들기(clay modeling)

- 다양한 종류의 찰흙, 밀가루 반죽 등으로 모형 만들기

이로써 프뢰벨은 여러 가지 자료를 사용하여 자발적인 행동을 통한 교육을 시도함으로써 시청각적 교수매체를 통한 교육의 교육학적 기초를 이루었다고 볼 수 있다.

5) 몬테소리(Maria Montessori, 1870-1952)

몬테소리는 감각을 통하여 교육이 이루어질 때 효과적이며, 감각기관의 훈련과 발달은 제반 개념의 이해를 위한 기초가 된다고 주장하였다. 따라서 아동이 직접 감각적으로 경험할 수 있는 자기 교정적 교구(dictative material)를 제작하여 아동 스스로의 집중적 활동을 통하여 이루어지도록 시도하게 한 것은 최근의 개별학습을 위한 교수매체 개발의 첫 시도라고도 볼 수 있다. 몬테소리는 아동의 다섯 감각을 한 가지씩 자극하면서 이 다섯 감각이 세련되어지는 것을 주목하였는데, 감각들을 한꺼번에 자극하기보다 자극의 한 가지 속성, 즉 색깔, 형태, 무게 등을 각각 가르치려 하였다. 또한 구체적인 것으로부터 거기에 포함된 속성이 추상화되고 다시 그 추상화된 속성이 정리되어 구체화된 것이 감각자료가 되게 하였다.

교구는 어린이의 호기심과 마음을 끄는 색과 형태로 되어 있어 외관상 매력이 있으며 어린이의 적극적인 참여를 중시한다.

몬테소리 교구의 구체적인 종류는 다음과 같다.

(1) 일상생활 훈련 교구

유아들의 미숙한 근육 운동 및 전신 운동, 그리고 손끝의 섬세한 소근육 운동을 일상 생활사의 구체적인 연결 속에서 반복 연습하게 하여 정상적인 기술 수준에 이르게 하는 내용으로, 소근육 훈련을 위한 교구로서 단추 끼우기(작은 단추 끼우기,

큰 단추 끼우기, 고리 단추 끼우기), 지퍼 올리기, 리본매기, 안전핀 꽂기, 똑딱단추 끼우기, 벨트매기, 구두단추 끼우기, 구두 끈매기, 열쇠 잠그기 등이 있다.

[그림 2-3] 일상생활훈련 교구

(2) 감각훈련 교구

감각훈련 교구는 시각, 촉각, 청각, 미각, 후각 등의 내용이 포함된다.

① 시각훈련

- 대소의 판별 : 꼭지원기둥 4개, 분홍탑, 갈색 계단, 빨간막대, 색원기둥

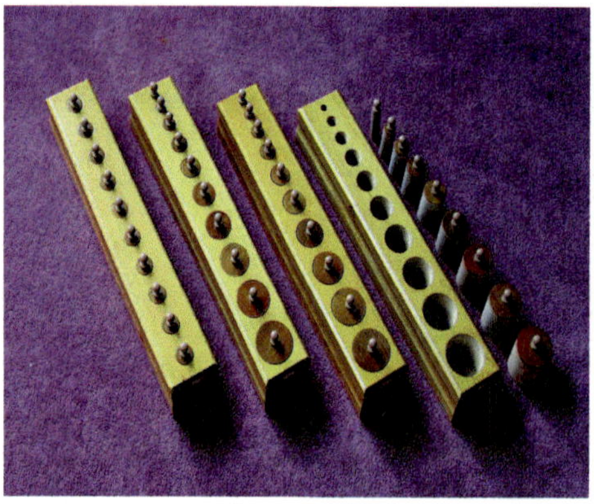

꼭지원기둥

분홍탑

갈색계단

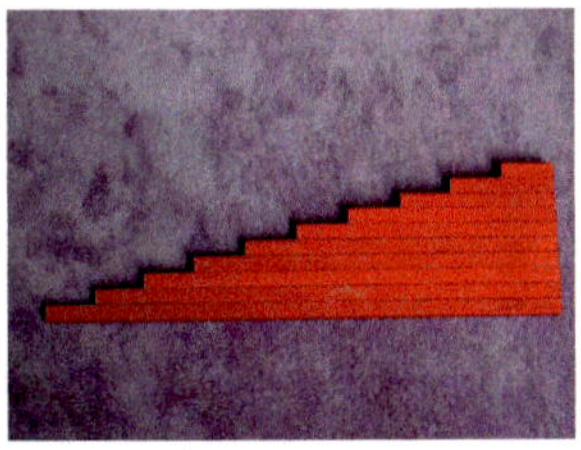

빨간막대

색원기둥

[그림 2-4] 감각훈련 교구-시각훈련-대소의 판별

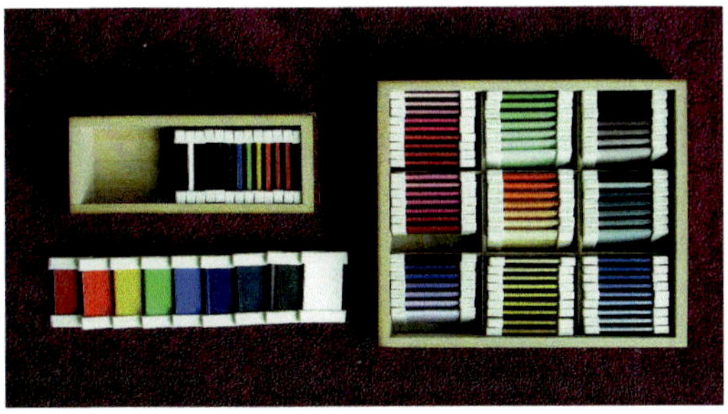

색판 1, 2, 3

[그림 2-5] 감각훈련 교구-시각훈련-색의 판별

• 형의 판별 : 기하 도형과 카드, 구성 삼각형(직사각형 상자 A · B, 삼각형 상자, 육각형 상자), 기하 도형 구성, 피타고라스의 카드

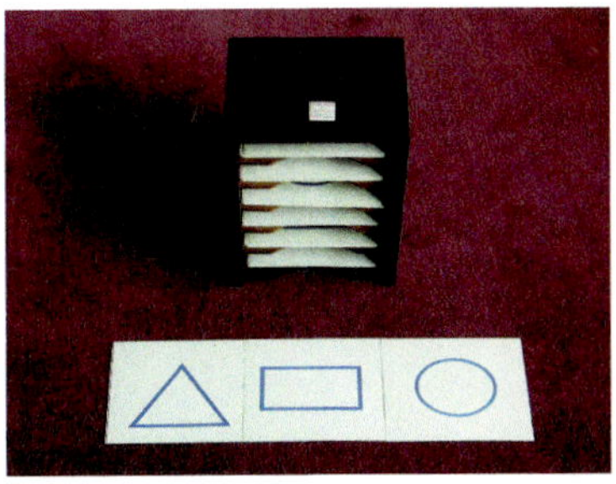

기하도형과 카드

구성삼각형

[그림 2-6] 감각훈련 교구-시각훈련-형의 판별

② 촉각훈련

- 촉각 : 촉각판, 촉각판 맞추기, 같은 천 찾기
- 중량 감각 : 중량판
- 입체 식별 : 곡식가리기, 비밀주머니, 기하 입체
- 온도 감각 : 온도병, 온도판

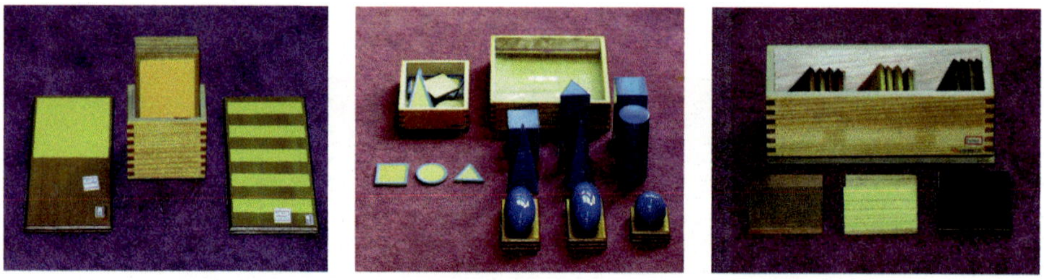

촉각판 중량판 기하입체

[그림 2-7] 감각훈련 교구–촉각훈련

③ 청각훈련

- 잡음 식별 : 소리통
- 악음 식별 : 음감벨

④ 미각훈련

- 미각병

⑤ 후각훈련

- 후각통

(3) 수학교육 교구

수학 교구는 아동이 1-10까지의 수를 세기, 숫자에 대한 개념 갖기, 십진법 알기, 덧셈, 뺄셈, 나눗셈, 곱셈하기, 추상적인 수준에서 수 다루기를 목적으로 한다. 교구로는 수막대, 셈막대 상자, 홀수와 짝수 구슬대, 모래숫자판, 덧셈판, 곱셈판, 구슬줄과 구슬대, 분수판, 세강판, 색 구슬과 나무판이 있다.

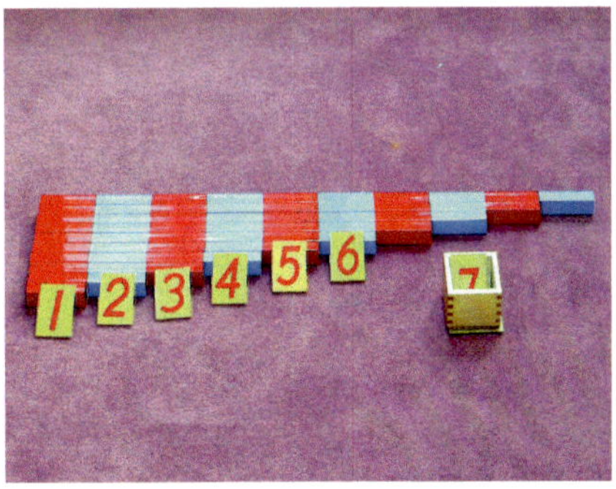

수막대

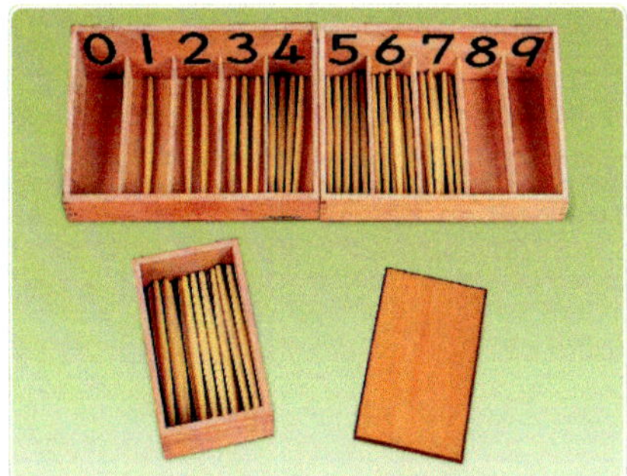

셈막대 상자

나무수카드

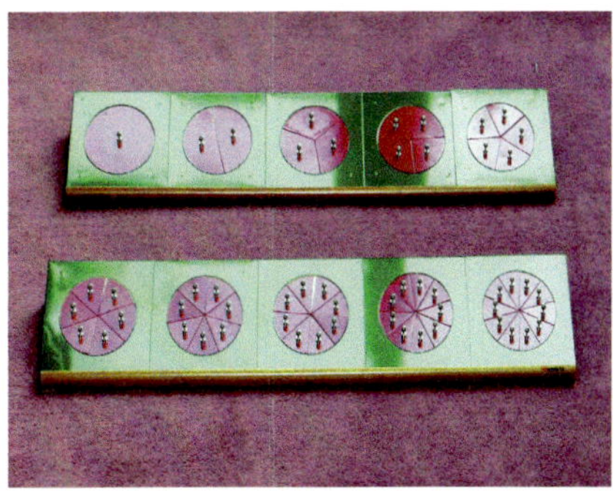

분수판

숫자와 바둑알

세강판

[그림 2-8] 수학교육 교구

(4) 언어교육 교구

모래 종이 글자, 그림카드 등이 있다.

한글 모래글자판

영어 대문자 모래글자판

[그림 2-9] 언어교육 교구

(5) 지리

지구의, 세계지도(아시아 · 유럽 · 아프리카 · 북미 · 남미 · 호주 · 한국 · 미국), 각 나라 국기

세계지도 퍼즐

아시아지도 퍼즐

[그림 2-10] 지리교육 교구

(6) 동 · 식물

나뭇잎 도형 캐비닛, 나뭇잎 도형카드, 나무의 부분, 식물카드, 동물카드

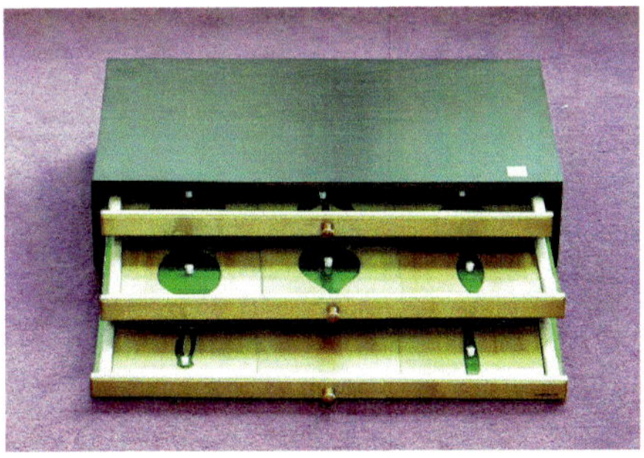

나뭇잎 도형 캐비닛

나뭇잎 도형카드

[그림 2-11] 동 · 식물교육 교구

2. 유아의 지각특성 및 발달에 따른 교수매체

유아는 추상적인 사고나 문자를 통해 학습을 하는 것이 아니라 직접 만지고, 냄새 맡고, 흔들어 보고, 눈으로 보고, 듣고, 맛을 보는 것과 같이 직접적이고 구체적인 경험을 통해 많은 것을 깨닫게 된다. 이러한 지식획득은 주위의 자연물이나 놀잇감, 책 등의 매개체를 통하여 이루어진다. 교수매체란 목표로 하는 교수 또는 학습을 성공적으로 실현시키는데 필요한 매개체를 말하며 유아들의 놀이는 교육 자료가 다양할수록 풍부해지고 교육적 가치가 있다.

교수매체는 유아의 활동을 유발시키고 자극하는 교재 · 교구로서 학습자와 학습내용을 결합시키며 학습내용과 학습활동을 연결시켜 교수-학습 장면에서 교육목표달성을 위해 매우 중요한 역할을 하게 된다. 또한 교육의 내용과 질을 결정하

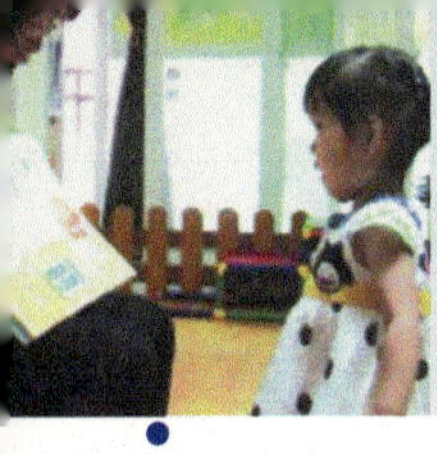

는 중요한 요인이 되고 있다. 그러므로 교사는 자신이 맡고 있는 유아들의 연령, 발달단계 및 특성, 진행되는 단원 등을 고려하여 교수매체를 제작하고 준비해 주어야 한다.

그렇게 함으로써 유아들은 자신의 능력이나 흥미에 맞는 교수매체를 선택하여 놀아보는 기회를 갖고 다양한 교수매체를 통해 경험하고 느끼고 상호작용하는 동안 개념을 습득하고 다른 사람의 생각을 이해하며 나 자신을 표현해 보는 기회를 갖게 된다.

1) 유아의 지각특성

우리는 일상생활에서 외부로부터 오는 수많은 종류의 자극에 반응하면서 살아간다. 반응을 하기까지에는 일종의 물리적이고 심리적인 처리과정을 거치게 되는데 이것이 우리의 지각과정을 의미한다. 지각은 인지의 기초가 되며, 인지는 지각된 사건의 이해를 가져온다.

인지가 이루어지면 유아는 개념을 형성하게 되고 이렇게 형성된 개념은 다른 개념형성이나 문제해결에 유용하게 된다. 유아들을 위한 교육활동은 이러한 유아의 지각 특성을 고려해야 한다.

감각 기능이나 지각의 통합성 면에서 미발달 상태에 있는 유아의 특성을 인상적 지각(physiognomic perception)과 자기중심적 지각(ego-centric perception)으로 설명한다(유혜령, 1993). 2~7세의 유아는 주위에 있는 사물들의 실재를 있는 그대로 포착하는데 다소 곤란을 겪을 뿐만 아니라 상상이나 꿈 내용을 실제 현상과 구별하지 못하는 수가 있다. 예를 들면 자신의 기분이 좋을 때는 해가 자신을 내려다 보고 웃는다고 느껴서 웃는 모습의 해님을 그리기도 하고, 무서운 기분이 들 때는 나무 그림자를 보고 괴물이 달려드는 것처럼 느끼기도 하는 것처럼 생명이 없는 것도 사람과 같은 표정이나 몸짓을 나타낸다고 보거나 그 속에 욕망이 있는 것처럼 느끼는 지각의 경우를 인상적 지각이라 하는데 이는 유아기의 독특한 물활론적 사고의 표현이라 할 수 있다.

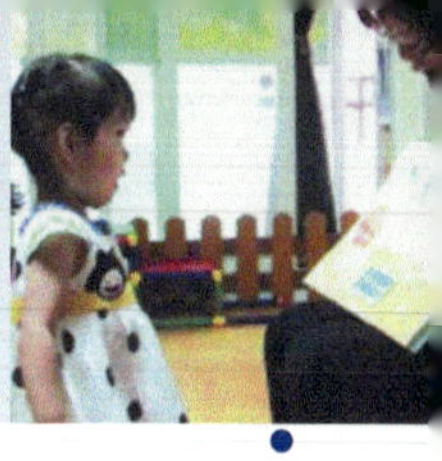

인간은 타인이 보는 것과 똑같은 사실에 의해서 지배되는 것이 아니라, 자기가 그 사실을 어떻게 보는가에 따라서 지각되는 것이라고 했는데, 이는 세계의 사물은 인간에게 어떤 의미를 주며 인간은 그것을 받아들이는 각자의 독특한 지각에 따라 행동하게 된다는 뜻으로 이는 유아의 자기중심성(ego-centric perception)을 반영하는 것으로 볼 수 있다. 즉 유아들이 사물을 지각할 때 자신의 위치를 타인의 위치에 놓고 이해는 능력이 덜 발달한 상태이므로, 방향이나 위치에 따라 사물의 지각이 다를 수 있다는 것을 인지하기 어렵다.

이영자(1987)는 교수매체를 고안하는 사람과 실제 유아의 교육을 담당할 교사가 지각원리를 잘 알고 있어야 한다고 했는데 그 이유를 다음과 같이 들고 있다.

- 사물, 사건, 사람 등의 관계가 잘 지각될수록 아동이 그 사물, 사건, 사람 등의 관계를 보다 잘 파악할 수 있다.
- 교수-학습 상황에서 아동이 잘못 지각하는 사태를 피하는 것이 중요하다. 아동이 교사가 제시한 그림이나 영화 등의 내용과 의도를 잘못 지각하면 아동은 그릇된 방향으로 내용과 의도를 이해하게 되고, 한번 잘못 이해된 내용을 유아에게 바르게 이해시키는 것은 새로운 내용을 이해시키는 것보다 더 힘들다.
- 실물 대신에 사진이나 그림으로 가르칠 때 지각적으로 이상적 제시 방법을 아는 것이 중요하다.

2) 유아의 발달에 적합한 교수매체

유아의 연령에 따른 발달적 특성과 이에 적합한 교수매체를 제시하면 다음과 같다(김예경 외, 2002; 임은숙, 2004; 김정원 외, 2005).

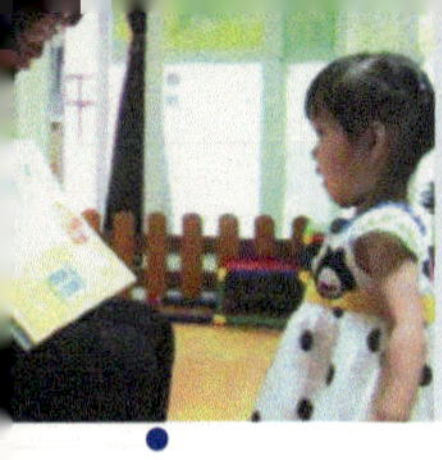

표 2-1

영 · 유아의 신체발달과업 및 교구

	13~24 개월	25~36 개월	3~5세
발달과업	· 혼자 걷는다. · 계단을 오른다. · 같은 행동을 반복하면서 신체적 기술을 연마한다. · 끌기, 당기기, 던지기, 쌓기, 뒤집어 비우기, 채우기 등을 좋아한다. · 복잡한 작은 물체에 관심을 보인다. · 2세에 가까워지면 큰 공을 잡을 수 있다. · 2세에 가까워지면 달리고 멈춘다. · 옷을 벗을 수 있다. · 스스로 음식을 먹기 시작한다. · 배변훈련에 관심을 갖는다.	· 신체활동이 왕성하고 이를 즐긴다. · 음악에 맞추어 뛰고 걷는 활동을 즐긴다. · 발 바꿔서 계단 오르기, 점프하기, 의자에서 뛰어내리기, 세발자전거 타기 등 다양한 신체운동 기술이 생긴다. · 혼자 먹을 수 있으나 때로 엎지르고 흘린다. · 블록을 5~7개 정도 나란히 쌓을 수 있다. · 가위질, 단추 끼우기 등의 소근육은 비교적 늦게 발달하며 성인의 도움을 필요로 하는 경우가 많다. · 2세 정도가 되면 대 · 소변의 의사 표시를 하며, 여아가 일반적으로 더 빨리 가린다. · 대체로 낮잠과 휴식이 필요하다. · 도움을 받아 옷을 입고 벗는다. · 혼자 양치질한다.	· 운동기술이 잘 발달되어 있음 : 안정되게 달리기(5세), 점프, 기어오르기, 균형잡기 · 실외놀이를 좋아함 : 위험한 놀이, 신체적인 힘과 기술을 요하는 모험해 보기 · 손가락을 사용하는 능력의 증가 : 물건 집어 올리기, 가위로 선 자르기, 성인용 펜 집기, 줄로 구슬 꿰기 · 능숙하게 쌓기 : 작은 쌓기 놀잇감으로 놀이하기, 유니트 블록이나 커다란 쌓기 놀잇감을 가지고 활발하게 활동한다. · 때때로 단순한 규칙과 득점이 있는 기초적인 공놀이에 관심을 보인다(5세)
발달에 적합한 교구	· 블록류 ; 스펀지 블록, 컵 블록, 종이 벽돌 블록, 보드리 블록 · 밀고 당기는 장난감(인형 유모차, 장난감 청소기) · 우유곽으로 만든 기차, 끈이 연결된 바퀴달린 자동차류 · 큰 공류	· 동물모형 · 악기류 · 자동차, 자전거류 · 다양한 공류 · 말타기 · 블록류(스펀지 블록, 종이벽돌 블록, 우레탄 블록, 우유곽으로 만든 블록)	· 밀고 당기는 놀잇감(손수레, 미는 놀잇감, 청소기) - 3~4세 : 작은 끌차, 작은 외바퀴 손수레, 어른용 도구와 비슷하게 생긴 장남감 인형을 나르는 수레 - 5세부터 : 실물 크기의 스쿠터

			· 공과 스포츠 도구(다양한 형태와 크기의 공, 치기와 던지는 공, 줄넘기 줄, 가벼운 원반던지기) · 탈것 - 3~4세 : 아이 체격에 맞는 세발자전거, 조정장치가 달린 수레, 여러 유아가 함께 탈 수 있는 흔들 말, 사실적이고 세세한 부분이 있는 자동차 - 4세부터 : 세발자전거, 배터리로 움직이는 탈것 - 5세부터 : 유아의 체격에 맞는 바퀴와 발 제동 장치가 있는 작은 두발자전거 · 줄넘기, 원반 날리기, 자석판 화살 던지기) · 구성 놀잇감 - 쌓기놀잇감(80~100개의 나무 유니트 블록, 2~4인치의 플라스틱 블록, 1/2인치 이하의 끼우기 블록), · 교통놀잇감(유니트 블록과 함께 사용하기 위한 작은 차나 탈것)

표 2-2

영 · 유아의 인지 · 언어 발달과업 및 교구

	13~24 개월	25~36 개월	3~5세
발달과업	· 어떤 사건의 원인과 결과에 흥미가 있다. · 움직이는 놀잇감을 좋아한다. · 몇 개 블록 쌓기, 간단한 퍼즐을 한다.	· 사물의 이름, 동물 이름, 색깔 명칭 등을 안다. · 호기심, 탐색의 욕구, 질문이 많다. · 자기중심적인 사고를 하며 추상적인 개념에 대한 이해가	· 감각과 지각에 의한 분류활동(색 · 모양 · 소리 · 냄새 · 맛 · 무게) · 단순한 양에 대한 활동(세기, 측정하기, 더 많다/적다, 더 크다/작다), 문자 활동(이름

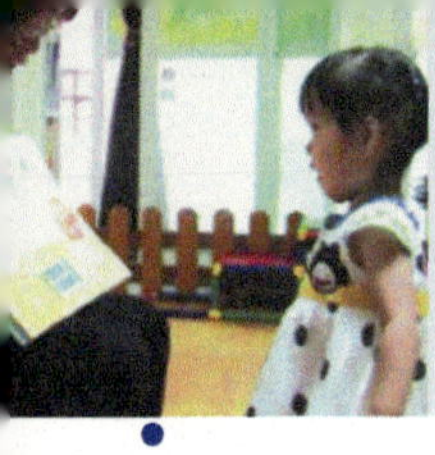

	· 숨겨진 장난감에 흥미를 보인다. · 2세에 가까워지면서 비슷한 물건을 분류한다. · 긁적거리기를 하면서 수직 · 수평이 나타난다. · 물 · 모래 놀이를 즐긴다. · 어휘 사용이 증가한다. · 그림책을 보고, 듣고, 동요 듣기를 좋아한다. · 그림책의 그림을 가리키면서 이름을 말한다. · 행동을 모방하는 놀이를 한다.	거의 없다. · 사물의 모양을 그리기 시작하고 동그라미와 수직선 등을 그릴 수 있다. · 의사소통보다는 독백이 많다. · 주의 집중 시간이 짧다(5분 이상 한 가지 활동에 주의 집중하기 힘들다). · 보고 들은 것을 완전히 재생하지는 못하며 인상적인 것 한 두 가지에 제한된다. · 어휘 능력이 신장되고 2~3단어의 문장을 구사한다. · 전보식 언어와 문장에 과잉 일반화 현상이 생긴다. · 그림책, TV 보기를 좋아하고 듣기를 즐긴다. · 상상력이 풍부하고 단순한 상상놀이를 시작한다.	읽기와 발음하기, 글자 모방, 쓰기 흉내)에 관심을 보인다. · 계획을 세워서 목적 지향적인 활동에 적극적으로 참여한다(4세). · 색과 크기 등 한 가지 이상의 속성을 사용하는 분류나 맞추기 활동을 한다(5세). · 퍼즐과 쌓기 놀이와 같은 디자인 창조 활동에 대한 흥미 증가 · 최초의 표현 예술에 참여 · 예술 활동의 과정과 결과에 흥미 가짐(5세). 옷입기, 극놀이, 쌓기놀이에서 사실적 인지의 여부에 대한 세세한 관심 증가 · 자연 · 과학 · 동물 · 시간 · 사물의 쓰임새에 흥미를 가진다. · 책을 보고 읽는 것을 좋아한다. · 단어를 읽고 쓰는 것에 흥미를 느낀다(5세).
발달에 적합한 교구	· 누르면 튀어나오는 장난감, 까꿍상자 · 질감상자, 손가락에 반지 꽂기 · 퍼즐류(동물퍼즐, 케이크 퍼즐) · 헝겊책, 감각책, 비닐책, 손인형 · 물놀잇감 · 모래놀잇감 · 전화기, 그릇류, 밀가루 점토 · 안전 가위 · 종이류, 크레파스	· 퍼즐류(일상생활 퍼즐, 동물퍼즐, 케이크 퍼즐) · 안전 가위, 종이류 · 그리기자료(색연필, 사인펜, 그레파스 등) · 일상생활책, 사진책, 하루일과책, 장난감책, 배변훈련 책, 가족사진책 · 업는 띠, 인형 침대, 손가방, 모자, 주방용품, 싱크대 세트, 화장대, 전화기, 다리미와 다리미대, 밀가루 점토	· 퍼즐(그림 맞추기) - 3세부터 : 밑판이 있는 그림 - 4세부터 : 20~30조각 - 5세부터 : 50조각 이상 · 맞추기 · 분류하기 · 순서짓기 놀잇감, 기하학적 놀잇감, 구체적인 수나 측정 놀잇감 · 간단한 기계장치, 과학놀이 기구 · 자연 놀잇감, 도미노, 숫자카드, 빙고, 기초적인 판게임 · 책 종류 - 3세부터 : 현재 지금의 이

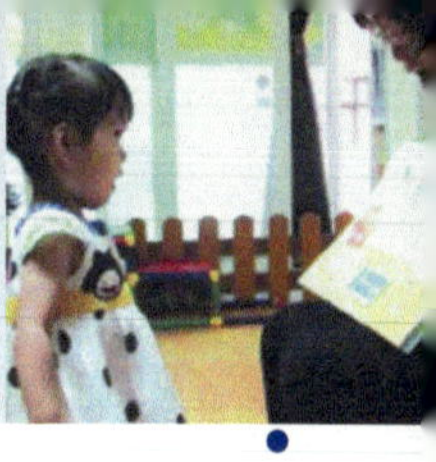

			야기, 동물이야기, 이야기 와 동요 - 4세부터 : 야생 동물과 식물 이야기, 정보를 주는 책, 익숙한 장소와 사람 이야기 - 5세부터 : 사실적인 이야기, 사람처럼 행동하는 동물 이야기, 입체적인 책 · 작은 나무못과 못판 · 색 있는 입방체 · 여러 형태의 자석판 · 모양 만들기 놀잇감 - 3~5세 : 구슬꿰기 - 4세부터 : 모자이크 블록 등 단순한 순서를 따라 할 수 있는 도안 자료 - 5세부터 : 단순한 직조(실고리와 베틀), 작은 구슬 꿰기 · 물 · 모래 놀잇감

표 2-3

영 · 유아의 사회 · 정서 발달과업 및 교구

	13~24 개월	25~36 개월	3~5세
발달과업	· 놀잇감을 가지고 혼자 놀기 시작한다. · 성인에게 애정을 표시하기 시작한다. · 자아개념이 싹트기 시작한다. · 부드러운 놀잇감 인형을 좋아한다. · 서 있는 사람에게 두려움을 나타내는 경우가 있다. · 타인의 정서에 공감하기 시작한다.	· 친구보다 장난감에 더 관심이 많다. · 의존적이면서도 독립적이기를 원한다. · 놀잇감을 나누어 사용하지 못하며 차례를 기다리지 못한다. · 충동적이고, 다투며, 신체적인 싸움이 잦다. · 옆에서 나란히 노는 병행놀이가 많다. · 친한 친구를 사귀기 시작하	· 극놀이에 높은 관심을 가지고 성인의 직업을 재현하며 의상과 소품을 사용한다. · 소그룹으로 하는 가상놀이에 대한 흥미가 증가한다. · 나누어 쓰기와 교대로 하기를 시작함. 공정한 놀이 개념을 학습한다. · 자주 공상적인 사회적 놀이에 참여하며 가상놀이는 상상의 것들로 가득 차 있다(4세).

	· 거부 반응을 보이기 시작한다. · 성인에게 관심 보이기를 원한다.	지만 남녀를 가리지 않고 가까이에 있는 친구들과 논다. · 타인의 정서를 인식하고 공감한다. · 2세가 되면 공포의 대상이 되는 여러 가지 것들이 생긴다. · 부정적인 정서 표현이 많으며, 떼를 쓰기도 한다.	· 협동적, 실제적, 규범적인 사회적 놀이에 참여한다(5세). · 가상놀이에 사실적인 성인의 역할을 활용한다. · 우연에 의지하여 판게임을 하며 전략적으로 게임을 하는 것은 아니다. · 성에 따라 놀이에서의 역할과 흥미가 달라진다.
발달에 적합한 교구	· 동물 인형류, 사람 인형류, 손인형, 감각 인형(냄새, 촉각)	· 동물 인형류, 사람 인형류, 가족 인형, 타월로 만든 영아 크기의 인형, 손인형	· 인형(고무나 비닐로 만든 세척할 수 있는 인형) – 3~5세 : 세밀하게 장식이 달린 사실적인 인형. 특히 아기인형, 머리가 있고 눈이 움직이고, 손발이 움직이는 인형 – 5세부터 : 유아에 맞는 인형(옷을 입히고 단추를 잠그는 것이 단순한 경우, 인형 옷을 입힐 수 있는 것), 오려서 쓸 수 있는 종이 인형 · 손인형 – 3~5세 : 단순한 양말이나 장갑인형, 손가락인형, 막이 없는 단순한 인형 극장 – 5세부터 : 손발을 따로 조작하는 인형 · 양육에 필요한 단순한 소품 : 먹을 것, 기저귀, 재울 것, 블록이나 가상놀이를 위한 작은 사람 모형, 유아 크기의 인형, 단순한 인형 옷 · 역할 놀잇감 – 치장용 놀잇감 – 역할놀이 소품 : 현금인출기, 의사놀이 용품, 군인 의상과 소품, 사무실 용

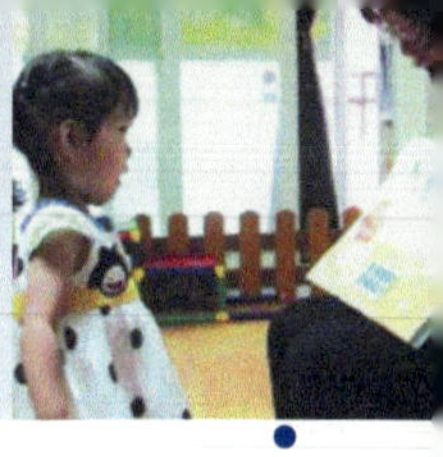

			구, 가게놀이 용품, 놀이 무대 - 큰 거울 - 가정용구 : 스토브, 냉장고, 다리미판, 전화, 그릇과 팬, 청소도구 - 인형도구 : 침대, 유모차, 유아용 의자

3) 유아를 위한 교수매체의 선택 및 배치

(1) 교수매체의 선택

유아교육 자료는 최소의 노력과 경비로 최대의 교육적 효과를 낼 수 있어야 한다. Dale에 의해 제시된 교재 · 교구의 선택 기준을 보면 다음과 같다.

① 표현하고자 하는 생각을 올바르게 전달하고 있는가?

② 학습 사항에 의미가 깊은 내용을 부여하고 있는가?

③ 학습자의 연령, 지능, 경험에 비추어 적절한 것인가?

④ 물리적 조건은 만족할 만한가?

⑤ 효과적인 활동에 도움이 되는 교사 지도서(안내서)가 있는가?

⑥ 유아의 사고력을 촉진하고 비판력을 기를 수 있는 것인가?

⑦ 사용에 따르는 시간, 비용, 노력 면에서 가치가 있는 것인가?

그러므로 유아에게 적합한 교구는 교육 목적에 적합하면서도 유아의 발달 수준에 맞추어 견고하며 매력적으로 만들어져야 하며, 유아 스스로의 힘으로 이동이나 조작이 가능하여 쉽게 선택할 수 있는지의 여부를 살펴야 한다.

교재 · 교구의 선택 기준을 정리하면 다음과 같다.

① 유아의 발달 수준에 적절해야 하며 욕구에 맞아야 하며 교육기관의 교육 목표에 부합되는 교수매체가 되어야 한다. 또한 교사의 교수-학습방법, 교사의 수, 교사 능력에 따라 융통성이 있어야 한다.

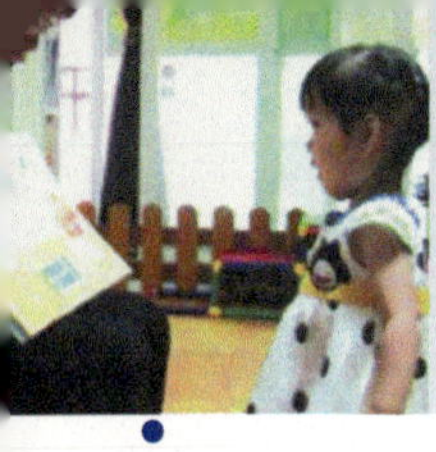

② 유아의 창의성과 상상력을 키울 수 있는 교육자료가 되어야 한다. 유아교육 자료는 간단한 것에서 복잡한 것으로, 구체적인 것에서 추상적인 것으로 발전해야 하며, 유아 스스로 조작해서 완성시킬 수 있는 것이어야 한다.

③ 견고하고 영구적이어야 한다. 교수매체가 부서지면 유아에게 좌절감을 주며 예산 낭비가 크게 된다. 초기에 제작비용이 좀 더 들어도 오래 사용할 수 있고 수선이 가능해야 한다.

④ 안전하고 위생적이어야 한다. 교육적 가치가 많은 교수매체 일지라도 어린이의 안전을 위협하는 것이어서는 안 된다. 교수매체의 재질, 유독성, 날카로운 부분은 구부리거나 둥글려 안전성 여부와 위생처리를 고려해야 한다.

⑤ 여러 개념 또는 아이디어의 이해와 기억, 기술의 습득 등에 관련된 유아의 심리에 맞아야 한다. 아무리 좋은 교수매체라 할지라도 사용하는 유아들이 이해하지 못하고 흥미를 갖지 못한다면 무용지물일 뿐이다. 교수매체를 제작할 때 유아들의 발달단계와 흥미에 적합한 것인지를 고려해야 한다.

⑥ 심미적 즐거움을 주는 교수매체이어야 한다. 색깔, 질감, 크기, 형태, 명도, 소리, 냄새 등에 어린이들은 민감하게 지각하므로 이런 요인을 충분히 고려해야 한다. 즉 교구는 색상 모양이 아름답고 매력적이어야 유아들의 관심을 끌 수 있다.

⑦ 경비가 저렴하고 경제적이며 보관 관리가 쉬워야 한다.

⑧ 적절한 크기와 무게로 유아의 독자적인 조작 및 이동이 가능해야 한다.

(2) 교수매체의 배치와 활용

교수매체를 배치할 때 고려해야 할 사항들은 다음과 같다(Decker & Decker, 1992; Day, 1983).

- 유아가 교재를 잘 볼 수 있고 꺼낼 수 있도록 개방된 낮은 선반에 교재를 배열한다.
- 각 교재 · 교구를 기능적으로 활용할 수 있도록 하기 위해서는 각각이 차지하는 공간을 확보해 놓아야 한다.

- 교재의 내용 및 수준에 따라 체계적으로 배열한다.
- 매일 정기적으로 사용하는 교재는 항상 일정한 장소에 배열해 두어야 한다.
- 정돈된 상태로 배열하는 것은 활동 후에 유아가 정리하는데 모델이 된다.
- 유아가 이동시키기 힘든 교재 · 교구는 책상이나 선반에 고정시켜 놓고 사용할 수 있도록 한다.
- 교재 · 교구장이나 선반은 충분해야 하고 다양한 형태이어야 하며 특별한 용도로 활용될 수 있는 것이면 좋다.
- 교재 · 교구는 흥미영역별로 구분하여 둔다.
- 유아나 교사 자신이 사용하고 정리하기 편리하도록 장에 표시하여 둔다.
- 시청각 기재나 과학 기기 중 파손되기 쉬운 교구는 안전한 장소에 배치해 두어야 한다.
- 교재 · 교구의 형태와 활용방법에 따라 다양한 방법으로 배치하도록 한다.

교사는 유아들이 교구나 자료를 자율적으로 선택하고 유아 간에 나누어 사용하거나 협력하는가, 관리와 보존의 필요성을 인식하여 실천하고 있는가를 보아야 한다. 교사는 교구의 활용에 있어 중요한 역할을 하는데, 설정된 교육목표의 달성을 위해 어떤 흥미영역에서 어떤 교구나 자료가 적절한가를 파악하여 교구를 제공하고, 학습활동이나 교구활용의 결과를 평가하여 교구의 활용도를 높인다.

데이(Day, 1983)는 비품 및 교재 · 교구의 활용에 있어서 다음과 같이 교사의 역할을 제시하고 있다.

- 조력(support) : 유아들의 교구활동을 도와주고 격려해 준다.
- 참여(participation) : 유아들과 함께 교구활동을 하며 사용방법을 직접 유아에게 가르쳐 준다.
- 시범(demonstration) : 교구의 사용 방법에 대해 유아들에게 시범을 보여 준다.
- 관찰(observation) : 유아의 상호작용을 관찰하고 교구의 활용도나 배열 상태 등을 점검하여 교구의 배치나 활용에 반영한다.

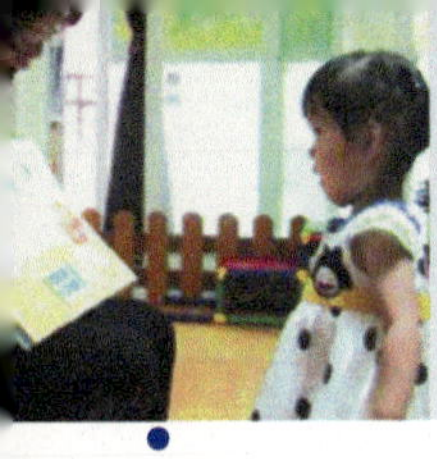

(3) 교수매체의 보관 및 관리

교수매체의 보관과 관리가 잘 이루어질 때 적절한 시기에 효율적으로 활용할 수 있어 교사의 일과계획이 풍부해 짐으로써 질적인 교육이 이루어질 수 있다. 따라서 교수매체의 보관 · 관리를 위해서는 교수매체의 현황을 파악하여 목록을 작성해 두고 교수매체의 상태를 점검하면서 필요할 때 활용할 수 있도록 해야 한다. 이와 같이 교수매체를 잘 관리하는 일은 경제적 측면에서 자원을 절약하는 효율적인 방법이다.

교수매체를 관리하는 방법에 대한 몇 가지 사항을 제시하면 다음과 같다.

- 교수매체의 관리를 위해 목록대장을 작성한다. 교수매체의 현황 파악이 용이하고 구입 또는 제작 등을 계획하고 유지 · 관리하는 데에 도움이 된다.
- 교수매체 관리 목록대장에는 흥미영역, 주제, 관리번호, 교구명, 수량, 연령, 구입처 혹은 제작자를 기록한다.

표 2-4

교재 · 교구 관리목록대장의 예

생활주제 : 계절 (봄 ①, 여름 ②)					
관리번호	교구명	수 량	연 령	제작자 또는 구입처	비 고
02(5)-04①-수-01	꽃을 피워요	1	5	교사	
02(5)-04①-수-02	봄 꽃나무 피우기	1	5	교사	
02(5)-04①-수-03	산에 가요	1	5	교사	
03(5)-04①-언-01	봄 단어 찾기	1	5	교사	
03(5)-04①-조-01	꽃 오목	1	5	교사	

- 교구의 구성세트 중 내용물이 분실되는 일이 없도록 교구별로 담을 수 있는 봉투를 교구의 크기에 맞도록 준비하며, 교구 담는 봉투는 속이 보여서 교사

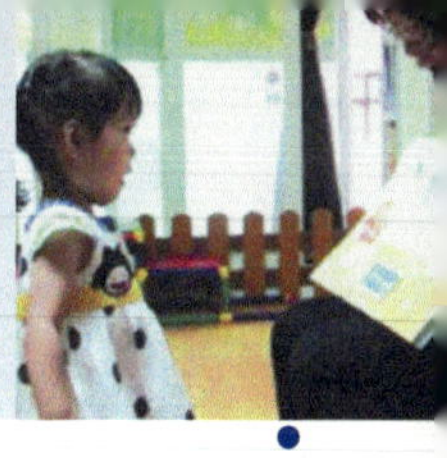

가 쉽게 구별할 수 있는 지퍼백을 사용하는 것이 좋다.

- 교수매체를 사용한 후 원래의 보관함에 정리 정돈하며, 사용 중에 훼손되거나 일부가 분실된 교구는 가능한 빨리 보수하거나 보완하여 보관한다.
- 교수매체의 사용대장을 만들어 사용한 날짜와 반납한 날짜, 사용 중 첨가되었던 사항이나 새로운 활용방법 등 자신의 의견을 간단히 기재한다.
- 교수매체의 보관, 관리에 대한 주기적인 점검과 평가를 실시하여 교구의 현황 상태 등을 체계적으로 관리한다.

제 3 장

교수매체의 종류에 따른 제작 및 활용법

1. 그림자료
2. 융판자료
3. 게시판
4. 인형
5. 동화
6. 인형극
7. 디오라마
8. 컴퓨터

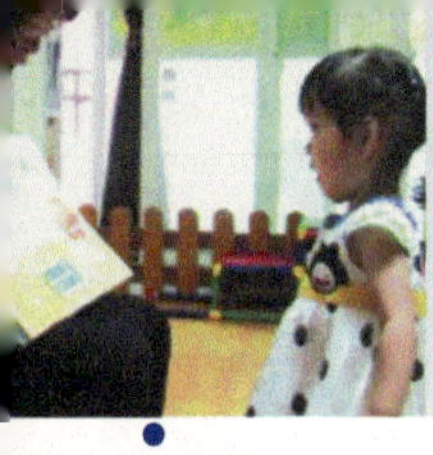

1. 그림자료

1) 교육목적에 맞는 그림자료 찾기

그림자료는 실물이나 모형을 사용할 수 없는 경우에 가장 유용한 교수매체로 각종 화보, 여러 가지 책, 도안집 등 주위에서 쉽게 구할 수 있으며, 특별한 기구 없이도 사용할 수 있어 이용하기가 편리하다. 정지된 화면만을 볼 수 있다는 단점을 보완하기 위해 낚싯줄, 할핀, 자석 등을 이용하거나 칼집을 내어 부분적으로 움직이는 그림자료를 제작할 수 있다.

정확한 심도의 지각(depth perception)이 요구되는 개념이나 기술의 학습은 평면적 그림으로는 그 학습효과를 거두기 힘들다. 따라서 이 때에 그림자료는 주된 자료로 이용될 수 없고 보조적 자료로만 사용되어야 한다. 그리고 유아는 삼면체인 사물을 평면적으로 옮겨 놓은 그림을 이해하는 것이 힘들기 때문에 유아를 위한 그림 선택 시에는 유아가 흔히 접하는 장면적 단서가 그림에 포함된 것을 선택해야 하며, 필요 없는 자세한 부분이 그림에 포함되어 있으면 메시지 전달에 혼란을 가져오기 때문에 필요한 부분만 한 장의 그림에 포함시켜 분명한 메시지를 담고 있어야 한다. 만일 전하려는 내용이 복잡하면 부분적으로 여러 장에 나누어 제시하는 것이 바람직하다.

2) 정지 화면에서 부분적인 움직임을 만들어 내는 방법

(1) 낚싯줄이용법

낚싯줄에 그림을 달고 상하 좌우로 움직이면 낚싯줄 길이만큼 이동시킬 수 있다. 뒷면의 낚싯줄에는 손잡이를 달아 움직이기 쉽게 한다.

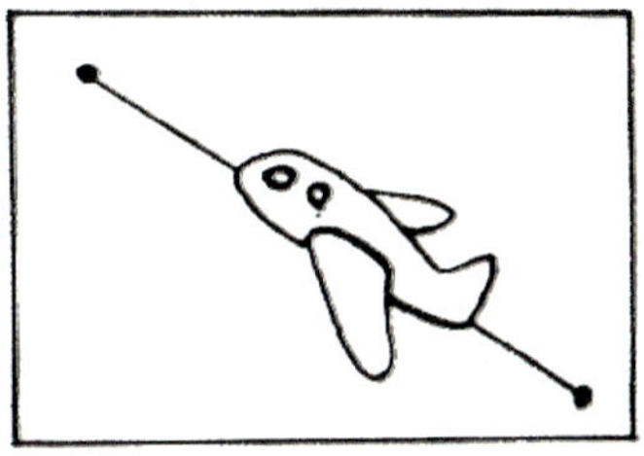
앞

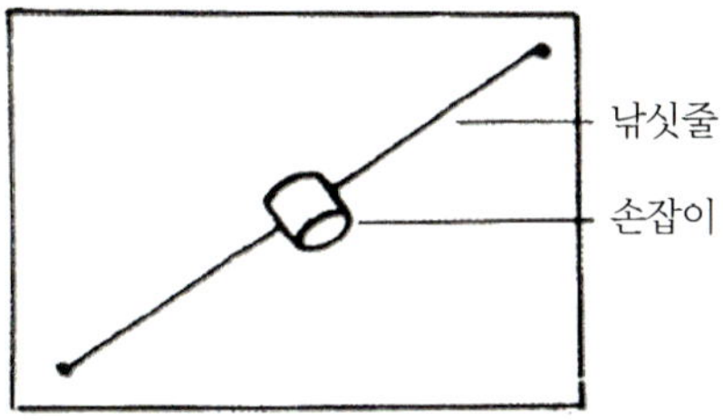

뒤

낚싯줄에 연결된 잎을 왼쪽으로 당기면 알이 나타난다.

(2) 할핀이용법

두 개의 면에 구멍을 내고 핀으로 연결하면 움직임을 만들어 낼 수 있다.

- 나를 따라 하세요.

  신체의 관절 부위를 할핀으로 고정한 후 뒤에 자석을 붙인다. 신체를 자석칠판에 붙인 후 다양한 동작을 만든 뒤 유아들이 그 동작을 따라하게 한다.

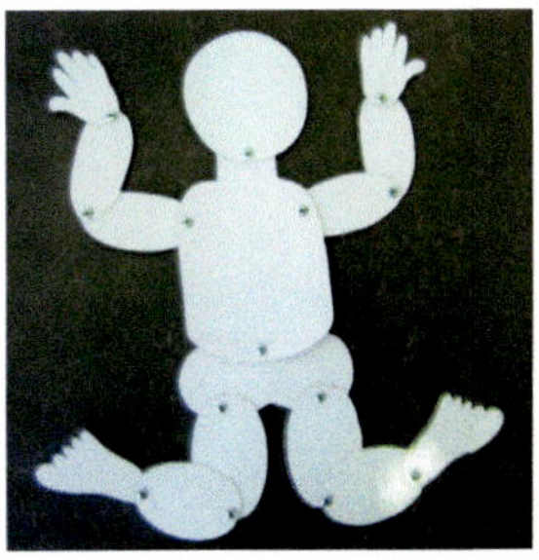

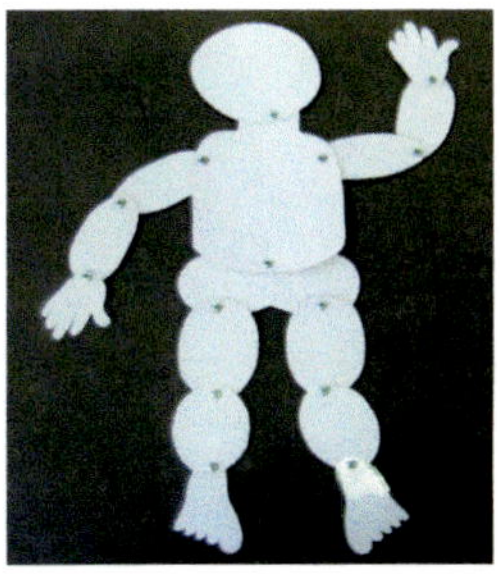

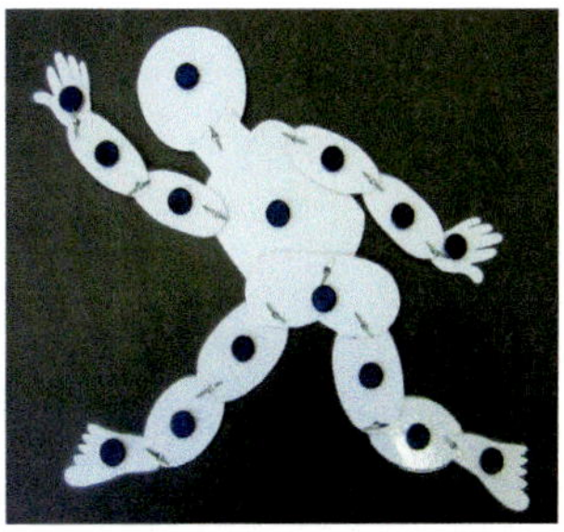

앞 뒤

• 그림이나 글씨가 있는 원 위에 일부분이 모자란 원을 올려놓고 할핀으로 연결한다. 윗판을 돌리면 그림과 글씨가 번갈아 나온다.

(3) 칼집이용법

자동차 뒷면의 손잡이를 화면 뒤로 빼고 칼집을 따라 움직여 준다.

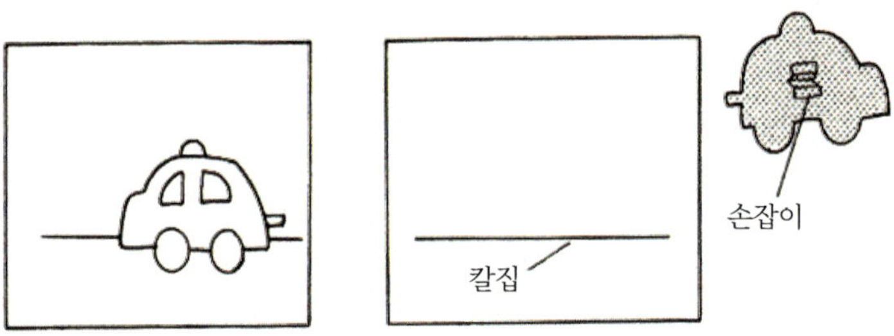

(4) 자석이용법

배경판 앞에 나비를 놓고 배경판 뒤에서 손잡이가 달린 자석을 움직이면 날아다니는 나비의 움직임을 만들 수 있다.

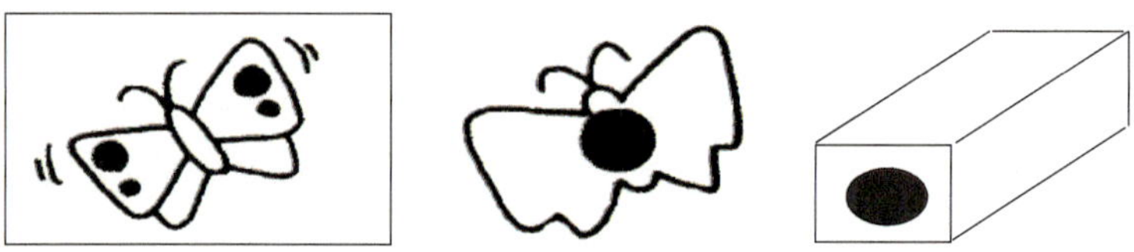

2. 융판자료(자석자료)

융판은 상품화되어 있어 크기나 디자인에 따라 선택할 수 있다. 융판이 없을 때는 베니어판을 연결하여 접었다 폈다 할 수 있는 융판을 만들 수도 있으며, 조형영역에 준비되어 있는 이젤에 융이나 플란넬을 이용하여 제작 활용할 수도 있다.

그러나 영역에 제시된 교구 사용에 보조융판이 필요하기도 하므로 다음과 같이 제작할 수도 있다.

1) 제작법

(1) 융판 제작

4절 크기의 스케치북을 받칠 수 있는 화판을 준비한 후, 화판을 펼쳐 한쪽 면에는 융판을 다른 면에는 자석질판을 만든다.

융판은 4절 크기의 두꺼운 하드보드지에 스폰지나 솜을 넣고 찍찍이가 붙을 수 있는 천(펠트, 융, 100% 폴리-라미넥스, 플란넬)을 씌운다.

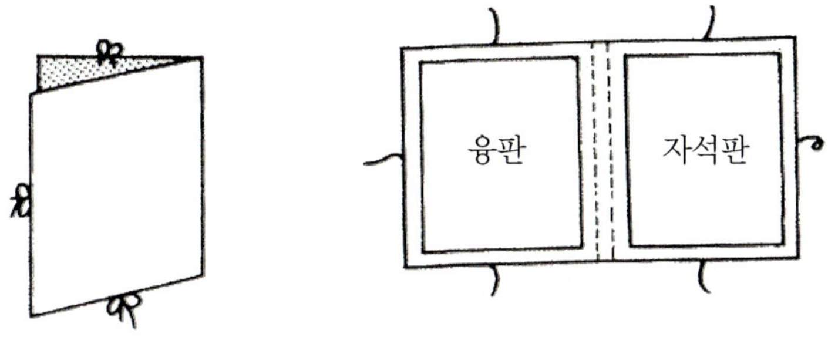

(2) 융판자료 제작

준비된 그림자료 뒷면에 찍찍이, 모래종이, 펠트, 융 등을 붙인다. 융판자료는 너무 두꺼운 재질을 사용하면 자료의 무게로 떨어질 수 있으므로 두께와 크기를 고려한다(특히 자석 칠판용 그림자료는 자력이 충분치 않을 때 쉽게 떨어짐으로 코팅을 하여 자료가 무거울 경우는 자석 수를 늘려 주어야 하며, 이때 자석의 극과 힘의 중심 등을 확인하여야 한다).

바느질을 할 경우에는 자석을 헝겊 속에 넣고 꿰매면 깔끔하게 마무리할 수 있다.

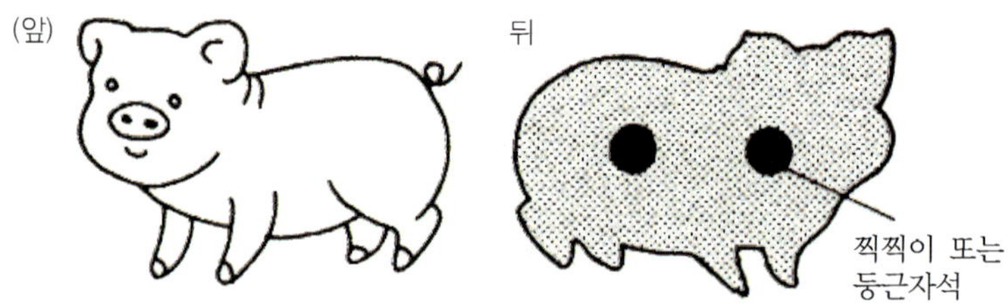

2) 활용법

① 융판은 유아들의 눈높이에 맞춰 세우고 너무 멀거나 가깝지 않은 거리에 유아를 앉게 한다(너무 가깝게 앉으면 유아들이 고개를 위로 젖히게 되어 불편하다).

② 제시한 내용을 어디에서나 누구나 잘 볼 수 있도록 교사의 위치와 실내 밝기 등을 고려한다.

③ 한꺼번에 너무 많은 종류의 자료를 제시하는 것은 좋지 않다. 교사는 제시할 순서를 생각하여 자료를 정리해 두고, 자료의 수와 분류방법 등을 생각하여 배치 위치와 면적을 정한다.

④ 융판자료는 작은 상자나, 손수건 등으로 가리고 있다가 융판에 붙일 때 등장하는 자료에 시선을 모을 수 있도록 배려한다.

⑤ 교사만의 자료가 되지 않도록 사용했던 자료를 언어영역이나 도서영역에 제시하여 유아들이 직접 사용할 수 있게 하며, 자료를 사용한 후에는 잘 정리하여 제목과 분류 번호 등을 기재하여 보관한다.

융판자료와 특성이 비슷하나 그림이나 사진자료 뒤에 자석을 붙여 활용함으로써 교수매체의 효과를 높일 수 있는 자석자료가 있다. 자석칠판은 융판과 함께 상품화된 것을 구입하여 사용할 수 있으나, 대그룹용의 크기나 개인용 크기 등에 따라 다양한 자료로 쉽게 제작할 수 있다. 자석판은 간판 제작업소에서 취급하는 얇은 철판이나 함석판을 4절지 크기로 잘라 원하는 색상의 칼라시트지(일반적으로 초록, 옅은 회색)를 씌워서 제작한다.

이 밖에도 자석이 붙을 수 있는 성질의 재료(할핀 · 클립 · 빵끈 · 깡통 등)를 하드보드지나 헝겊에 여러 줄을 붙여 테이블용 자석 칠판으로 활용할 수 있다.

자석자료를 사용할 때는 N극과 S극의 특성에 유의한다. 자석이 붙여진 그림자료를 뒷면에서 다른 자석을 대고 움직여야 할 때 다른 극끼리 맞닿아야 한다. 같은 극끼리 자석이 닿으면 떨어지게 되므로 그림자료에 붙여지는 자석이 같은 극인지, 또는 다른 극인지 필요에 따라 확인하여 붙이도록 한다.

3. 게시판

1) 게시판 활용의 중요성

게시판은 유아를 위한 교육현장에서 빼놓을 수 없는 교수매체의 하나이다. 잘 계획하여 만든 게시판은 학습 분위기 조성에 크게 도움이 되고, 유아가 학습경험에 직접적으로 참여하고자 하는 의욕을 불러일으키고, 생활주제나 개념에 관한 보다 분명한 이해 또는 아이디어 제공 등에 도움이 되는 자료이다.

2) 게시판 활용의 실제

(1) 전시 및 게시

게시판은 전달하고자 하는 메시지를 명확하고 흥미 있게 제시하여 사람의 관심을 끌게 하고 관련 내용에 대한 정보나 지식을 풍부하게 해 주는 시각매체이다. 주로 복도나 교실에 설치함으로써 유치원 행사를 안내하기도 하고 교육내용과 관련된 자료를 제공함으로써 유아의 관심을 유도하기도 하며 유아의 작품을 게시하기도 한다.

게시판을 벽면에 부착시킬 때는 바닥으로부터 20~30㎝ 간격을 두고 붙이고 게시판의 윗면 가장자리가 바닥으로부터 150㎝가 넘지 않도록 한다. 이는 유아들의 눈높이를 고려하여 게시자료를 좀 더 편하게 볼 수 있도록 한 것이며, 유아가 직접 자신의 작품을 게시하는 활동도 가능하다.

일반적으로 게시판은 수동적인 자료로 많이 사용되고 있으나 유아들이 적극적으로 활용하고 변화시킬 수 있는 자료가 될 수 있도록 다양한 방법을 강구해야 한다.

(2) 출석판

교실의 입구에서 가까운 쪽에 출석표시판을 준비하여 유아가 활동실에 들어가면서 자신의 사진이 부착된 이름표를 찾아 붙이거나 돌려놓아 출석을 알린다.

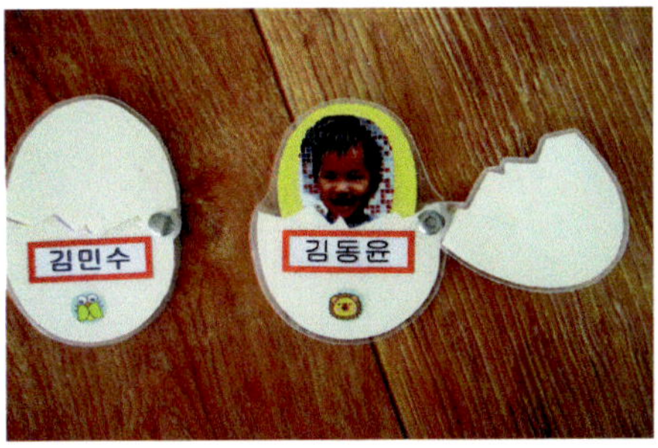

할핀에 꽂혀있는 부분을 돌려 얼굴이 나오게 한다.

벽에 부착된 빨대에 이름표를 붙인 빨대를 끼운다.

[그림 3-1] 여러 가지 출석판

(3) 놀이영역 표시판

활동실 내에서 유아가 참여하는 흥미영역 등의 이름과 놀이를 할 수 있는 인원의 수를 표시하여 만든 게시자료로서 게시할 위치에 따라 제작방법이 달라질 수 있다.

〈제작법〉

가. 벽이나 교구장 옆에 부착시킬 경우

• 선택이름표

㉠ 한 유아의 이름 옆에 있는 선택 이름표가 5개일 경우 5개의 흥미영역을 선택할 수 있다.

㉡ 유아들이 자신의 선택이름표를 쉽게 찾을 수 있도록 모양이나 색깔을 달리할 수 있다.

㉢ 그림표 뒷면에 찍찍이나 둥근자석을 붙여놓는다.

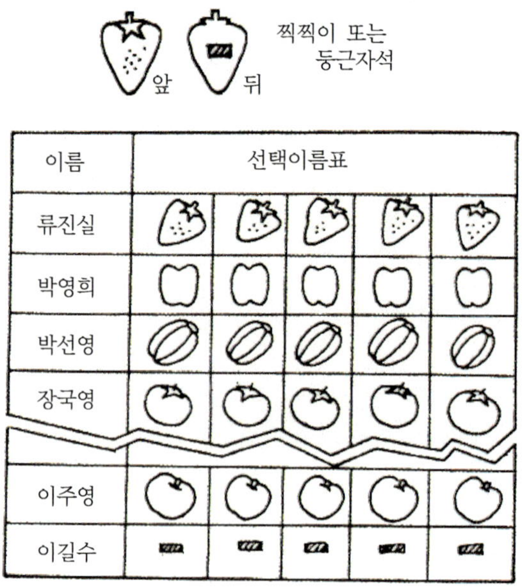

[그림 3-2] 영역놀이 표시판

• 영역판

㉠ 역할놀이영역

- 제한인원 : 7명(토끼 옆에 7개의 찍찍이가 있으므로 이 영역은 7명의 유아가 같이 활동할 수 있다).
- 찍찍이 대신 둥근자석을 이용할 경우는 고리 밑에 있는 찍찍이 부분을 함석판으로 대어 자석이 붙게 한다.

㉡ 음률영역

- 영역의 그림은 영역 특성을 잘 나타낼 수 있는 그림을 선택하여 그린다.
- 제한인원 : 4명

ᄂ: 고리

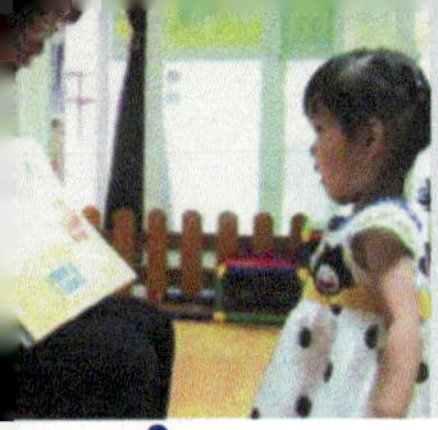

나. 교구장 위에 올려놓을 경우

: 찍찍이 접어서 삼각기둥을 만든다.

제한인원 : 5명

4. 인형

인형에는 손가락 인형(finger puppet), 손 인형(hand puppet), 테이블 인형, 막대 인형, 그림자 인형, 까꿍 인형, 줄 인형(marionettes-string puppet) 등이 있다. 유아들은 인형을 가지고 놀이하기를 즐긴다. 대개의 경우 인형은 유아의 관심과 호기심을 끌 수 있을 뿐만 아니라 혼자 있는 경우 유아의 대화의 대상이 되기도 하기 때문에 부끄러움을 잘 타는 유아도 말을 하도록 이끌 수 있는 좋은 교수매체이다.

1) 손가락 인형

손가락 인형 제작을 위해서는 헝겊(두꺼운 펠트), 종이, 코르크(cork), 상자, 작업용 면장갑 등 활용할 수 있는 재료가 많다.

펠트 헝겊으로 제작할 경우 그림과 같이 손가락 하나가 들어갈 수 있는 기본패턴을 만들어 그 위에 여러 가지 모습의 인형을 잘라 붙이면 그에 따른 다양한 동물, 사람, 기타 물체를 상징할 수 있다.

손가락 끝에 여러 동물 캐릭터 인형을 단다(앞).

뒷면은 몸통과 꼬리를 붙인다(뒤).

동시에 여러 캐릭터를 보여줄 수도 있지만 나머지 손가락은 아래로 쥐어 얼굴이 보이지 않게 하고 조작할 수도 있다(활용법).

[그림 3-3] 손가락 인형 응용

2) 손 인형

손 인형은 손 하나 전체가 들어갈 수 있도록 만든 인형으로 엄지와 검지, 그리고 나머지 세 손가락을 이용해 인형을 조작한다. 손가락이나 손을 인형의 얼굴 속에 넣어 얼굴을 움직이거나 말을 할 수 있고, 손을 이용하여 인형의 표정을 다양하게 표현할 수 있다는 장점이 있다. 제작의 어려움이 없고 인형 연기가 쉽기에 많이 접할 수 있다. 헝겊이나 종이상자 또는 종이봉투 등을 이용하여 만들 수 있다.

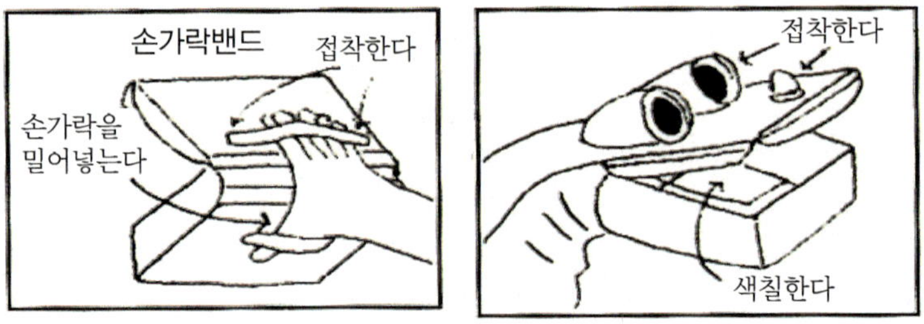

상자 손 인형

종이봉투 손 인형

[그림 3-4] 여러 가지 손 인형

3) 테이블 인형

테이블 인형은 평면 그림의 인형의 뒤에 빈 병 · 야쿠르트병 · 휴지 속대 · 투명 코팅 필름 등을 붙여 인형이 설 수 있게 만들거나, 다 쓰고 난 화장품의 빈 통 위에 입체적 인형 얼굴을 붙여 만든다. 또한 인형이 설 테이블 바닥에 종이를 세워 빨래집게를 붙인 테이블 인형을 찝을 수 있게 하거나, 부직포 속에 철사를 넣고 다리가 네 개인 동물 인형을 만들어 세울 수 있게 한다.

· 작은 화장품을 이용한 테이블 인형
· 종이컵을 이용한 테이블 인형
· 몸체 속에 철사를 넣어 설 수 있게 만든 테이블 인형

평면 인형 뒤에 코팅필름, 빨래집게, 종이컵, 하드보드지를 꺾어 붙여서 설 수 있게 만든 테이블 인형

[그림 3-5] 여러 가지 테이블 인형

4) 까꿍 인형

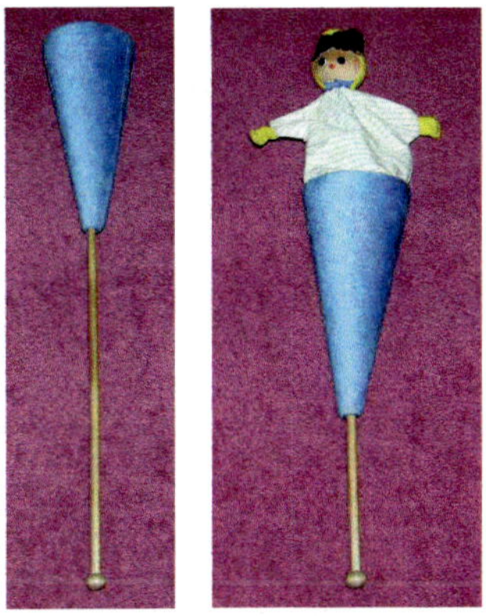

① 대바늘 끝에 얼굴을 붙이고 옷을 입힌 인형을 깡통 속에 숨겼다가 깡통 밖으로 밀어 내도록 만든다. 인형이 숨을 공간은 깡통이나 종이컵, 실패 등을 이용한다.

② 휴지 속대에 부직포로 장식을 하고 고무줄을 연결해 상하 혹은 좌우로 잡아당겨 숨어 있던 얼굴이나 물건이 보이게 한다.

[그림 3-6] 까꿍 인형

5. 동화

1) 그림 동화

하드보드지나 마닐라지 혹은 머메이드지와 같은 종이를 4절지 크기로 잘라 사용한다(하드보드지는 장면이 많아질수록 두껍고 무거워서 교사가 다루기 힘들며, 종이가 너무 얇으면 세울 수가 없게 된다). 머메이드지로 동화를 만들었을 때는 그림이 흐느적거리지 않게 세움판을 세우는 것이 좋다. 때로는 '부분적으로 움직이는 그림자료'의 제작법을 응용할 수 있으며 이런 장면은 하드보드지를 사용하는 것이 좋다.

동화의 뒷면에 내용을 적어 두는데 앞장의 내용을 몸쪽에 있는 장면의 뒤에서 읽을 수 있게 하나씩 밀려 쓴다. 장면의 순서를 확인한 후 동화를 읽는다.

[그림 3-7] 그림 동화 틀

장면이 종이접기기법으로 만들어져 있거나 입체적인 자료 사용으로 두께가 생기면 낱장 그림을 액자처럼 만들어 그림 동화 틀 속에 넣어 읽으면 사용 및 보관이 편리하다.

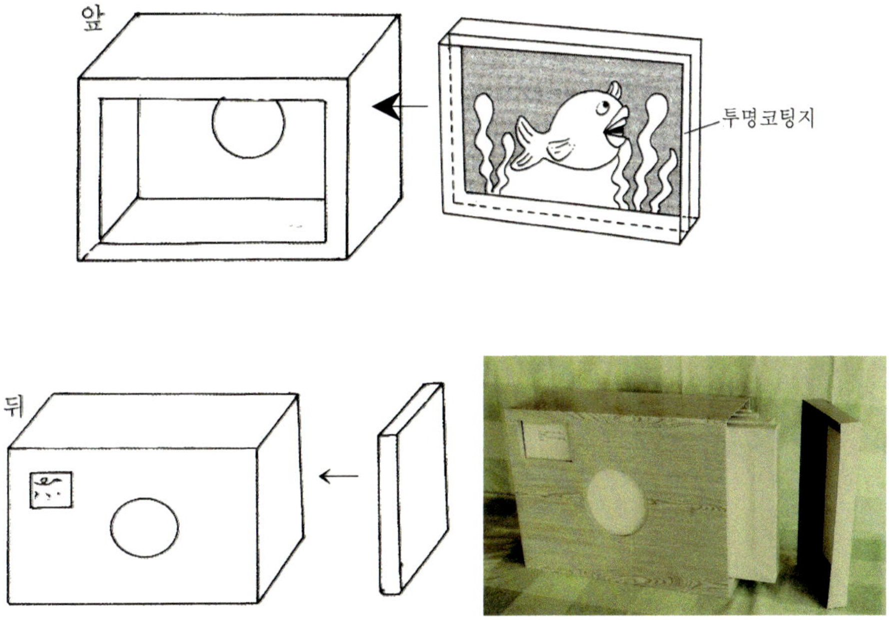

[그림 3-8] 입체 그림 동화 틀

2) 텔레비전 동화

그림극이라는 용어로 사용되기도 한다. 모조지에 그린 동화의 장면들을 두루마리 형태로 연결시킨 후 텔레비전 동화 틀에 넣고 반대편 막대 쪽으로 감아 화면이 움직여지는 효과를 낸다. 각각의 그림 뒤에 해당되는 동화 내용을 쓴다. 종이가 너무 얇으면 유아들 쪽에서 볼 때 글씨가 비칠 수도 있으므로 주의한다.

그림이 그려지는 종이는 TV 화면보다 사방으로 5cm 정도가 커야 한다. 그림장면의 맨 앞과 맨 뒷면, 즉 TV 동화제목의 앞부분과 맨 뒷부분은 두루말이 막대에 감을 수 있도록 각각 여분의 종이를 한 장 씩 더 붙이도록 한다.

어린이들에게 동화를 들려준 후 다시 보기를 하려면 되감는데 시간이 많이 걸려 불편한 점이 있다.

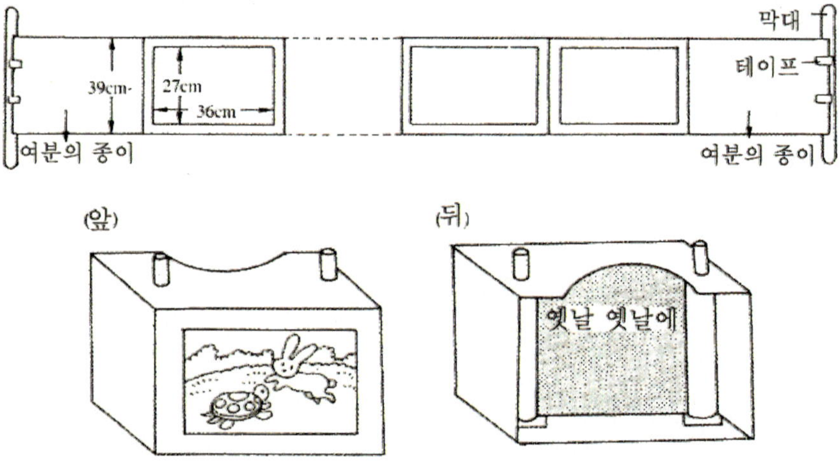

[그림 3-9] 텔레비전 동화

3) OHP 동화

OHP필름에 유성매직이나 유성펜을 이용해 그림을 그리고 OHP(Over Head Projector)로 투사하는 것으로 암막 시설이 없어도 크고 선명한 상을 얻을 수 있다.

낱장식 그림 동화는 제작 시간이 오래 걸리나 OHP 동화는 동화책 위에 바로 필름을 대고 베껴낼 수가 있어 예쁜 그림을 빠르게 얻을 수 있다. 작업을 할 때 OHP필름이 긁히거나 얼룩이 나지 않도록 필름 위에 깨끗한 종이를 대고 그려야 한다. 그림을 그릴 때는 상하 좌우가 바뀌어서 투사된다는 것에 유의하여 그린다.

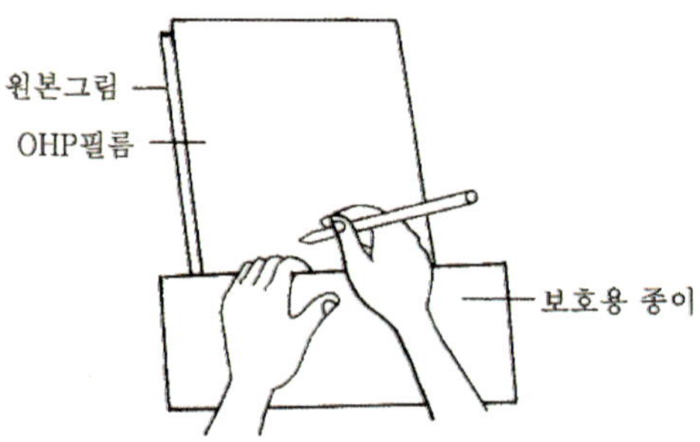

색을 입힐 때는 매직을 사용하기도 하지만 투명 접착 색지를 아세테이트에 오려

붙이기도 한다. 색 투시화를 만들려면 먼저 아세테이트지 위에 로터링 펜이나 가는 유성 색연필로 선그림을 그린다. 원하는 색의 접착색지를 채색하려는 부분보다 약간 더 크게 오리고 칼 끝으로 오린 부분의 접착색지를 한쪽 구석부터 윗겹을 벗겨낸다.

한 장면에서 차례로 여러 등장인물들이 나올 때는 겹치기 기법(overlay)을 사용한다. 겹치기 기법은 기본 투시화를 하드보드 프레임에 마운트하고 다른 투시화들을 하드보드 프레임 양쪽에 겹쳐서 등장 순서대로 번호를 매긴 후 제시할 수 있도록 테이프로 붙인다.

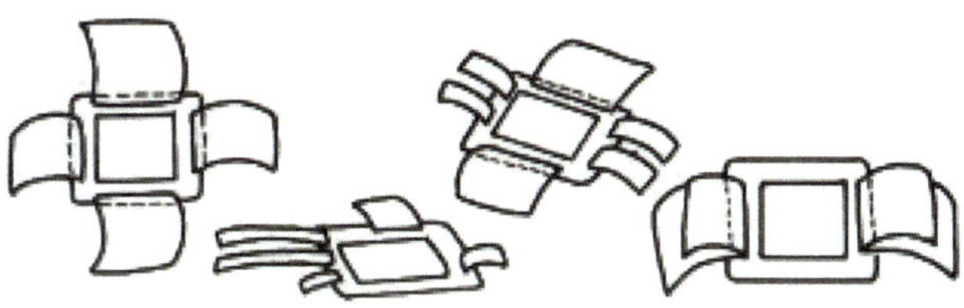

등장인물에 움직임을 주고 싶을 때는 겹치기할 등장인물의 투시화를 마운트에 고정하지 않고 기본 투시화 위에서 움직인다.

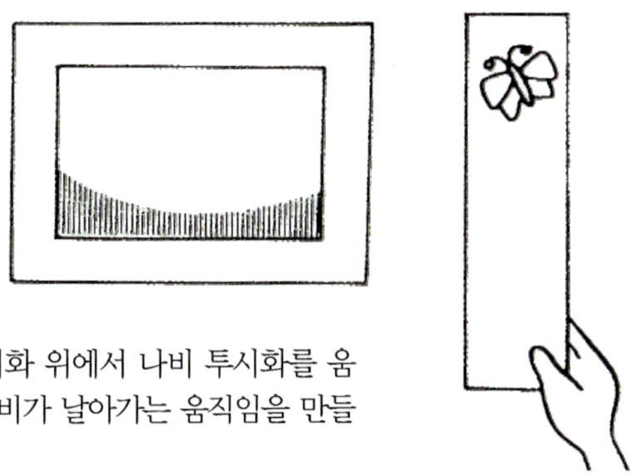

• 기초 투시화 위에서 나비 투시화를 움직이면 나비가 날아가는 움직임을 만들 수 있다.

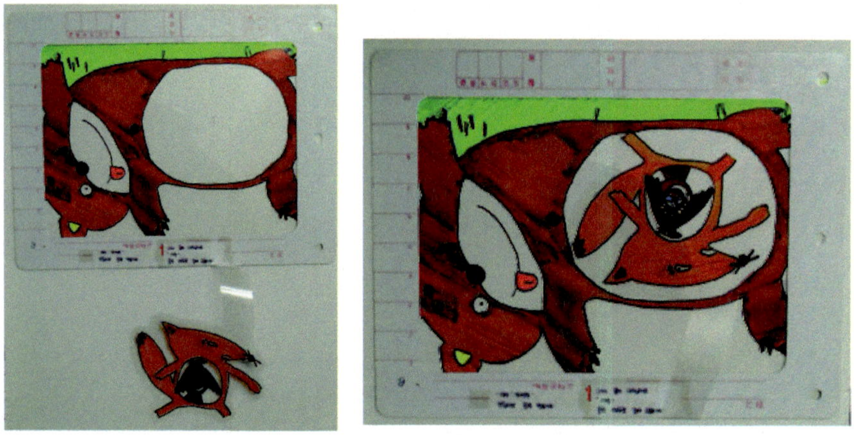

[그림 3-10] OHP 동화

4) 융판 동화

융판자료 제작법에 따라 동화 주인공과 배경을 부직포나 펠트 혹은 코팅한 그림 자료에 찍찍이를 붙여 제작한다.

[그림 3-11] OHP 동화

5) 막대 동화

탁자나 책상 위에 간단한 배경이나 소품을 놓고 막대 인형을 조작한다. 일반적으로 막대는 나무젓가락에 인형을 붙여서 대화를 하며 손으로 조작하다가, 대화를 하지 않을 때는 바닥에 내려 놓는다. 그런데 등장인물이 많아 산적꽂이나 이쑤시개를 붙인 막대 인형을 잡기 어려울 때는 포장용 골판지 상자를 잘라 겹쳐 붙여 만든 막대 동화 틀에 끼울 수 있다. 동화틀 앞에는 찍찍이를 대어 동화 제목을 붙이거나 동화 내용에 따라 바다 속이나 숲 속으로 바꿔줄 수 있다.

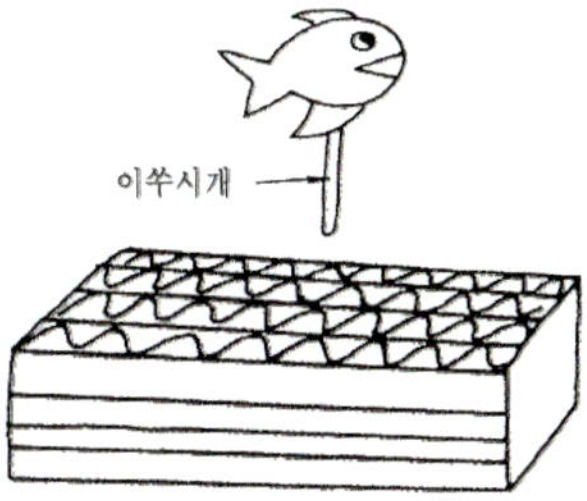

골판지 구멍에 이쑤시개를 붙인
막대 인형을 끼운다.

[그림 3-12] 막대 동화

6. 인형극

1) 그림자 인형극

그림자 인형은 인형보다 배경의 화려함을 더욱 표현할 수 있다. 원래는 흑백으로 처리되어 왔지만 현재는 색의 다양성을 더욱 강조하여 표현하고 있다. 그림자 인형극을 할 경우 충분한 연습이 필요하다.

(1) 그림자 인형 제작법

· 마닐라지에 원하는 등장인물을 그린 후 가운데 부분을 오려 낸다.
· 오려진 부분에 원하는 색의 셀로판지를 붙이고 코팅한다.
· 견고한 그림자 인형을 만들기 위해서는 아크릴 판으로 형태를 만들고 아크릴 물감을 칠할 수도 있다.

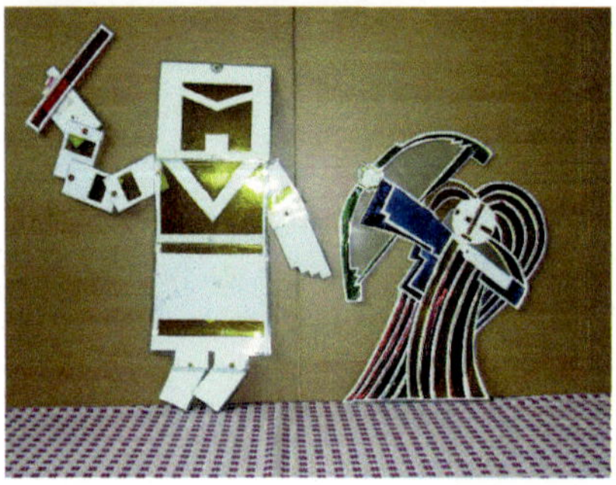

· 구부리는 동작을 하기 위해서는 마디를 내고 뒤에 할핀이나 나사(볼트와 너트)를 이용하여 연결한다.
· 손이나 팔 뒤에 철사를 달아 그림자 인형극 틀 뒤에서 움직인다.

· 인형극 틀에 배경을 붙인 것.

[그림 3-13] 그림자 인형

(2) 인형극 틀 제작법

그림자 인형극 틀은 나무 막대를 이용해 원하는 화면의 크기로 틀을 만들고 흰색 천(포플린)을 씌우고 팽팽하게 잡아당겨서 가장자리에 압핀이나 스테플러로 고정한다. 인형극 틀 뒤쪽의 위나 아래에 형광등을 고정시키거나 OHP의 빛을 뒤에서 비춘다. 그림자 인형은 손잡이를 잡고 흰색 천에 바짝 붙여서 공연한다.

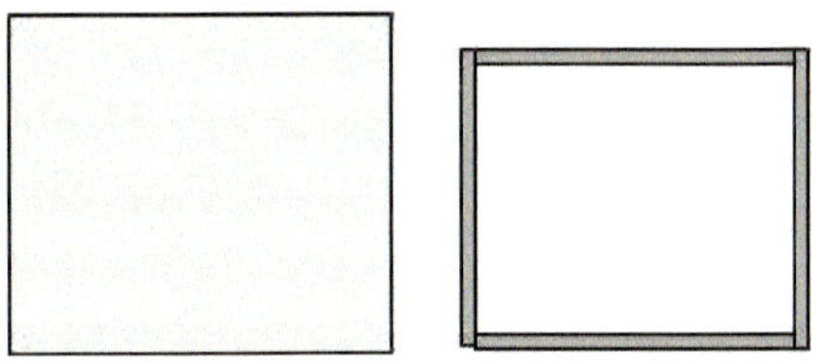

흰색 천에 나무틀을 올려놓는다.

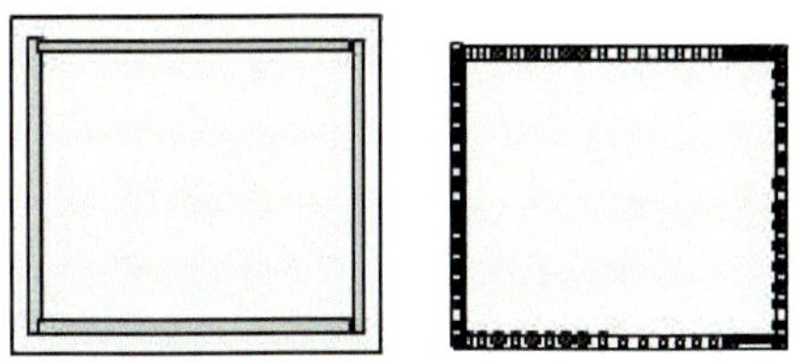

흰색 천으로 나무틀을 덮고 팽팽하게 잡아 다니면서 압정을 꽂는다.
압정이 없는 쪽이 그림자 인형극 틀의 앞이 된다.

[그림 3-14] 그림자 인형극 틀

2) 블랙라이트 인형극

형광 페인트를 칠하거나 형광색지, 형광 모루, 형광 옷감(흰색) 등을 이용해서 등장인물을 만든 후 어둠 속에서 블랙라이트(black light)를 비추면 형광 물질이 있는 부분만 형광색을 만들어 내며 신비감을 불러일으킨다.

일반 인형에 형광색 모루를 감은 것

무대 하단의 흰색 박스가 블랙라이트 형광등이 켜지는 곳

· 종이컵에 형광색상지를 씌워 연결하거나 흰색 스티로폼 공을 연결하여 줄 인형을 만든다.
· 인형을 조작하는 사람은 검은색 옷을 입고 조작한다.
· 전등을 꺼서 어두운 방에 블랙라이트를 비추면 형광색으로 만들어진 부분만 화려하게 나타난다.

일반 조명을 받았을 때

블랙라이트 형광등으로 조명을 했을 때

[그림 3-15] 블랙라이트 인형극

3) 줄 인형극

소형무대를 설치하고 조작하는 사람이 무대 상부에서 인형을 움직인다. 옛날에는 인형 머리에 붙인 나무막대나 철사로 조작하였으나 18~19세기에 몇 가닥 실로 조종하는 법을 연구해 냈다. 인형에 줄을 매서 조종하기 때문에 인형끼리 물건을 주고받는 등의 연기 때는 불편하고, 자칫 연기자의 잘못된 연기에 의해 줄이 엉킬 수도 있기 때문에 많은 연습이 필요하다.

[그림 3-16] 줄 인형(마리오네트)

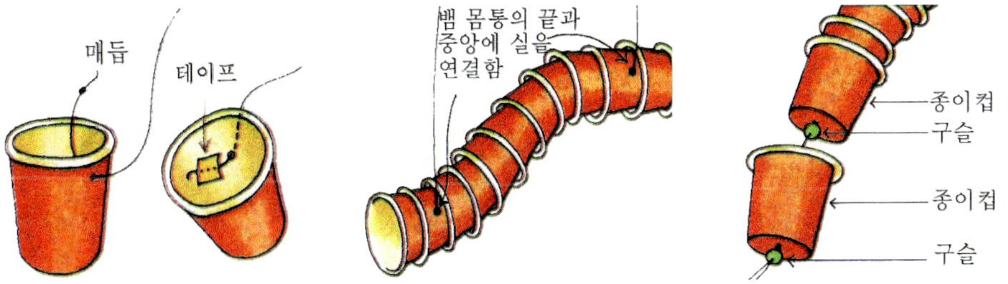

[그림 3-17] 줄 인형(뱀) 제작

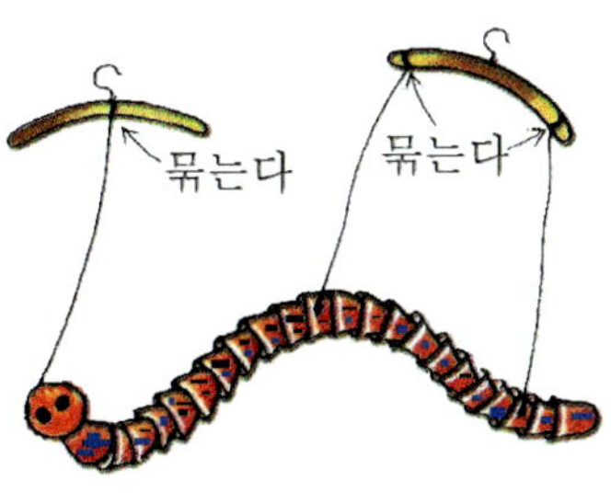

[그림 3-18] 줄 인형(손수건 유령) 제작

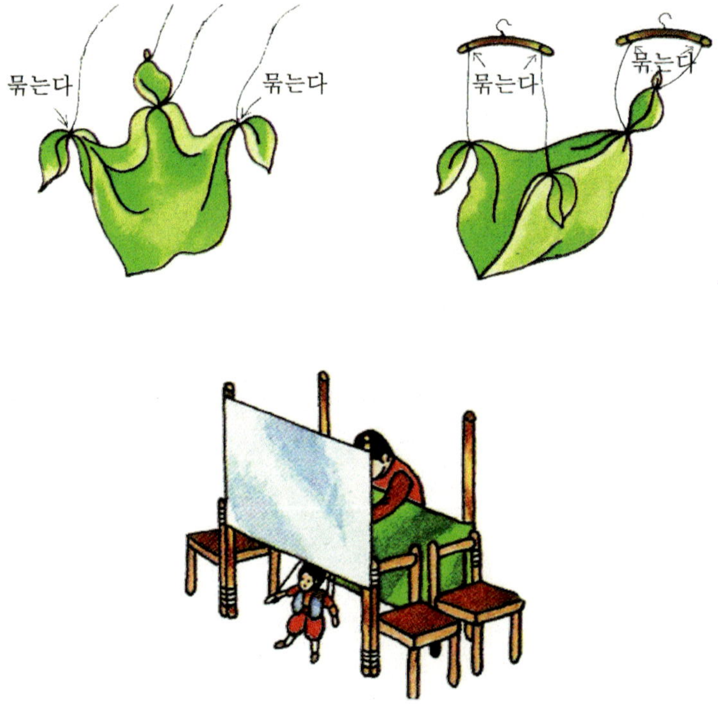

[그림 3-19] 줄 인형극 틀

출처 : Violet Philpott and Mary Jean McNeil(1975)

4) 막대 인형극

막대를 인형에 장치하여 연기하는 인형극이다. 막대 인형은 무대의 밑에서 인형을 머리 위로 곧추 세우고 인형을 연기하는 것을 말한다. 인형의 조종대로는 막대기만을 쓰는 것이 아니고 pvc나 철사처럼 빳빳하고 동작이 편리한 철제기구를 사용하기도 한다. 머리의 눈과 입 등의 동작을 위해 낚싯줄이나 잘 끊어지지 않는 끈을 동체 내부를 통해 혹은 장대를 통해 장대의 아랫부분의 손잡이에 연결되어, 손잡이를 잡아당기며 연기를 해야 한다.

테이블 동화용 막대 인형 : 손잡이는 내용에 따라 위나 아래에 붙일 수 있다.

막대 인형극용 손 · 막대 인형 : 왼손은 인형의 머리에 넣어 입을 조작하고 오른손으로 철사를 조종한다.

[그림 3-20] 막대 인형 제작 및 조작법

[그림 3-21] 막대 인형극 틀

출처 : Violet Philpott and Mary Jean McNeil (1975)

7. 디오라마(diorama)

디오라마는 전시자료의 일종으로 실제 장면과 사물을 축소 또는 확대하여 입체

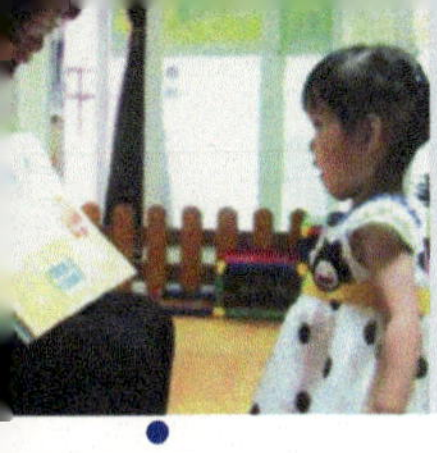

감 있게 제시해 놓은 것을 말한다. 시중에서 플라스틱 기성품으로 판매되고 있는 인형집이 그 예이다. 그러나 제작과정이 비교적 간단하여 교사와 유아가 함께 만들어 볼 수 있다.

동화의 내용에 따라 등장인물을 입체적으로 만들어 제공하여 동화를 재연해 보게 할 수도 있으며, 주제와 관련하여 동물농장을 꾸미기나 교통기관놀이 등을 할 수도 있다.

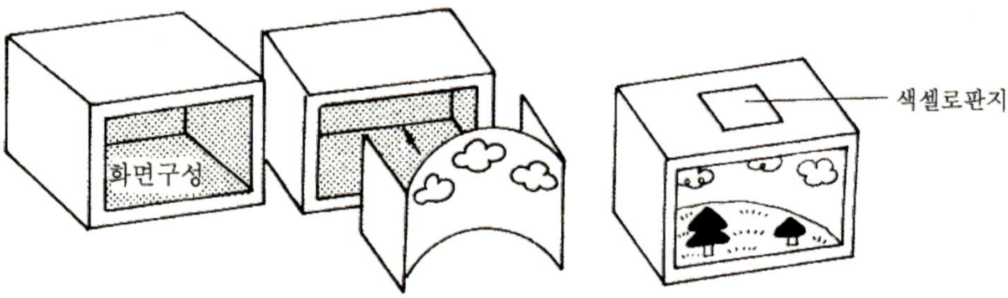

[그림 3-22] 디오라마

8. 컴퓨터

1) 유아기 컴퓨터 교육의 가능성

컴퓨터는 아이들이 실물을 직접 만지고 다루는 것이 아니라 화면에 나타난 영상(숫자, 그림)을 보고 키보드의 키 또는 마우스를 조작하는 것이다. 그러므로 컴퓨터 활동은 실물과 상징을 연결시켜 주는 연결단계에 속하고 있다.

유아기에 컴퓨터 교육이 가능한 것인가에 대해서는 찬반 양론이 있다. 반대하는 입장은 유아들은 피아제(Piaget)의 발달단계 중 전조작기에 있으며 전조작기 유아의 발달특징은 "구체적으로 조작할 수 있는 사물과의 상호작용을 통해서 이해"하는 것이기 때문에 유아기 컴퓨터 교육이 적합하지 않다는 것이다.

찬성하는 입장에서는 개념을 형성해 나가는 유아기에 연결단계로서의 컴퓨터 교육이 유아의 흥미와 발달적 개인차에 맞추어 적절하게 도움을 줄 수 있다는 것이다.

2) 컴퓨터 활동과 타 활동과의 관계

유아기 컴퓨터 교육활동은 다른 교육활동과의 연계를 통해서 효과를 높일 수 있다. 컴퓨터는 유아의 실물에 의한 인식단계와 상징으로 인식하는 단계의 중간단계로서 유아에게 컴퓨터 활동 이전에 구체적인 실물활동이 필요하다. 예를 들어 수세기 활동을 할 때는 유아들이 작은 블록이나 사탕 등으로 실제 물건을 세어 보고 그 이후 컴퓨터를 사용하여 개념을 계속 확장시킬 수 있다. 이처럼 컴퓨터 활동을 선행활동과 연계함으로써, 컴퓨터 교육의 효과를 높일 수 있는 것이다. 그러나 컴퓨터 활동이 다른 흥미영역의 활동을 대치하는 것은 아니다. 컴퓨터 영역은 새롭고 흥미 있는 활동영역으로 다른 영역과 조화 있는 운영을 해 나갈 수 있다.

3) 컴퓨터 영역 배치

컴퓨터 영역은 2~3대의 컴퓨터를 130° 정도가 되도록 설치하여 컴퓨터를 하고 있는 유아끼리 서로 화면을 볼 수 있어서 상호작용이 가능하도록 하고 1대의 컴퓨터가 있는 곳에 의자를 2개 이상 준비하여 같은 화면을 보고 유아끼리 서로 의견이나 생각을 주고받을 수 있도록 하고 모니터의 높이는 유아가 앉아서 볼 때 눈높이보다 약간 높은 정도를 유지하도록 하여 유아가 시선만 옮기면 다른 영역을 볼 수 있도록 한다.

제 4 장

활용 목적에 따른 교수매체 제작 소재 및 기법

1. 교수매체 제작 소재의 종류 및 활용법
2. 교수매체 제작 용구의 종류 및 활용법
3. 교수매체 제작 기법 및 활용법

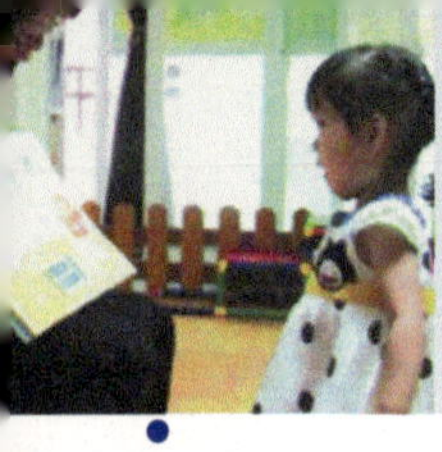

교수매체는 사용 목적에 따라 다양한 형태와 소재로 제작된다. 많은 경우 교수매체에 대한 유아들의 흥미를 유발하기 위해 입체적인 형태로 디자인된다. 그러나 입체적인 형태는 다음 사용을 위해 보관을 할 경우 장소를 많이 차지하게 되어 불편을 겪게 된다. 이런 단점을 보완하는 방법으로 사용할 때는 입체적이었다가 보관을 할 때는 거의 평면을 이루거나, 보관상자 자체가 게임판이 되면서 동시에 말이나 주사위를 보관할 수 있는 디자인으로 제작되어야 사용 및 보관이 용이하다.

또한 교구 제작 시간을 고려한다면 기본 틀은 그대로 사용하되 단원 및 소주제에 따라 그림카드나 소품을 바꿀 수 있는 형태로 제작하여 교구활용도를 높일 수 있도록 하는 것이 바람직하다.

1. 교수매체 제작 소재의 종류 및 활용법

창의적이고 공학적인 교수매체 제작을 위해서는 다양한 소재를 적절히 사용할 수 있어야 한다. 따라서 교사들은 새로운 소재개발에 지속적인 관심을 갖고 시장조사를 하여 효율적으로 제작을 하여야 한다. 일상적으로 사용하는 소재에서부터 새로운 제작을 시도할 수 있는 소재들은 다음과 같다.

1) 종이

(1) 종이의 규격

① 4*6판

종이의 규격이 788×1091㎜(또는 1091×788㎜)인 종이를 말한다. 이 규격은 흔히

2의 배수 격인 2절, 4절, 8절, 16절, 32절 등의 규격으로 재단해서 사용하는 규격이다.

② 국판

종이의 규격이 636×939㎜(또는 939×636㎜)인 종이를 말한다. 보통 A4, A3 등을 재단하는 규격의 종이인데, 국판도 2절, 4절, 8절 등으로 재단이 가능하다. 그러나 보통 국판을 재단해서 규격을 말할 때는 절수 앞에 '국'자를 붙여 쓴다. 예를 들어 보통 8절이라 하면 4*6판 8절을 말하며 국판으로 재단된 8절을 지칭할 때는 거의 '국 8절'이라고 부른다.

③ 하드롱판

889×1194㎜인 규격을 말한다. 일반 인쇄용지에서는 별로 사용이 안 되며, 마닐라지 계열에서 많이 사용되는 규격이다.

(2) 종이의 결

종이의 결이란 제지회사에서 종이를 만들 때 펄프배열을 어떻게 하는가에 따라 종목(縱木)과 횡목(橫木)으로 구분된다. 종이를 위에서 아래로 찢어 보았을 때 상대적으로 일정하게 찢기고 옆으로 찢어 보았을 때 힘을 주는 방향으로 엇갈려 찢기면 종목이다. 그 반대는 횡목으로 판단하는 경우가 많다.

(3) 종이의 무게

보통 종이의 두께를 말할 때 100g 혹은 200g이라 말한다. 하지만 엄밀히 말하면 두께가 아니라 사방 1m되는 종이의 무게다.

(4) 종이의 단위

① 낱장

말 그대로 종이 한 장을 말한다. 흔히 지업사에서 말하는 낱장 판매는 포장 상태를 뜯어서 한 장 한 장 세어 판매하는 것을 말하다.

② 속

종이가 포장된 단위를 말한다. 종이는 평량(g/m^2)에 따라 단위 포장을 250매, 125매, 100매로 하고 있는데 이는 포장의 용이성과 사용상의 편의를 위한 것이다. 대략 평량이 60g/m^2 미만은 낱장 500매가 1속, 60~100g/m^2인 경우 250매가 1속, 110-200g/m^2 경우 125매가 1속, 220g/m^2 이상인 경우 100매가 1속이다.

③ 연

종이류는 평량에 관계없이 낱장 500매를 1연(R)으로 지칭한다. 따라서 한 속이 250매 포장인 종이는 2속이 1연(R), 125매 포장은 4속이 1연이 된다.

(5) 종이의 종류

① 색도화지

- 바탕색을 칠하지 않고 크레파스 그림을 그릴 때 유용하다.
- 종류 : 4색(연두, 파랑, 빨강, 노랑)

② 골판지

- 골판지는 다양한 색(일반색, 형광색)과 무늬(직선, 물결)가 있으며 선물상자나 꽃을 만들 때 사용한다.

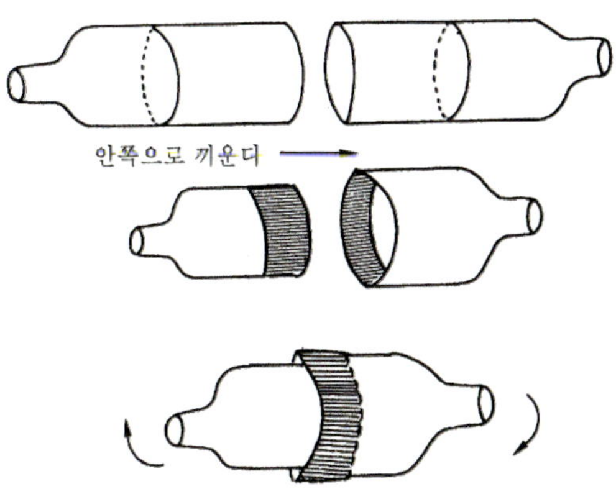

- 골판지와 PET병을 이용한 악기(기로)-비틀면 소리가 난다.

③ 주름지

- 잔주름, 큰주름, 구김형태의 무늬가 있고 다양한 색상이 있다.
- 단위 : 두루말이 형태

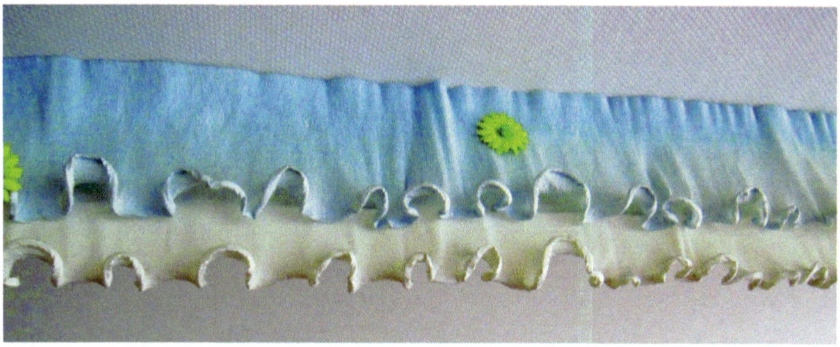

천장장식

창문과 인형

④ 색상지

- 앞뒤 양면이 같은 색상지와 양면의 색이 다른 색상지, 그리고 형광 단면 색상지가 있다.
- 형광 단면 색상지의 뒷면은 색이 없으며 격자가 그려져 있어 재단이 용이하나 손에 색이 묻어나기도 하는 단점이 있다. black light를 비추면 어둠 속에서 형광빛을 발하기 때문에 black light 인형극 재료로 사용한다.

⑤ 색종이

- 색종이 접기
- 색종이를 약간 비껴서 찢어 내면 원래 색종이 밑에 있던 흰색이 나타나 찢어 낸 모양 가장자리가 형태를 만든다.

⑥ 머메이드지

하드보드지보다 가벼우면서도 탄력과 강도가 좋아 그림 동화 제작 시 사용하기도 한다.

⑦ 와트만지

- 채색 시 일반 도화지보다 쉽게 음영을 살릴 수 있다.
- 견고한 상자나 퍼즐 제작 시 사용한다.

⑧ 판지

- 두껍고 질기며 딱딱한 종이를 말하며 무게에 따라 두께가 달라진다. 일반적으로 0.3㎜ 이상의 두께를 가진 판지가 많다.
- 아이보리 · 카드보드(하드보드지) · 마닐라보드 · 황판지 · 백판지 등이 이에 속한다.
- I.V(아이보리) - S.C보다 한단계 위의 지종으로 지면의 뒷면도 흰색을 띄는 종이로써, 주로 식품용 박스, 기타 박스 안면이 보여지는 경우 자주 사용된다.
- S.C 마니라 - 일반적으로 컬러박스에 광범위하게 사용되는 종이로써 앞면은 흰색을 띄지만, 뒷면은 회색을 띄는 일반적으로 마분지로 알려져 있다.
- 두꺼워서 곡선재단은 어려우나 견고하기 때문에 교구의 밑판이나 상자, 퍼즐 등을 제작할 때 사용한다.

- 쉽게 휘어지는 경향이 있어 정밀성이 떨어지는 경우가 있다.
- 색상이 다양하다.

⑨ 라이싱지, 로얄지, 마트지

- 용도 : 라이싱지는 고급 그림, 인쇄물, 정교한 서적, 사진 등을 보호하기 위한 마운팅, 매트용 보드, 특히 박물관, 미술관 등의 중요한 장기보존 미술품과 보존용 케이스, 모형 제작, 수채화, 드로잉 등 미술작업에도 사용한다. 연필화를 그릴 때 마트지는 아주 부드러운 그림을 그릴 때, 로얄지는 부드럽지만 약간은 거친 그림을 그릴 때, 라이싱지는 거친 그림을 그릴 때 유리하다. 하드보드지보다 가벼우면서 탄성을 지니고 있어 낱장식 그림 동화 제작(2합)이나 교구 박스(4합), 모형 주택을 제작할 때 효과적이다.
- 두께 : 2합, 4합, 8합
- 규격 : 813 ×1,016m/m(전지), 813 ×508m/m(2절), 508 ×406m/m(4절)

⑩ 한지

전통한지와 기계한지가 있으며 물감들이기 활동을 할 수 있다.

- 전통외발 한지

  전통초지 방법인 흘림뜨기 방식으로 떠서 합지하여 만든 한지로 질기고 강한 특성을 가지고 있다.

- 장지

  순수한 닥을 사용하여 합지로 만든 한지로 두껍고 질긴 특성을 가진다.

- 화선지

  단섬유를 사용하여 만든 종이로 발묵과 번짐이 좋아서 화용으로 사용되는 종이다.

- 순지

  순수한 닥 만을 사용하여 만든 한지로 예로부터 서화 용지로 사용되어 왔다. 태지-태를 넣어 만든 한지로서 간지나 고급 포장용지로 사용한다.

- 피지

  닥 껍질이나 표백하지 않은 섬유를 넣어 만든 종이로 독특한 질감을 갖고 있다.

- 전통 염색지

오방색을 전통자연 염료를 사용하여 염색한 색지

- 운용지

기계한지로 종이 표면에 실 모양의 닥 섬유를 배열하여 만든 색지를 말한다.

(6) 종이의 특성과 활용

① 종이의 결 살리기

- 찢었을 경우

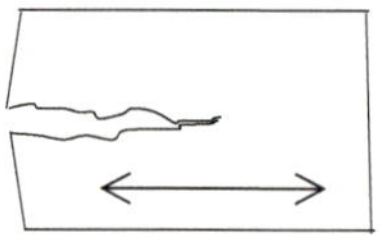

결에 따라 찢으면 똑바로 찢어진다.

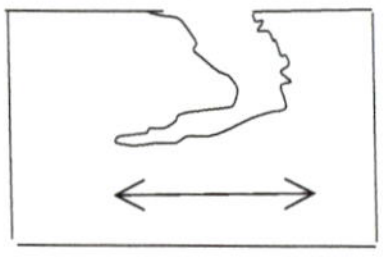

결에 따르지 않으면 똑바로 찢기 어렵다.

- 접는 경우

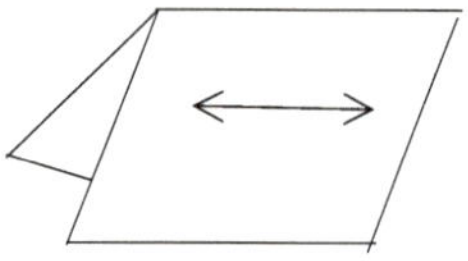

결에 따르면 접음메가 매끈하다.

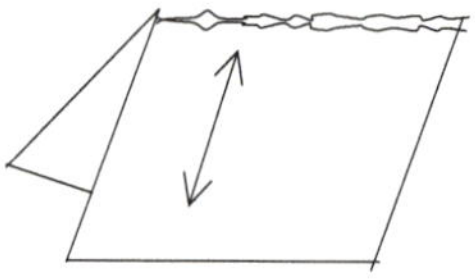

결에 따르지 않으면 접음메가 껄끄럽다.

• 탄성을 이용하는 경우

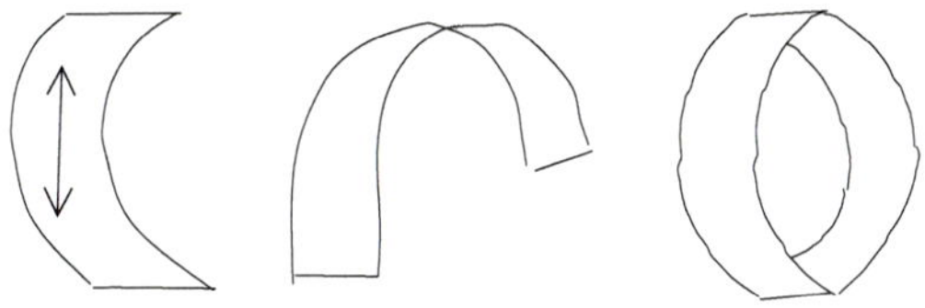

② 종이를 강하게 만들기

부드럽고 흐늘흐늘한 종이라도 직선으로 접음으로써 빳빳한 강도를 얻을 수 있다.

물건을 만드는 경우 직선으로 접은 부분을 잘 이용하는 것이 중요하다.

• 직선으로 접기

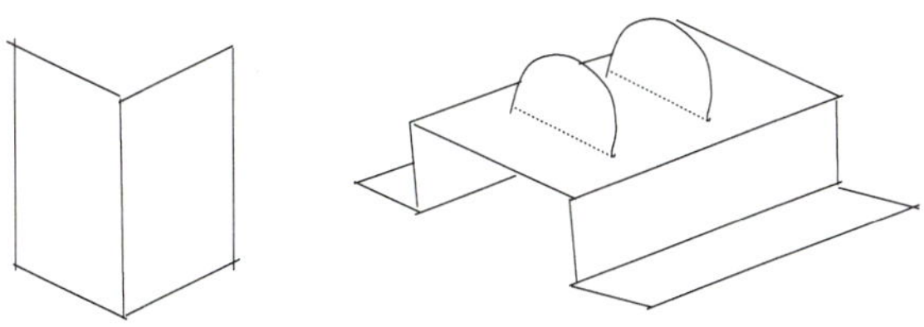

• 곡선으로 접기

곡선으로 접는 것은 직선으로 접는 것에서 느낄 수 없는 여러 방향에 대한 강도를 얻을 수 있다. 또한 곡선 접기를 잘 이용함으로써 아름다운 형태를 얻을 수 있다.

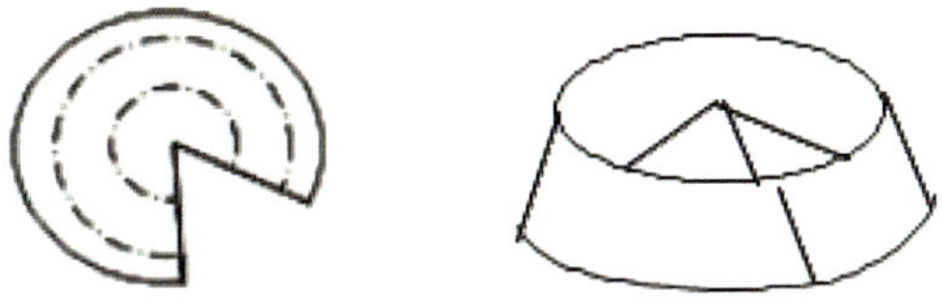

• 본드나 니스 입히기

부드럽고 약한 종이라도 본드나 수성니스를 탄 물에 적시거나 스프레이 니스를 뿌려줌으로써 튼튼하게 할 수 있으며 또한 새로운 품격으로 변화시킬 수 있다.

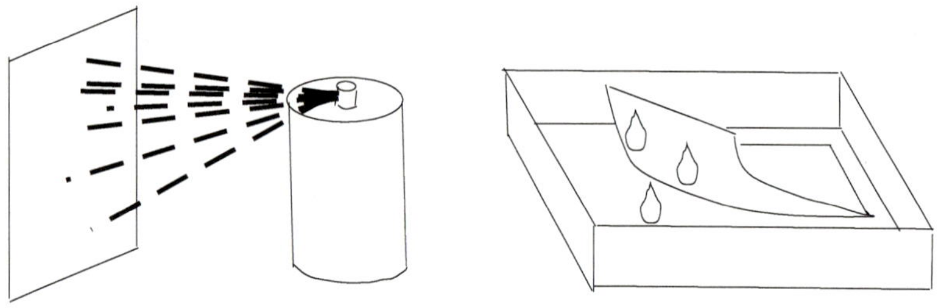

③ 만들기 기법과 활용방법

• 접기

㉠ 접기에 적당한 종이 : 색종이, 색상지, 와트만지

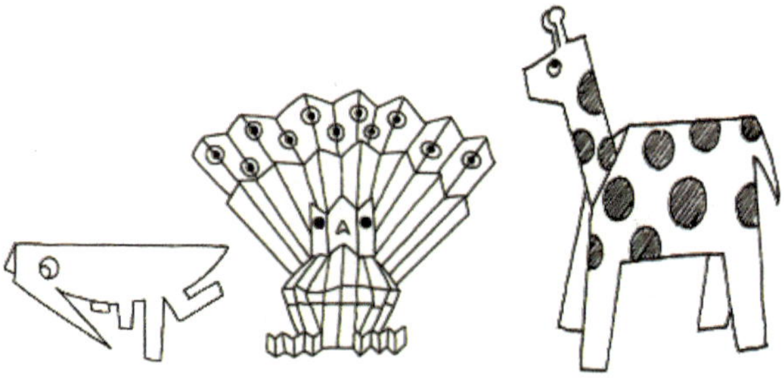

접기의 예

㉡ 능숙하게 접으려면 접음메를 그어 놓는다. 깔끔한 접음메를 얻으려면 선을 따라 연필이나 손톱으로 다림질하듯 눌러 준다. 종이가 두꺼울 때는 그림과 같은 접음메의 받침이 되는 것을 밑에 깔아 거기에 맞춰 금을 긋는 것도 한 방법이 될 수 있다.

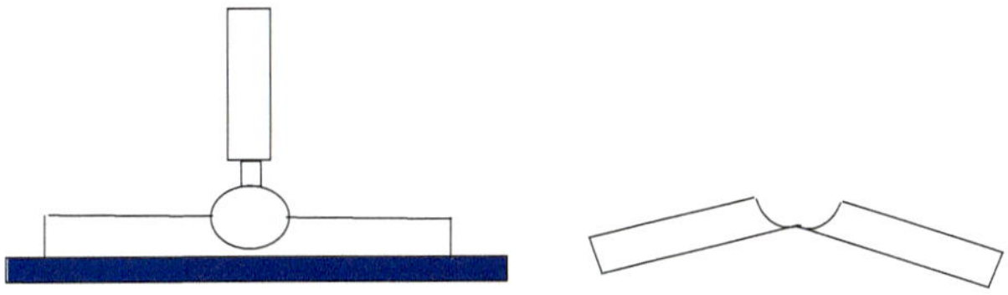

ⓒ 활용작품(악어 마리오네트)

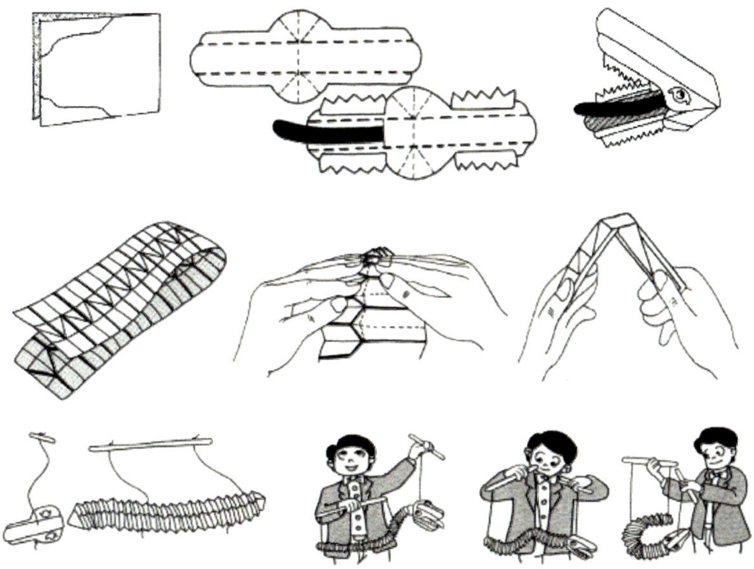

출처 : Curtis Annabella and Hindly Judy(1975).

- 구기기

구기기에 적당한 종이 : 색상지, 한지, 닥종이, 신문지

〈구김종이 만들기〉

㉠ 색상지를 뭉쳐서 주름지게 하여 주름살이 가늘게 될 때까지 비벼주면 마치 천이나 가죽과 같은 구김종이가 된다.

ⓛ 부드러우면서도 탄력적인 질감을 보여주며 풀이나 본드로 간단히 접착되고 속에 물건을 채우는 것만으로도 볼륨감 있는 입체가 만들어진다.

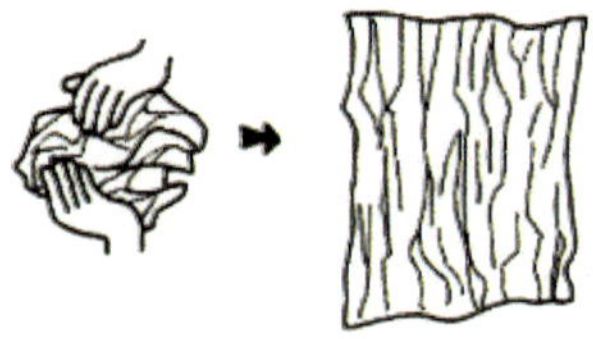

〈구김 대롱 만들기〉

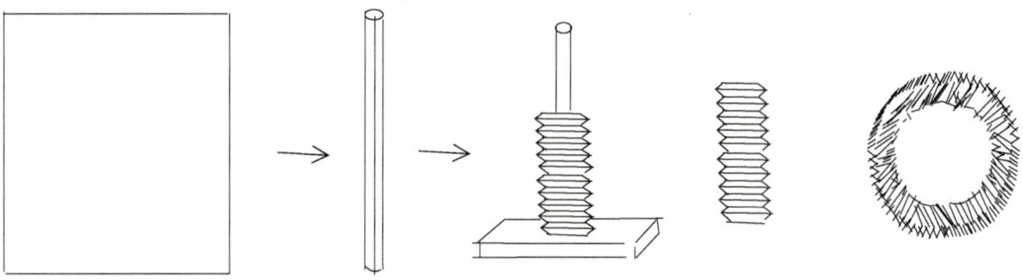

종이를 원통형으로 말아 막대에 끼고 위에서 아래로 눌러 주면 구김대롱이 만들어진다.

활용작품

• 가위질과 칼집

〈활용작품〉

㉠ 가위질(전등갓 만들기)

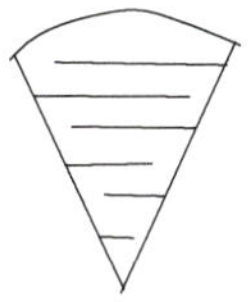

· 원을 세 번 접어 45도 각도의 부채 모양을 만든 후 지그재그식으로 그림처럼 가위질을 한다.

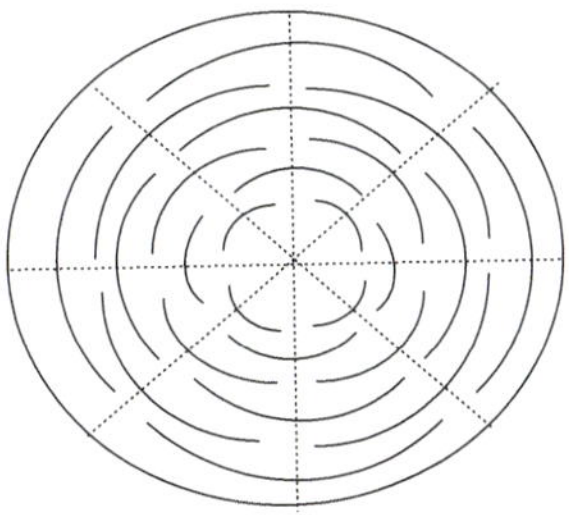

· 부채꼴을 펼쳐 원을 만든 후 중심부분을 위로 잡아당긴다.

㉡ 가위질 응용(입체카드)

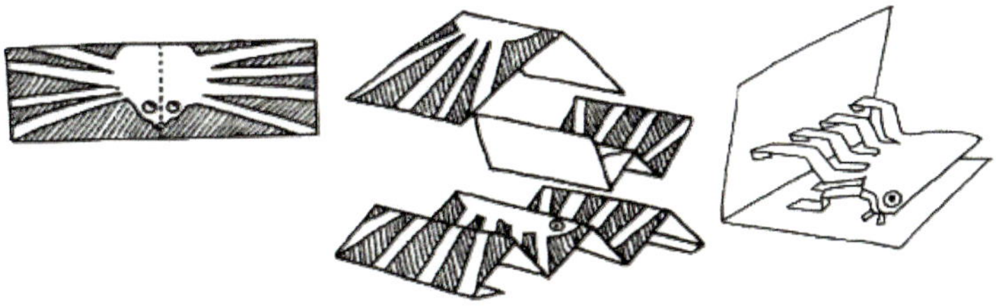

• 굴리기

종이의 탄력성을 이용하여 모양의 변화를 주는 기법이다.

〈굴리기의 종류〉

㉠ 원통

골판지 띠를 이용해 다양한 크기의 원을 만들어 원숭이 얼굴 모양으로 연결한 후 원숭이 귀를 잡고 안쪽으로 밀었다가 밖으로 잡아당기면 다양한 표정을 연출할 수 있다.

㉡ 원추

두 개의 원뿔을 아래 위로 끼운다.

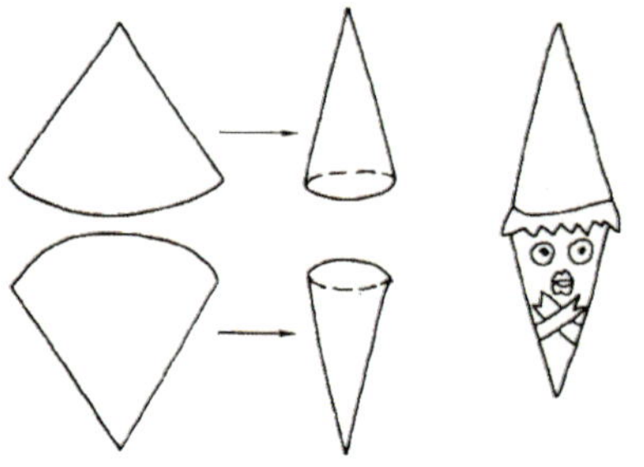

㉢ 컬

긴 종이를 위에서 아래로 칼등이나 가위로 훑어 내린다.

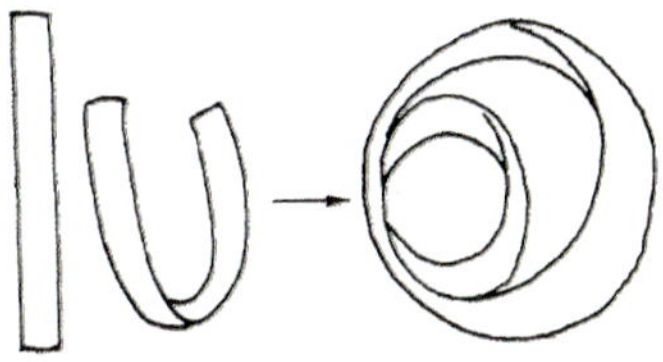

④ 종이의 효과적 활용

같은 종류의 작업도 종이의 종류에 따라 그 효과가 달라진다. 예를 들어 크레파스 문지르기와 같은 경우 와트만지에 했을 때와 골판지 혹은 광택이 있는 돌비닐지에 했을 때 크레파스 번짐이나 입체감에서 차이가 있다.

- 닥종이 : 구김이 진 종이의 특질에 따라 구김 부분에 크레파스가 묻게 되어 좀더 입체적인 느낌이 난다.
- 골판지 : 골판지의 일정한 결을 따라 크레파스 번지기를 하면, 오목한 부분이 입체감 있게 표현된다.
- 돌 비닐지 : 거칠면서 광택이 있는 특질이 크레파스 번짐에 표현된다.
- 쟈데 : 겉면의 광채와 매끄러움으로 크레파스가 부드럽게 표현된다.

2) 옷감

(1) 부직포

- 가위질이 쉬워 교구 제작 및 장식에 많이 사용한다.
- 부직포 위에 접착테이프가 있는 보들이나 까슬이를 이용하면 잡아당길 때 같이 떨어질 염려가 크므로 이 때는 접착테이프가 없는 보들이와 까슬이로 박음질을 해야 안전하다.
- 교구 제작 시 까슬이를 자주 부직포에 붙였다 떼었다 하도록 만들면 실같이 일어나 곧 보기 싫고 지저분하게 되는 단점이 있다.

(2) 펠트지

① 일반펠트지

부직포보다 얇고 부드러워 섬세한 모양을 오려 낼 수 있으며 바느질이 용이하다.

② 스티커형 펠트지(펠트지 모양 스티커)

다양한 모양의 펠트지에 양면테이프 처리가 되어 있어 스티커처럼 떼어서 사용한다.

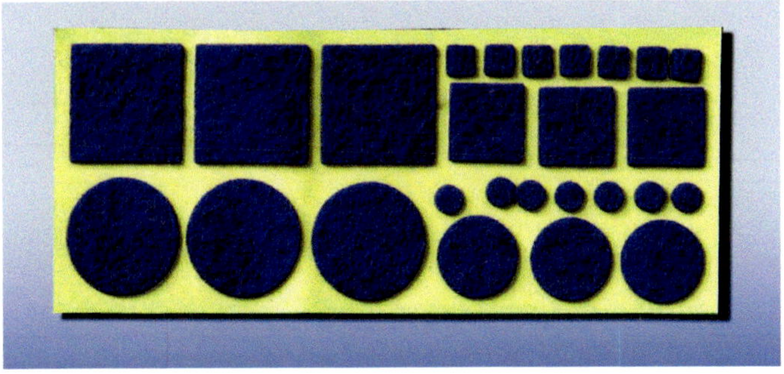

(3) 라미넥스(100% 폴리)

- 부직포처럼 까슬이가 잘 붙으면서도 부드러워 나무나 하드보드지에 붙여 융판을 제작하거나 앞치마 동화용으로 앞치마를 제작할 때 적합하다.
- 접착형 제품(접착융)도 시판되고 있다.

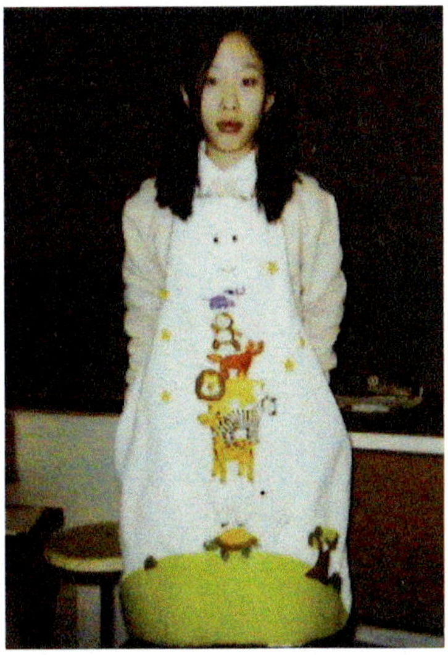

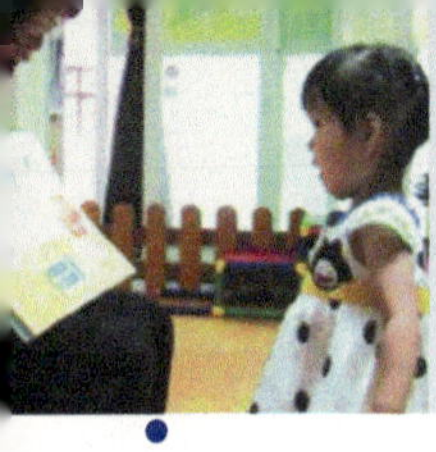

3) 스티로폼

- 폴리스타이렌을 발포제(發泡劑)의 작용으로 팽창시킨 것으로 발포 폴리스타이렌(expanded polystyrene)이라는 플라스틱의 상표명이다.
- 폼 폴리스티렌 · 스티로폼(styrofoam) · 발포스티렌 · 스티로폴 등 여러 이름으로 불리며, 영문 머리글자를 따서 EPS로 약칭하기도 한다.

(1) 다양한 형태의 스티로폼

① 스티로폼 공(우드락볼 : 직경 12~300㎜)

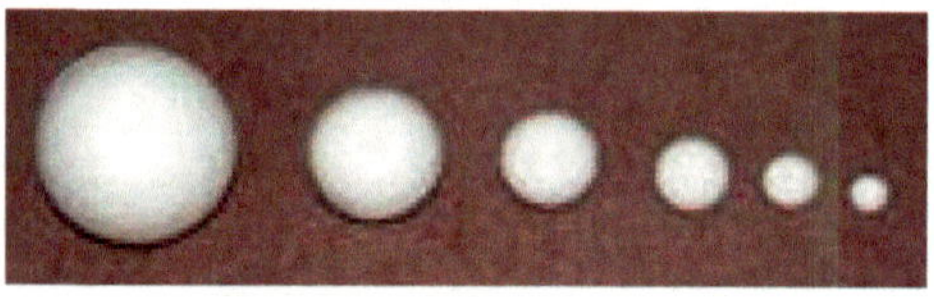

② 다양한 색깔을 입힌 우드락볼

③ 다양한 형태의 스티로폼

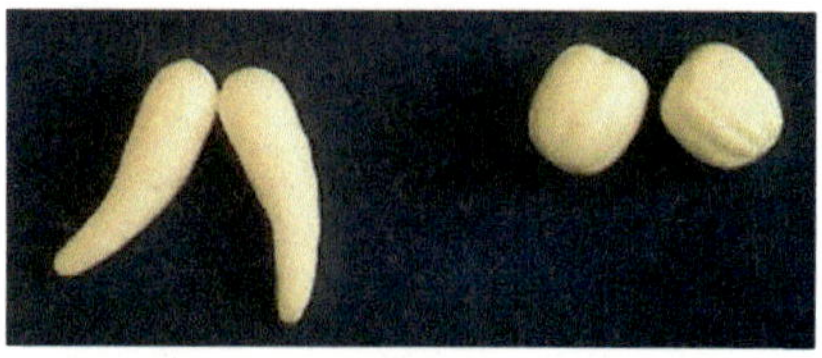

(2) 빽압제(떡가래)

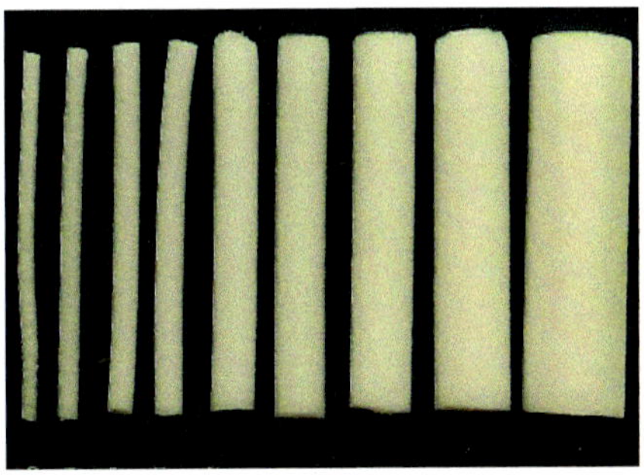

(3) 우드락

EPS로 압축과 평판가공을 한 것으로 미술재료와 예술분야, 실용재료 등으로 널리 쓰이며 종류는 다음과 같다.

① 우드락(원단) : 통상 1~10㎜의 두께의 판의 형태를 가지고 있으며 기본적으로 흰색을 띤다.
② 칼라우드락(Color Cibalneyn) : 우드락(원단)에 색을 입혀 만든 응용제품
③ 폼보드(Foam Board) : 종이를 접착하여 만든 응용제품
④ 접착우드락(Sticker Cibalneyn) : 스티커를 접착시켜 만든 응용제품
⑤ 콜크 우드락(Cork Board) : 콜크를 접착시켜 만든 응용제품

EPS는 Expandable Polystyrene의 약자로서 Styrene Monomer(SM)의 중합체에 발포제를 침투시켜 열(steam)을 가할 때 발포제가 외기로 확산, 휘발되는 과정에서 발포되도록 제조된 발포 폴리스티렌 수지를 말한다. EPS수지는 발포시 내부에 독립기포 구조를 형성하게 되어 열이나 소음, 습기에 대한 차단 효과가 좋고 충격흡수성이 좋아서 보온, 보냉재료, 단열재, 완충포장재, 부양재 등으로 많이 사용되며 토목, 건축, 원예 등에 사용범위를 확대해 가고 있다.

4) 스펀지

- 천연고무나 합성수지로 만든 해면(海綿). 탄성이 있는 해면상의 다공질 물질도 스펀지라고 한다.
- 천연고무의 원액을 발포(發泡)시켜 만든 라버형, 합성수지로 만든 우레탄형이 있다. 라버형은 햇볕을 쬐면 노화현상을 일으키고, 또 비누에 약하므로 현재로는 합성수지 제품이 대부분을 차지한다.
- 커다란 스펀지를 가위질하여 탈 인형이나 손 인형을 만들면 손을 움직이는 대로 다양한 표정을 연출할 수 있다.

5) 아크릴(아크릴산 수지)

아크릴 섬유의 준말로 다양한 색조가 있으며 무색품은 현존하는 플라스틱 가운데서도 무색성, 투명성이 가장 높다. 가볍고 강인하며 성형성과 가공성 그리고 표면상태가 대단히 좋다.

자르기 위해서는 아크릴 칼을 사용한다. 아크릴이 얇을 때는 커터 칼로 금을 그은 후 부러뜨린다.

① 아크릴판(투명 · 분홍 · 파랑 · 노랑 · 빨강 · 보라 · 주황 · 초록 등 다양한 색상)

아크릴 반구 활용의 예

② 아크릴봉

③ 아크릴 반구

④ PVC 발포 시트(플라스틱판 재료 : 포맥스, 아덱스)

아크릴판보다 유연하고 부드러워 칼 재단이 용이하다.

- 기본규격 : 930×1850㎜, 1220×2440㎜
- 기본두께 : 1㎜~19㎜
- 기본색상 : 백색, 유백색, 검정색, 노란색, 빨간색, 파란색, 초록색, 형광색, 무늬목색
- 적용분야 : 디스플레이용 패널, 실크스크린 인쇄용 패널, 인테리어용 패널, 건축내부 마감재, 모형제작, 문구류 등

6) OHP 필름

• 인쇄용 필름은 거친 면에 출력이 된다.

일반 필름은 유성매직으로 그리거나 칠할 수 있으나 섬세하게 그리기 위해서는 로터링펜을 사용한다.

• 넓은 면적을 칠하면 얼룩이 생길 수도 있으므로 OHP 칼라 필름(접착색지 : 적, 녹, 청, 황)을 사용하여 붙일 수 있다.

활용의 예 : OHP 동화

• 투명성을 이용한 교구, 즉 일부만 그려진 두 장의 OHP 필름(그림이나 글씨)을 끼워 완성되는 교구이다.

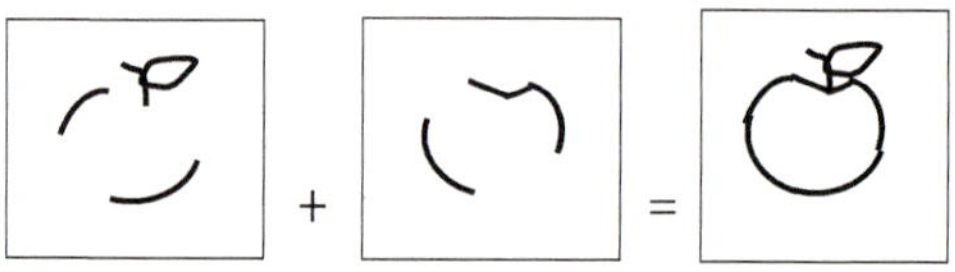

7) 물감류

물감은 수채화 물감, 유화 물감, 아크릴 물감, 동양화 물감, 포스터 칼라, 불어펜, 먹물, 마아블링 물감 등이 있다.

(1) 아크릴 물감

물을 보조제로 사용하므로 유화 물감에 비해 사용이 간편하고 내구성이 강하며 수채화 물감보다도 빨리 말라 사용이 간편하다.

(2) 불어펜

스텐실 재료 위에 입으로 불어 물감을 뿜어 낸다. 안개 그림과 같은 효과를 볼 수 있다.

(3) 마아블링 물감

마이블링 물감(유성물감)을 물 위에 뿌린 다음 막대로 저어서 생긴 무늬를 종이로 덮어 찍어 낸다.

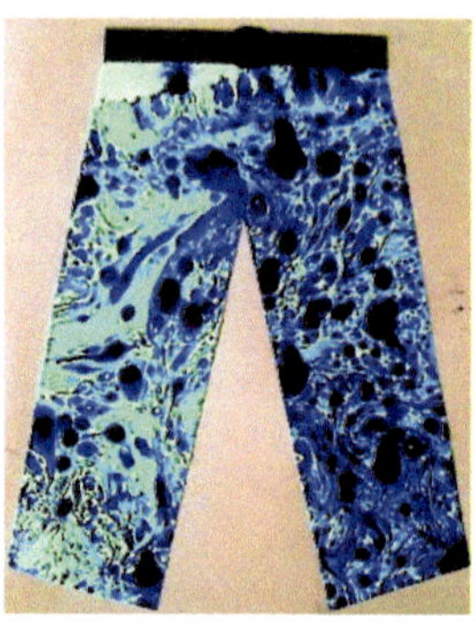

(4) 템페라 물감

- 어린이 전용물감으로 녹말 바인더를 사용해서 피부에 안전하다.
- 일반색과 형광색 등 다양한 색상이 있다.
- 핑거페인팅, 스텐실, 공예용으로 사용한다.

8) 접착제

접착시킬 재료에 따라 다양한 접착제를 사용한다.

① 스프레이 형-임시 고정용 접착제
조립전 일시적인 고정에 유용

② 물풀

③ 딱풀

④ CR접착제(Chloroprene Rubber : 일명 오공본드 · 돼지본드)

⑤ 스티로폼 본드

⑥ 순간강력 접착제

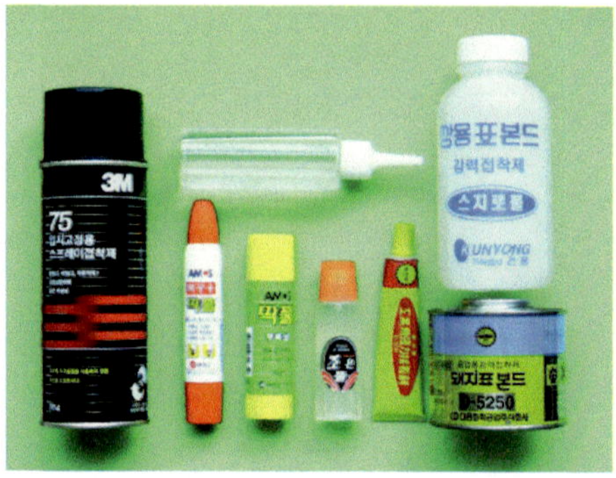

9) 스프레이

① **크리스탈 클리어**(crystal clear) : 아크릴 코팅 효과

② **고광택 래커** : 스프레이 도료

③ **고착제**(workable fixatif) : 파스텔이나 크레파스 그림 위에 뿌리면 묻어나지 않는다.

10) 뽕뽕이

- 촉감이 부드럽고 다양한 색상과 크기가 있어 동물을 만들거나 각종 장식에 사용된다.
- 칼라솜으로도 불린다.

11) 철사

(1) 공예용 철사

- 잘 구부러지는 알루미늄 와이어를 이용해 소품을 제작할 수 있으며 유아들이 다루기에도 손쉽다.
  직경 1.5㎜, 2.5㎜

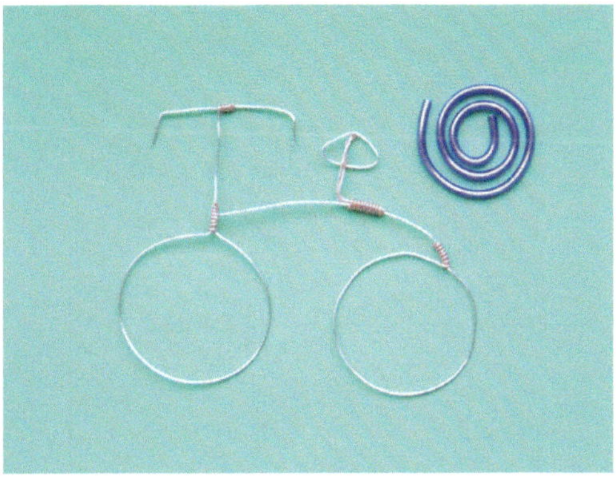

(2) 꽃철사

- 녹색철사로 주로 조화를 만들 때 사용한다.
- 가는 꽃철사(직경 1.5mm, 길이 36cm)
  굵은 꽃철사(직경 2mm, 길이 36cm)

(3) 일반 철사

- 가늘수록 작업은 쉬우나 쉽게 휘어져 버리는 단점이 있다.
  단위 - 번호가 클수록 가늘다.
  - 10번(직경 3.2㎜)
  - 14번(직경 2㎜)
  - 18번(직경 1.2㎜)
  - 20번(직경 1㎜)

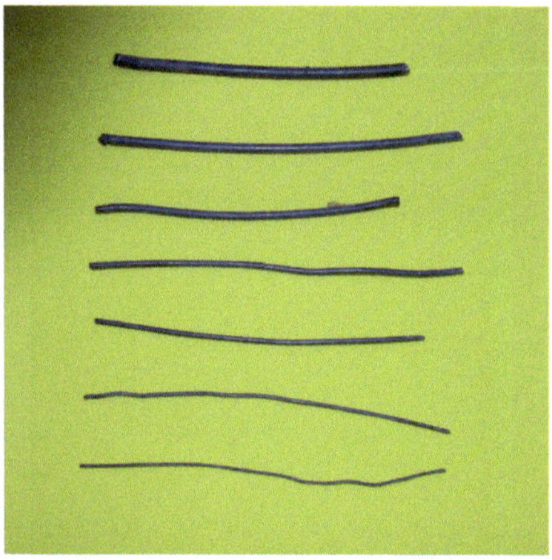

(4) 모루

철사에 은사나 실이 엮여 있어 부드러운 느낌을 주며, 형태를 마음대로 만들어 낼 수 있다.

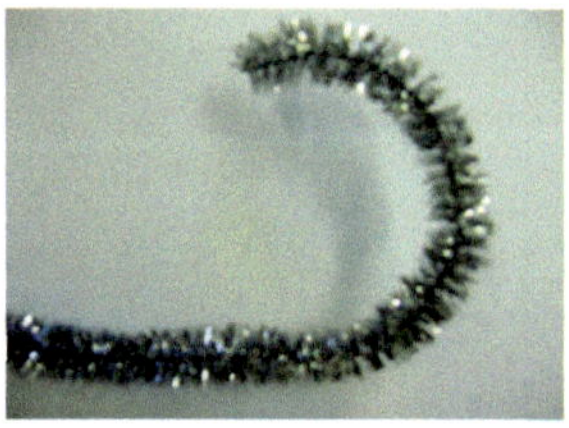

〈모루도장을 이용한 찍기의 예〉

(5) 빵끈

- 리본 테이프로 리본을 만들 때 모양을 고정시킬 때 사용할 수 있다.
- 여러 줄을 종이에 붙여 자석을 이용하는 교구를 만들 때 함석판 대용으로 사용할 수 있다.

12) EVA(Ethylene-Vinyl Acetate copolymer)

- 널리 쓰이는 플라스틱은 아니지만 신발밑창, 충격흡수제, 식품포장, 접착제 등에 요긴하게 쓰인다. PVC나 PS(스티로폼) 대신 가장 성질이 비슷하고 인체에 덜 해롭다.
- 부드러워 가위질이나 칼질이 잘 되어 장식에도 많이 쓰인다.

13) 지끈(종이끈)

- 바구니를 만들거나 꼬여진 지끈을 펴서 선물포장용 리본으로 사용한다.

〈지끈 활용의 예〉

14) 자석

(1) 네오듐 자석(ND)

- 자기 특성이 강하고 자력도 강하며 은색의 광택을 띄고 있다.
- 원형, 사각, 링 등 다양한 형태가 있다.

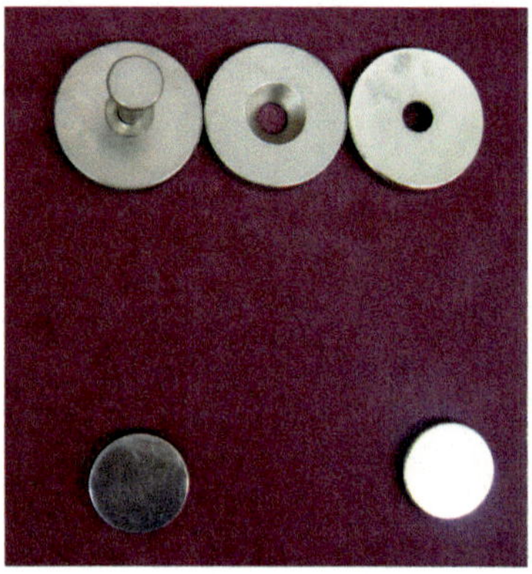

(2) 페라이트 자석(Fe)

- 철을 함유하는 산화물 자성체(磁性體)의 총칭으로 아철산염이라고도 한다.

- 페라이트는 단단하고 부서지기 쉬우며 철을 포함하고 있고 보통 회색이나 검은색의 다결정, 즉 수많은 작은 결정으로 이루어져 있다. 화학적 조성을 보면 산화철과 하나 이상의 다른 금속으로 되어 있다.

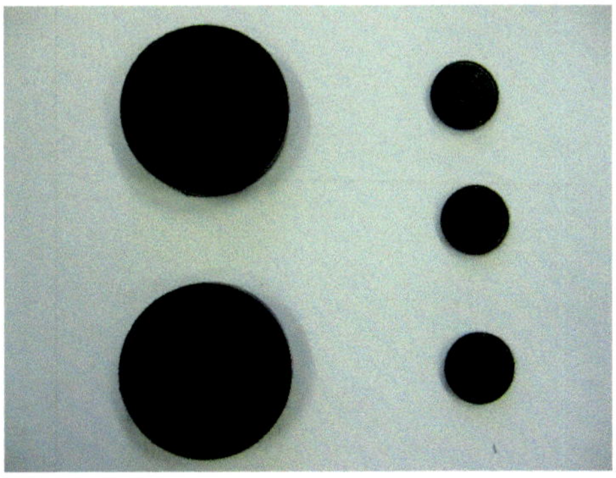

(3) 고무자석

- 고무판 모양의 자석으로 가위질이나 칼질이 쉽다.
- 등방성 : 두 면 중 한쪽에만 자력이 나오므로 교구제작 시 방향을 잘 맞춰야 한다.
- 이방성 : 두 면 모두 자력이 나오며 등방성보다 자력이 강하다.
- 칼라 고무자석은 빨강, 파랑, 흰색, 노랑 등 다양한 색이 있다.
- 종이자석 : 프린트나 드로잉용으로 개발된 종이자석

종이자석

2. 교수매체 제작 용구의 종류 및 활용법

1) 편치류

(1) 일반편치

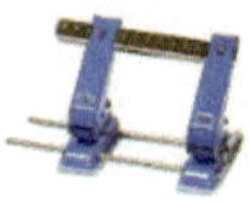

이공편치

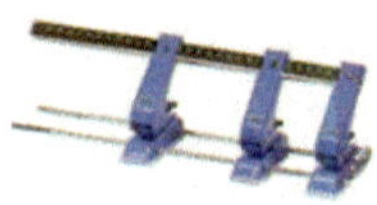

삼공편치

(2) 모양편치

- 색종이 등을 펀칭하여 다양한 모양을 내서 공작, 만들기 등에 사용한다.

(3) 송곳펀치

- 일반 펀치로 뚫을 수 없는 위치에 구멍을 뚫기 위해 사용한다.
- 중간에 위치한 나사를 풀고 아래에 위치한 펀치를 뒤집어 끼우면 송곳으로

사용할 수 있다.

(4) 다용도 펀치

- 일반 펀치로 뚫는 원의 크기보다 작거나 큰 크기로 구멍을 뚫을 때 사용한다.

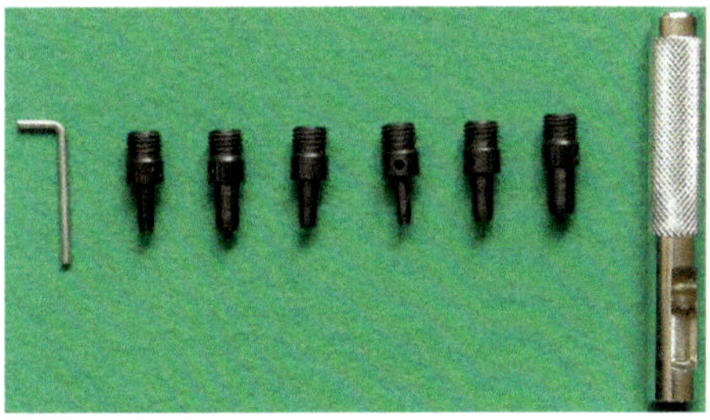

(5) 로타리 펀치

- 천공구경 : 2, 2.5, 3, 3.5, 4, 4.5㎜
- 용도 : 가죽벨트 및 기타 가죽제품 천공용

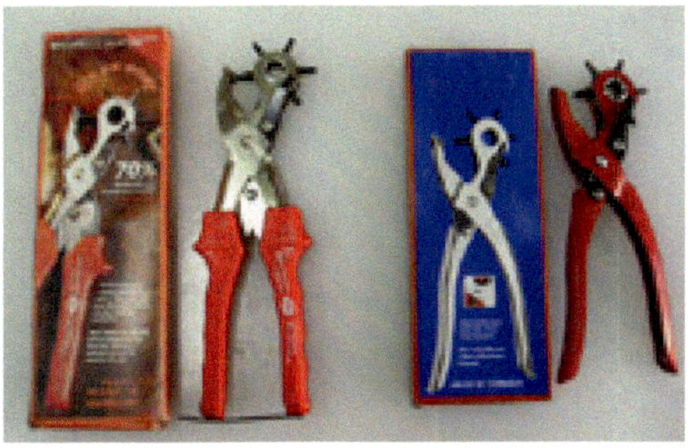

2) 커팅기

(1) 서클커터(Circle cutter)

콤파스 한쪽 끝에 칼날을 달아 종이나 EVA 등을 다양한 크기의 원으로 손쉽게 자를 수 있는 도구이다.

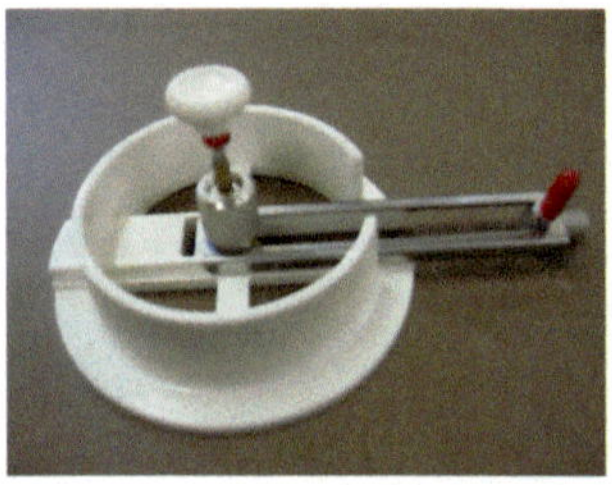

직경 1~17㎝ 원

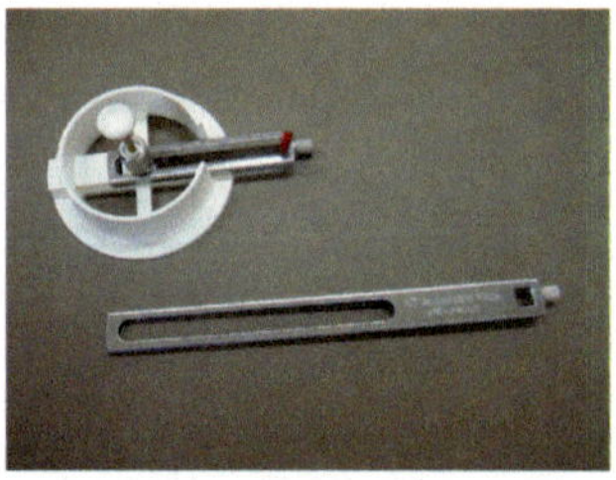

직경 16~40㎝ 원

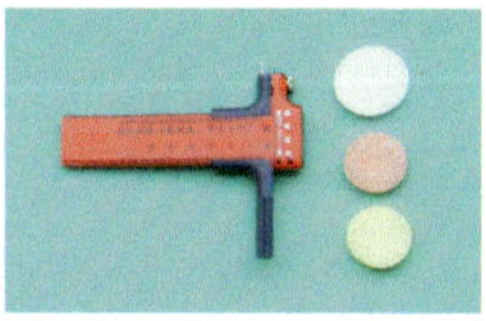

직경 1~14㎝ 원

(2) 모양 커팅기

- 모양 칼날 위에 안전 압축스펀지형의 카바가 씌워져 있어 만져도 안전하다.
- 원하는 모양의 칼날 위에 종이나 펠트지, 혹은 고무자석을 올려놓고 또 그 위에 아크릴 카바를 덮은 후 컷팅기에 넣고 핸들을 돌리면 예쁜 모양이 컷팅되어 나온다(www.moyangcut.co.kr 참조).

(3) 스티로폼 재단기

니크롬선에 전열을 가하여 스티로폼, 우드락, 아이소핑크 등 각종 재료를 녹여서 직선 및 곡선절단이 가능하며 니크롬선의 각도 조절로 절단면의 경사절단과 각도대를 이용한 각도절단이 가능한 열선 커터기이다.

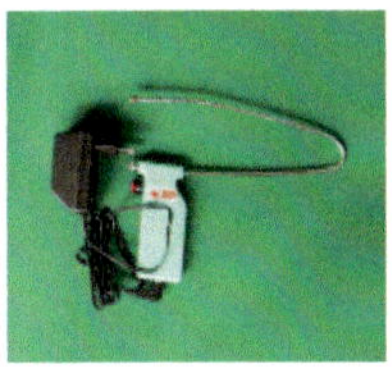

소형

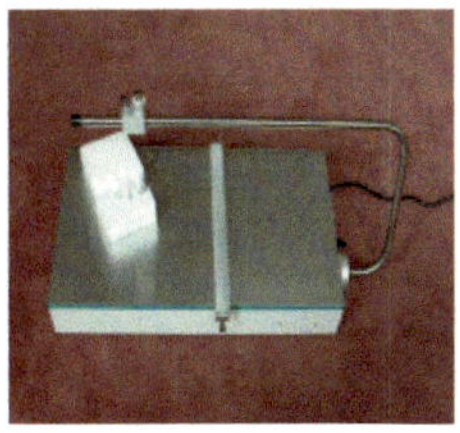

대형

(4) 목공놀이용 재단기

〈목공 체험용 기계〉

- 단순한 장난감이 아닌 실제 대형 기계의 모든 특징을 가지고 있어 어린이들이 부상의 염려 없이 안전하게 기계와 나무에 모두 친숙해 질 수 있는 안전한 체험용 목공기계.
- 선반기능, 톱질기능, 드릴기능을 하며 작동하는 톱을 만져도 안전하다 (www.maxtrading.co.kr 참조).

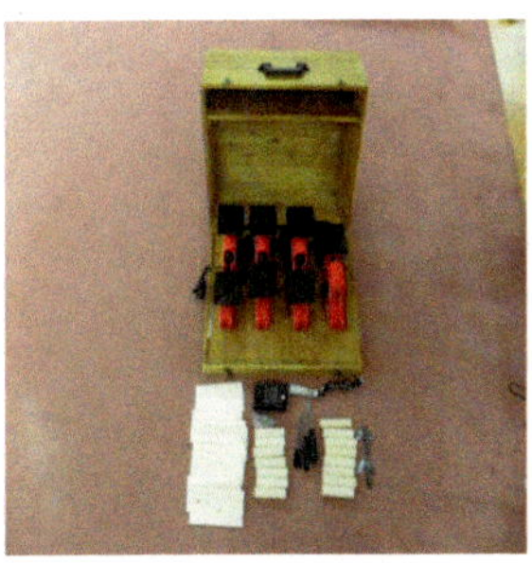

폼보드지나 얇은 목재 위에 종이 본을 대고 톱질하여 모양을 오려낸 예

3) 아일릿 툴과 아일렛(구멍쇠)

섬유에 구멍쇠(eyelet)를 끼우는 방법으로 커튼이나 천막 제작 업소에 맡기기도 하고 아일릿 툴(eyelet tool)을 이용하여 직접 제작할 수도 있다.

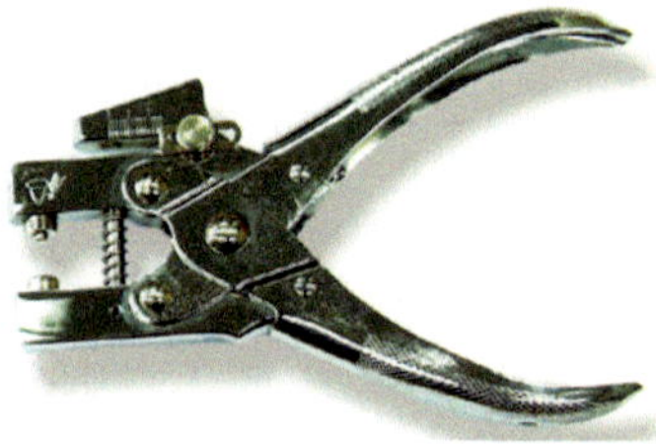

아일렛 펀치 겸용 아이릿 툴

아일렛

교구 제작의 예

4) 코팅기

코팅 필름에 사진이나 그림을 넣고 가열 및 압착을 하는 기계로 A3까지 코팅이 가능한 소형코팅기와 포스터 같은 큰 그림을 코팅할 수 있는 대형코팅기가 있다.

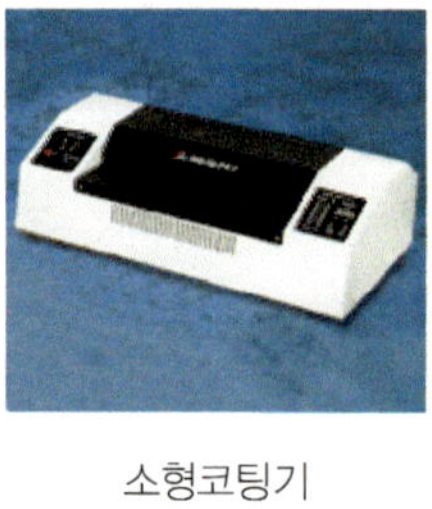

소형코팅기

대형코팅기

5) 뱃지 프레스

쇠로 만들어진 뱃지에 자석을 붙인 말을 이동시키는 교구를 제작할 때 사용한다. 뱃지의 그림은 단원이나 주제에 맞는 그림을 찾아 넣는다. 사용방법은 다음과 같다.

① 틀을 가로로 놓는다.
② 왼쪽 틀에 윗판, 사진, 비닐 순서로 놓는다.
③ 오른쪽 틀에 밑판을 놓는다.
④ 왼쪽 틀을 압축 부분 아래에 위치한 후 손잡이를 누른다.
⑤ 오른쪽 틀을 압축 부분 아래에 위치한 후 손잡이를 누른다.
⑥ 손으로 꺼낸다.

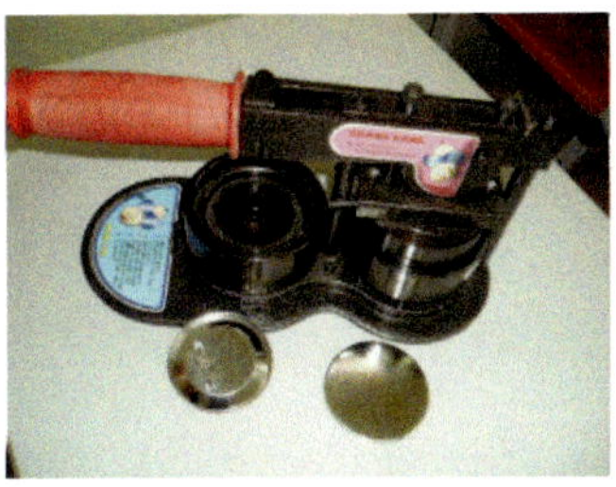
뱃지프레스

교구 제작의 예

6) 와이어 제본기 및 소모품

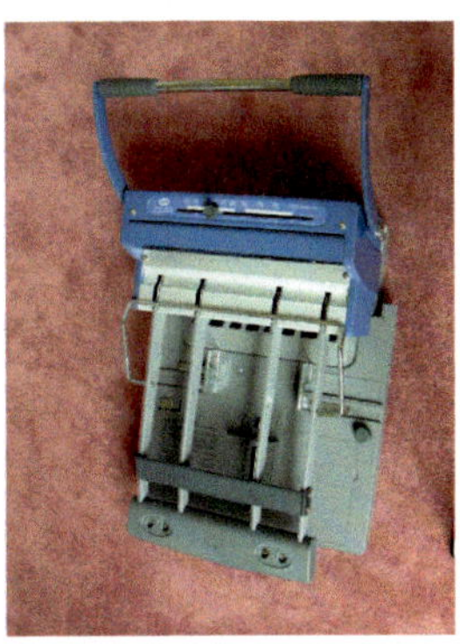
제본기

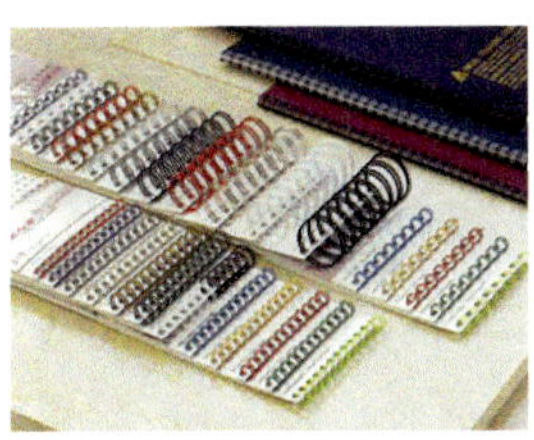
소모품 : 스프링

교구 제작의 예

7) 모양자

- 동그라미 · 세모 · 네모 · 타원 · 곡선 등 다양한 도형 및 곡선을 정확하게 그릴 수 있다.

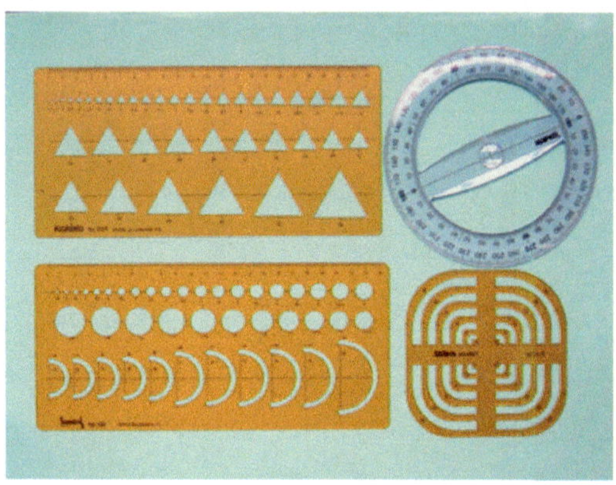

8) 글루건과 심

- 총 모양으로 생긴 글루건에 심을 넣고 전기를 꽂으면 심이 녹아나와 소재를 접착시킬 수 있다.

- 글루건은 지름 11㎜의 심을 넣을 수 있는 대형과 7㎜의 심을 넣는 소형이 있다.
- 글루건 심은 투명한 것과 검정색, 빨강색이 있다.

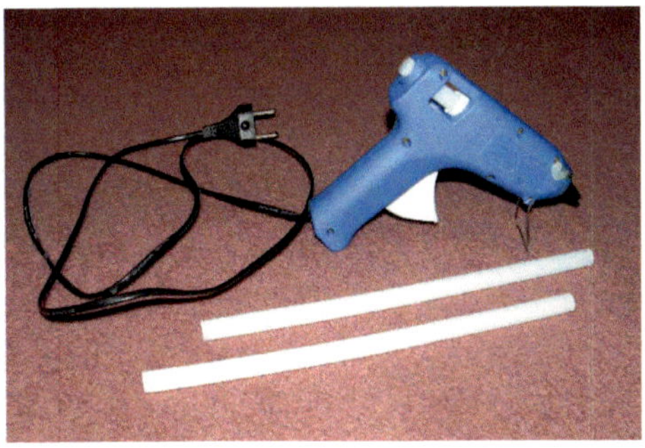

9) 가위

(1) 일반 가위와 미니 가위

가위는 다양한 크기와 종류를 구비하여 자르고자 하는 재질의 특성에 맞게 고정적으로 사용해야 날을 유지할 수 있다.

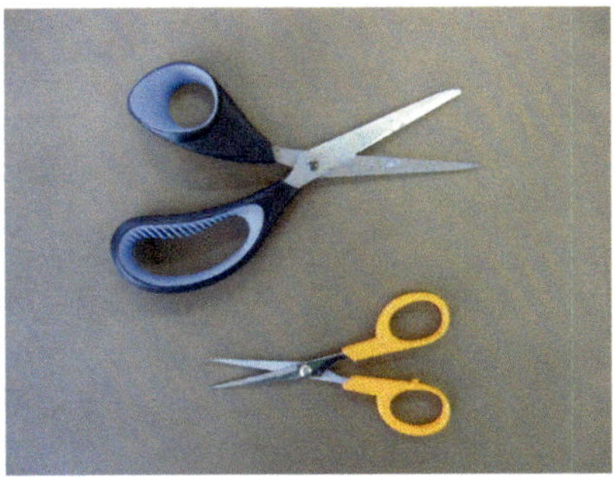

(2) 핑킹 가위

가위날의 모양에 따라 다양한 곡선 무늬를 오려낼 수 있다.

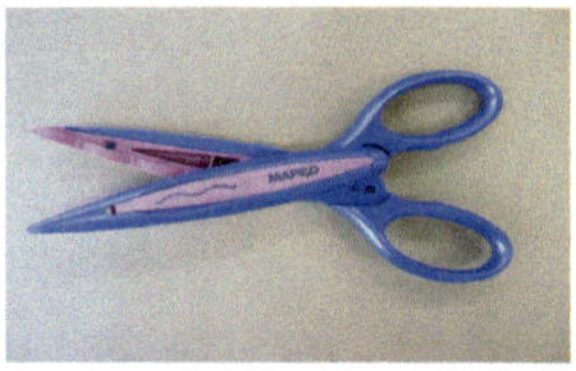

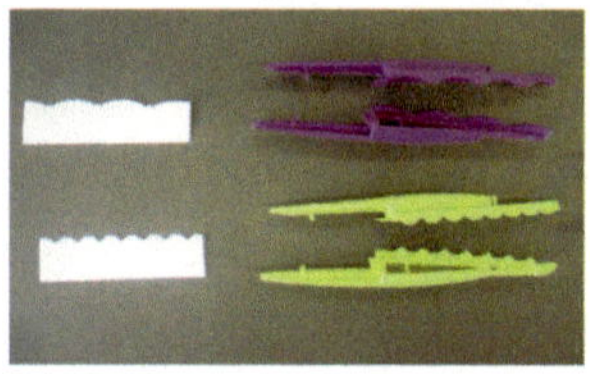

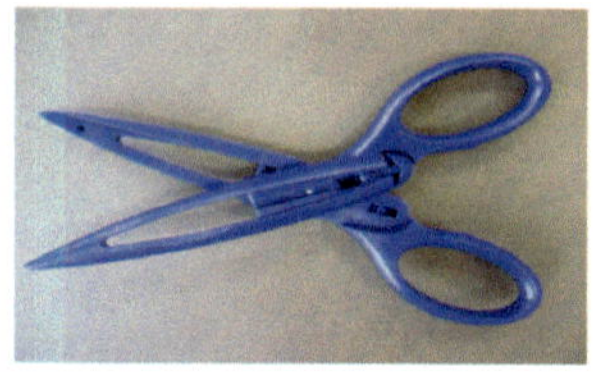

(3) 함석 가위

함석을 자르는데 사용한다.

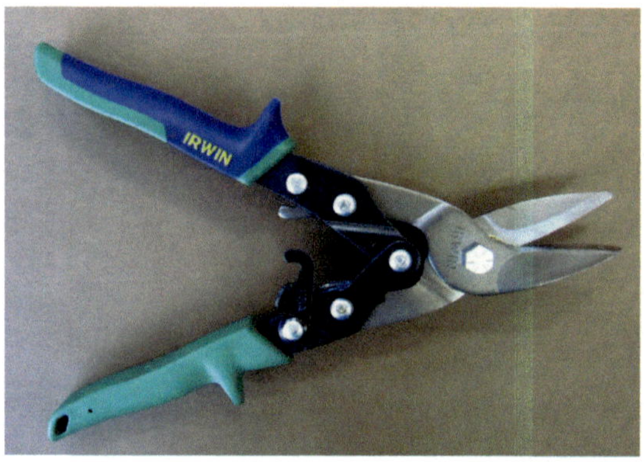

3. 교수매체 제작 기법 및 활용법

1) 게임판

게임판은 말이 이동하는 길을 표시하여 누가 먼저 도착하였는지를 알 수 있게 한다. 게임판을 효율적으로 활용하는 방법은 다음과 같다.

(1) 게임판의 크기 조절

① 게임판은 교구장에 들어가는 크기로 제작해야 한다. 일반적으로 사용하는 하드보드 4절지는 세로 길이가 교구장의 깊이보다 길어서 유아들이 걷다가 판을 건드려 바닥에 떨어뜨릴 염려가 있다.

② 하드보드 4절지 크기의 게임판이 필요할 경우는 8절지 두 장을 연결해서 쓴다. 시트지나 비닐을 씌워야 할 경우 8절지를 각각 시트지나 비닐을 씌운 후 중앙에 테이프를 붙여 4절 크기를 만든다. 4절지 중앙에 살짝 칼집을 내고 비닐을 씌울 경우 중앙에 주름이 잡혀 깔끔해 보이지 않을 뿐더러 게임판 양쪽 끝이 들뜨는 현상이 생겨 말이 미끄러지거나 흔들려 게임 진행에 불편을 가져올 수도 있다.

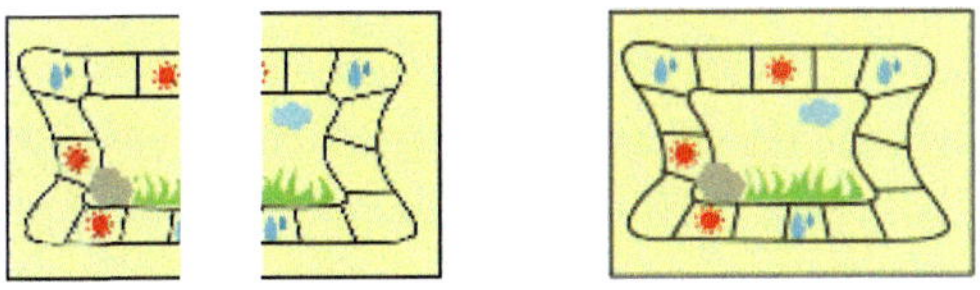

③ 하드보드 4절지보다 더 큰 게임판이 필요할 경우 4절지 크기로 접을 수 있게 연결해서 사용한다.

〈제작법〉

- 정사각형 A, B, C, D를 준비한다.
- A와 B, A와 C, B와 D가 만나는 곳에 셀로 테이프를 붙인다.
- C와 D가 만나는 곳은 떨어져있는 채로 둔다.

〈활용법 : 1/4 크기로 접기〉

- A 위로 C를 올린다.

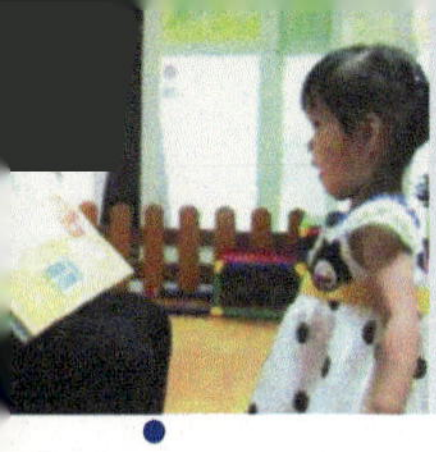

- B 위로 D를 올린다.
- A와 B를 뒤로 접는다.

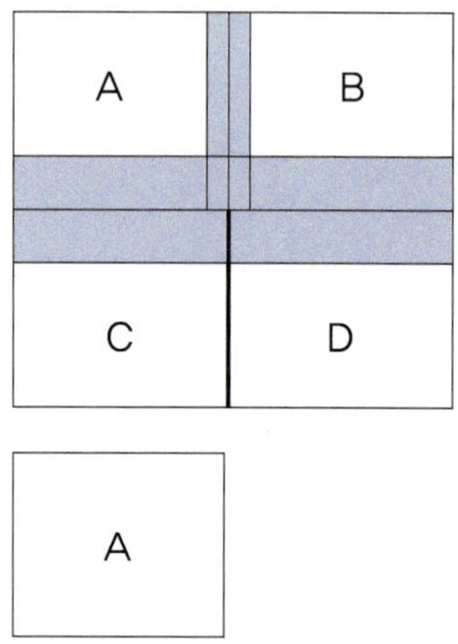

③ 활용교구의 예

(2) 게임판의 기능

판게임(board game)은 유아들이 각각의 말을 정하고 게임판의 출발점에서 출발한 말이 목적지에 먼저 도달하면 끝난다. 일반적으로 말이 이동하는 길은 색종이를 오려 붙여 표시하지만 유아들이 스스로 길을 만들 수 있도록 융통성을 줄 수도 있다. 즉 게임판 위에 비닐 포켓을 만들어 주거나 성냥곽을 밀어서 단서가 들어 있는 위치를 바꾸거나, 자석 및 자석판을 이용하여 길 자체를 변형시켜 말을 이동시킬 수 있게 하는 것이다.

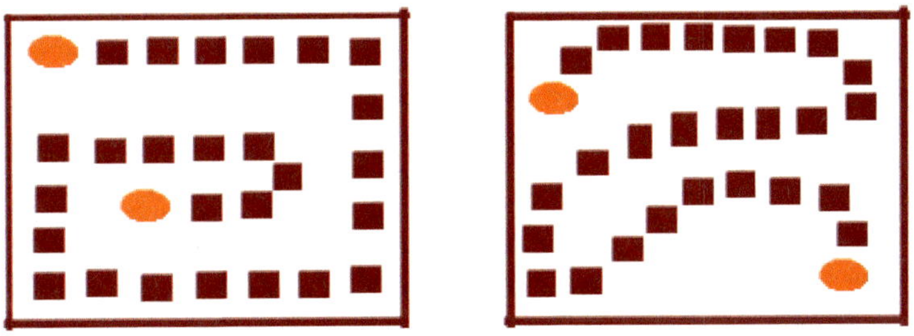

활용교구의 예 : 함석판이나 고무판 자석을 이용하여 길을 만들고 변형한 게임판

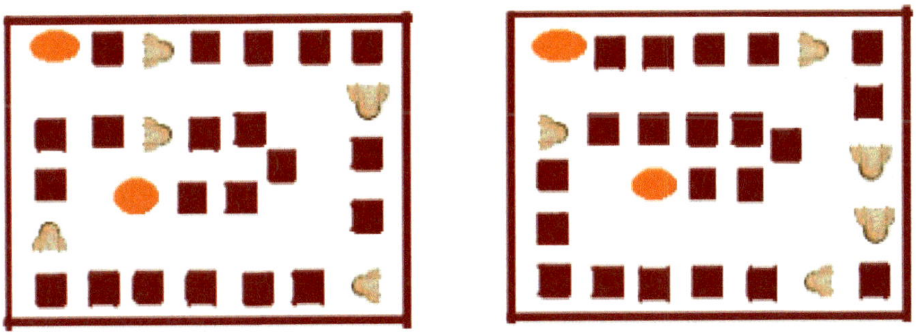

활용교구의 예 : 말이 움직이는 길에 '키'를 유아들이 원하는 자리에 올려놓을 수 있게 변형한 게임판

게임의 속도는 특정 위치에서 벌칙이 주어지거나 말이 더 많이 움직일 수 있는 혜택을 줌으로써 조정하기도 한다. 벌칙이나 혜택에 대한 단서는 활동방법에서 소개되거나 말이 도착한 곳의 성냥곽을 밀거나 뚜껑을 열면 행동을 지시하는 문장(예 : 뒤로 두 칸 움직이시오. 3개를 가져 가시오)을 넣어 둔다.

활용교구의 예 : 인형 말이 움직이다 멈춘 곳의 뚜껑을 열어 그 속에 있는 물건을 획득할 수 있게 만든 게임판

2) 보관상자

유아들에게 교구를 제시할 때는 쟁반이나 작은 그릇 또는 바구니에 담아 제시하고, 보관할 때는 봉투나 상자에 담아 보관한다. 보관상자를 필수적으로 제작할 필요는 없지만 게임에 필요한 부속물들의 원활한 활용과 보관을 위해 제작하기도 한다.

보관상자의 유형을 살펴보면 다음과 같다.

〈상자 1(기본형)〉은 일반적인 보관상자로 유아들이 위 상자를 뺄 때 꽉 끼어서 잘 안 빠지는 수가 있다. 이 때는 〈상자 2〉나 〈상자 3〉의 형태로 만들어 찍찍이나 자석을 상자 바깥쪽으로 붙이면 다루기가 쉬워진다. 그러나 내용물이 카드와 같이 얇을 경우 옆으로 빠져 나올 염려가 있으므로 부피가 있는 내용물이 들어갈 때 사용하면 좋다.

때로는 서랍식으로 만들어 보관하기도 하며, 〈상자 4〉와 같이 가운데 칸막이가 있고 양 옆으로 열 수 있게 만들어 내용물을 보관하기도 한다.

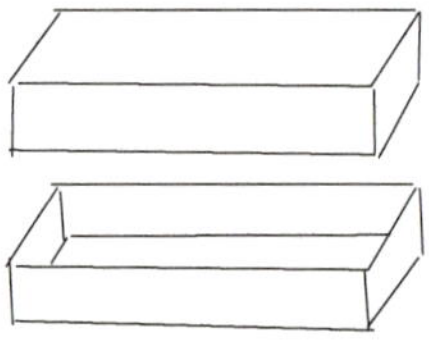

〈상자 1〉

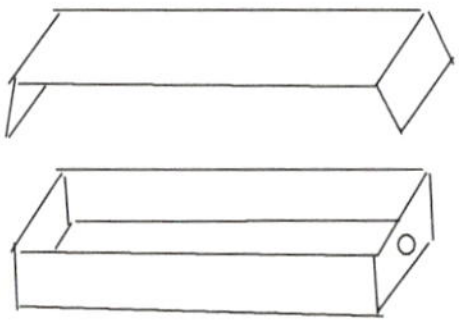

〈상자 2〉

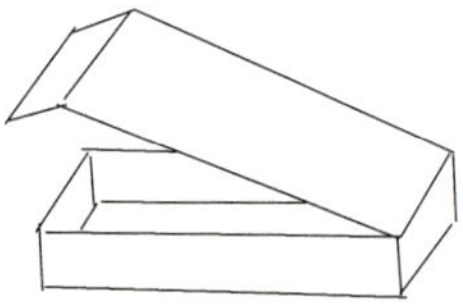

〈상자 3〉

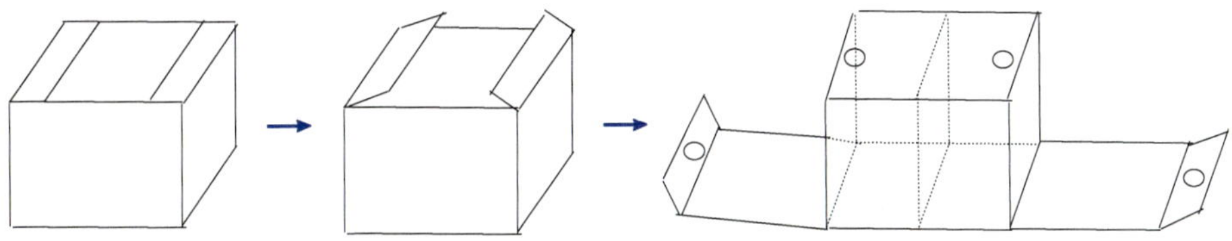

닫았을 때　　　　　　　　　　　　　　　　　　　　펼쳤을 때

〈상자 4〉

3) 비밀상자

(1) 기본형

① 고정형

윗면에 구멍을 내고 밑에 칼집을 낸 부직포나 얇은 EVA를 붙인다.

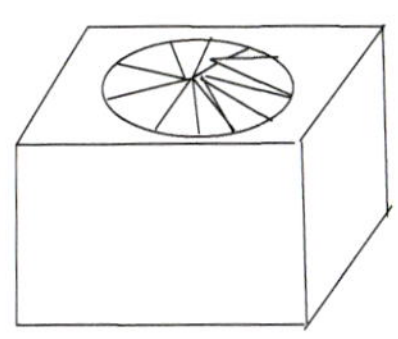

② 교체형

상자 속의 내용물을 쉽게 바꿀 수 있도록 윗면을 붙였다 떼었다 할 수 있게 만든다.

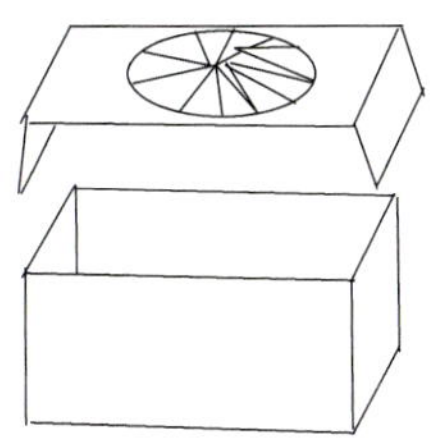

(2) 변형

뚜껑을 열고 내용물을 교체하게 하거나 양손의 촉각을 통해 내용물을 알아낼 수 있도록 가로가 더 긴 육면체 옆에 손이 들어갈 수 있는 부직포 구멍을 낸다.

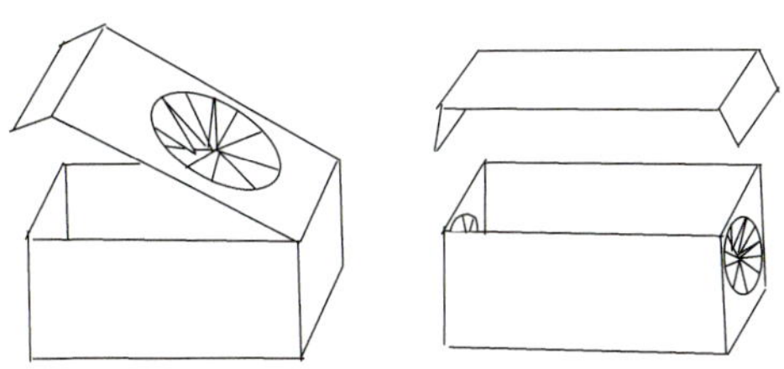

4) 소품 정리를 위한 정리 상자

(1) 상자 쌓기

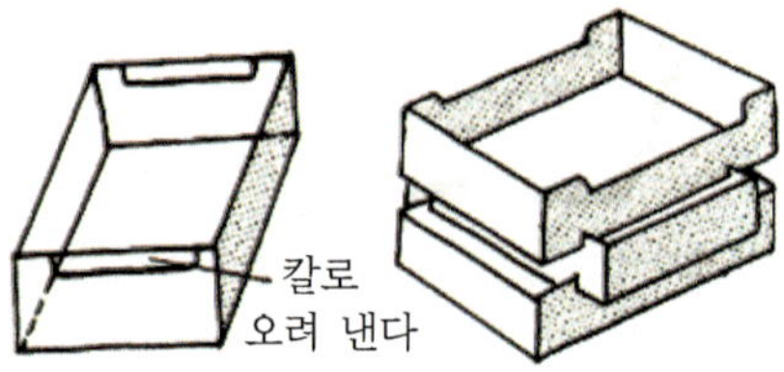

(2) 연필 상자

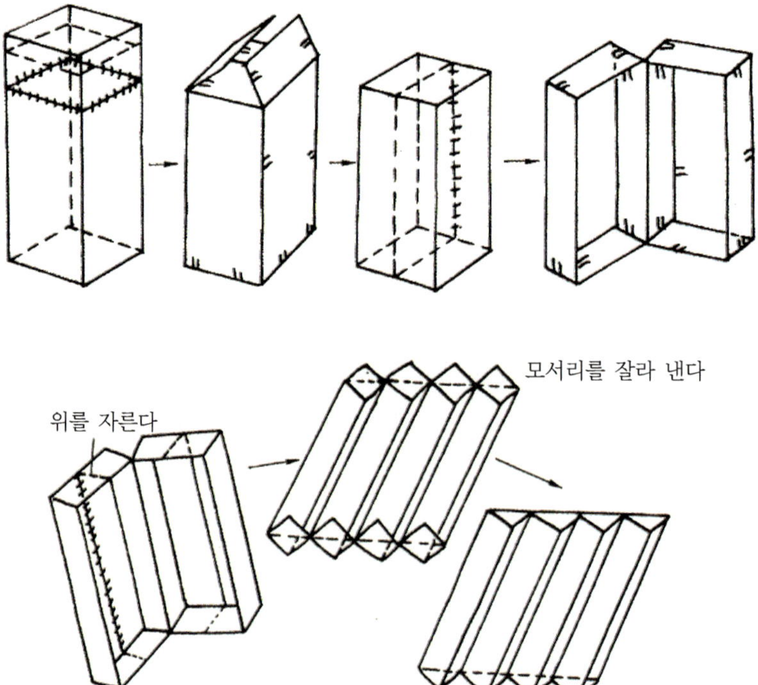

(3) 편지꽂이

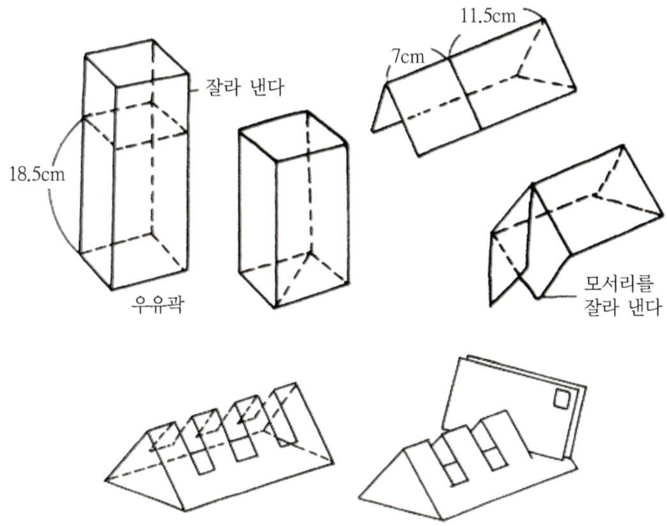

(4) 책꽂이

가. 사방 책꽂이 상자

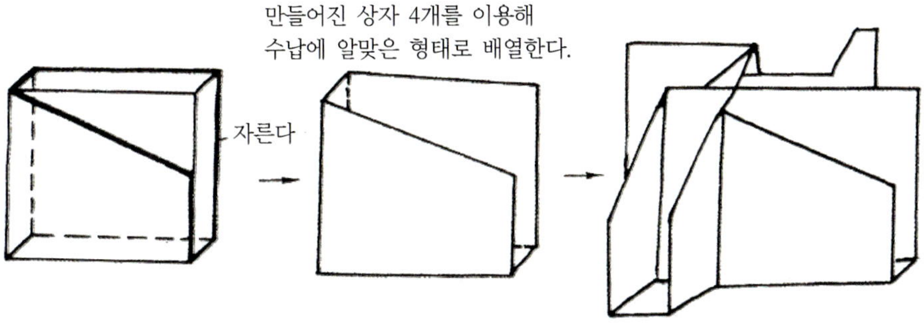

나. 나란히 책꽂이

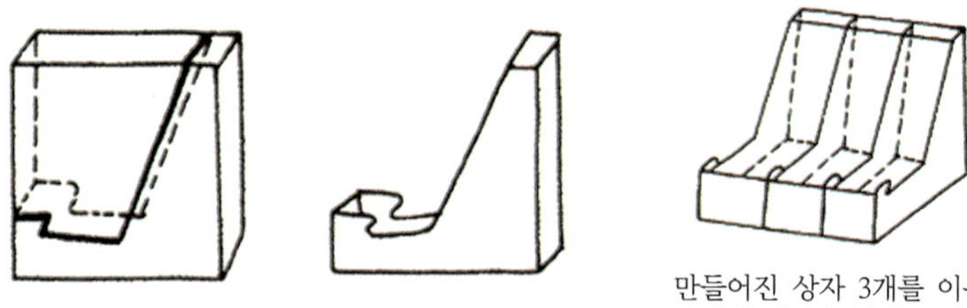

만들어진 상자 3개를 이용해
수납에 알맞은 형태로 배열한다.

다. 앞뒤 책꽂이 상자

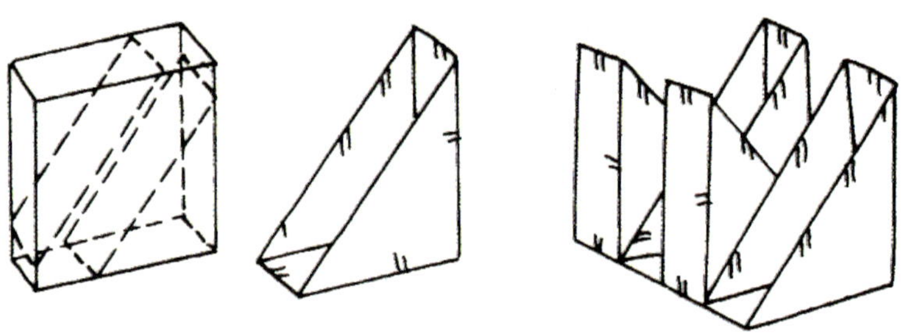

라. 접시꽂이 상자

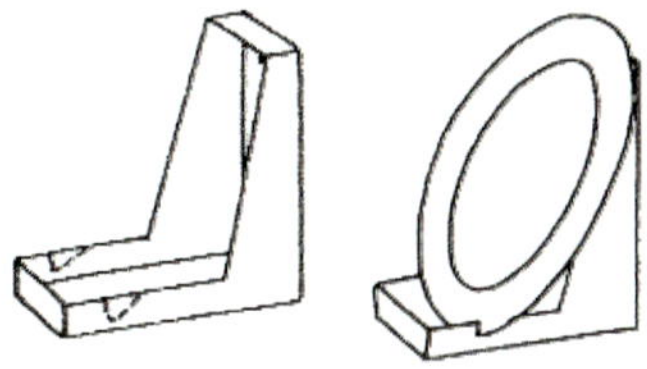

마. 색종이조각 모음 상자

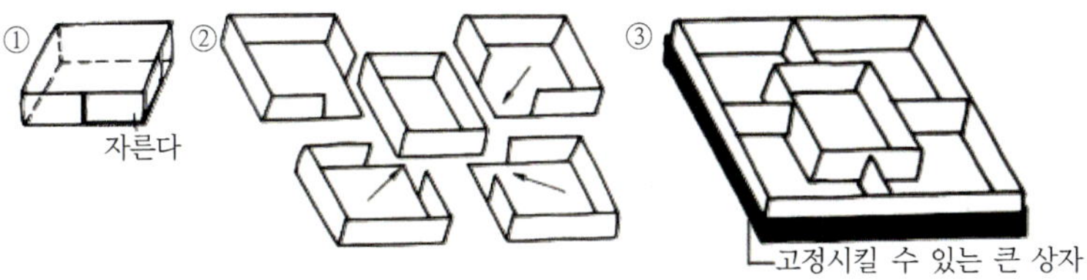

바. 크레파스 상자

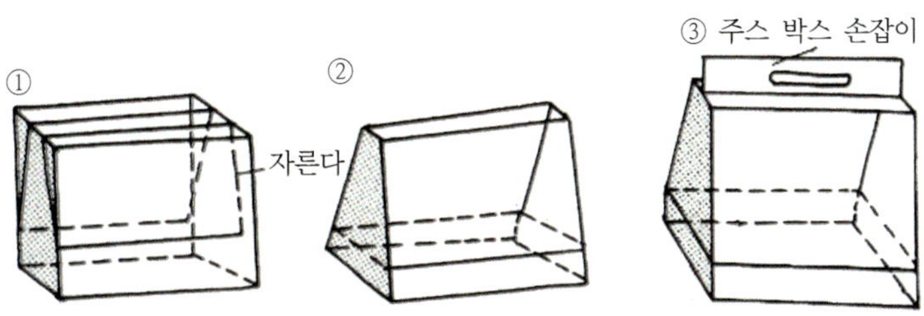

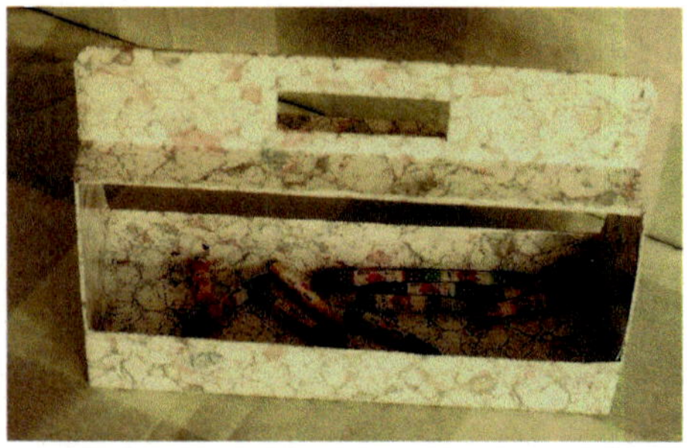

(5) 선반

가. 삼층 삼각 선반

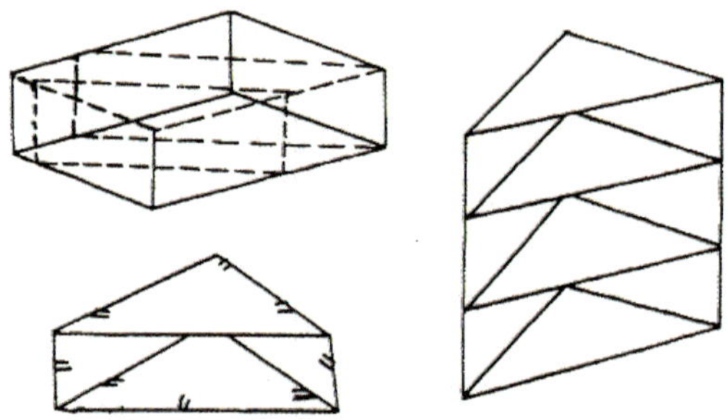

나. 벽돌형 모서리 선반

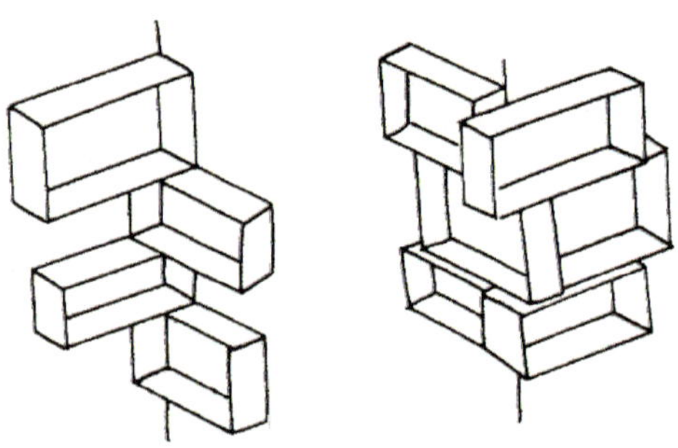

다. 삼각 모서리 선반

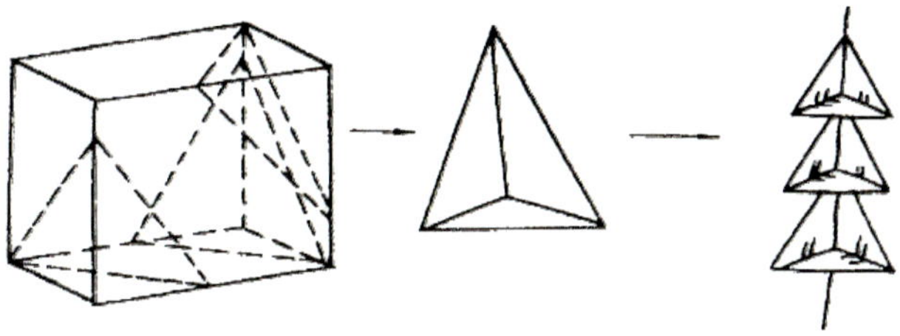

라. 장식 상자 선반

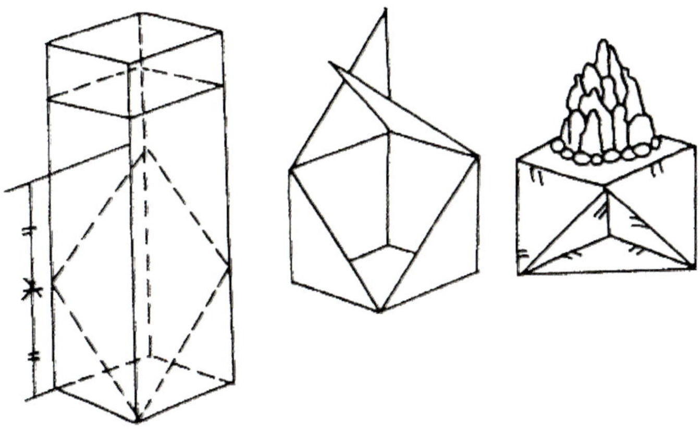

마. 삼층 벽면 선반

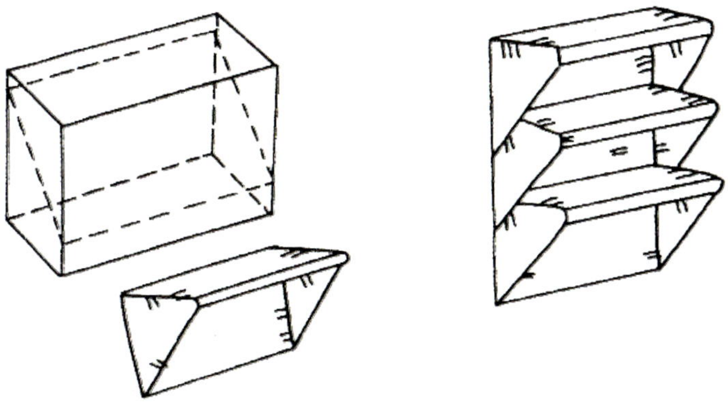

출처 : Tomb Robert(1984).

5) 주사위

말의 이동 거리를 정하기 위해 사용한다. 주사위의 형태는 게임의 특성과 아동의 발달에 따라 달라질 수 있으며 단원의 주제에 따라 글자 · 수 · 색깔 · 그림 · 촉감 등의 변화를 고려하여 교체할 수 있게 만든다. 주사위를 크게 만들어야 할 경우는 스펀지를 이용하여 만들어야 던지고 놀아도 안전하다.

(1) 정육면체 주사위

가. 기본 주사위

〈활용의 예〉

① 널뛰기 주사위

'널뛰기'판 위에 주사위를 올려놓고 반대편을 손으로 튕겨 바닥에 떨어진 주사위의 수 만큼 말을 이동시킨다.

② 촉각 주사위

주사위 위에 숫자를 넣을 때 골판지를 이용해 숫자를 붙이면 촉각을 이용한 주사위가 된다.

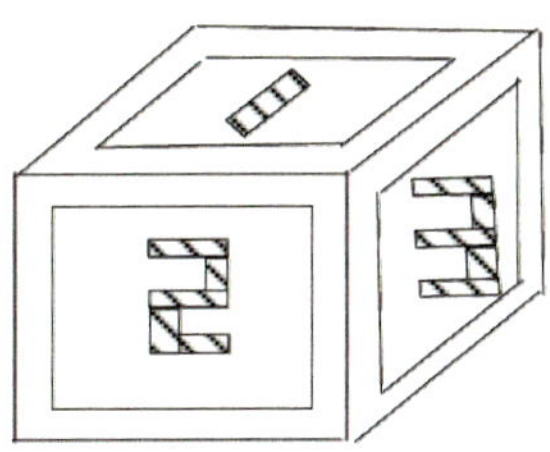

③ 포켓 주사위

카드를 넣을 수 있게 6장의 부직포를 잘라 정육면체 주사위 위에 카드를 넣을 수 있는 부분을 제외한 3변을 바느질한다.

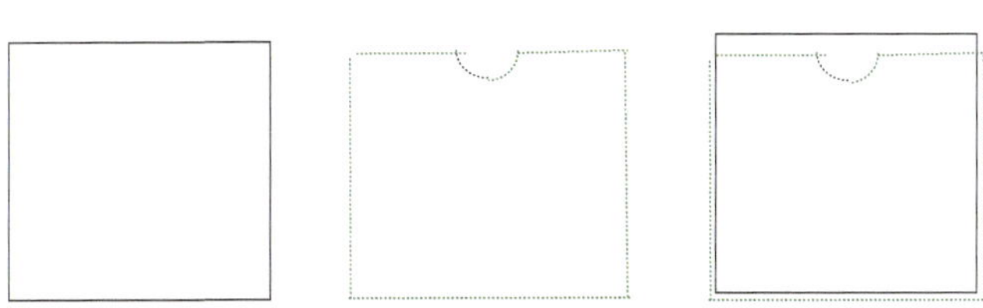

그림을 그린 후 코팅한 카드 | 부직포로 만든 포켓 | 포켓 속에 카드를 넣은 모습

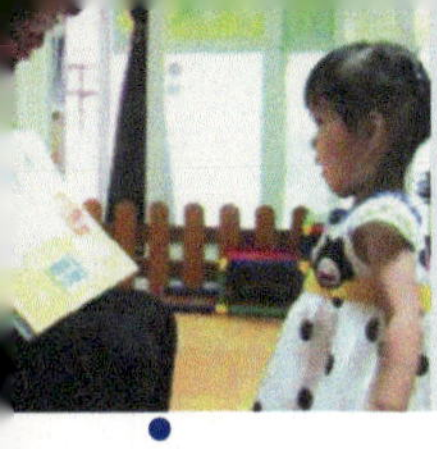

나. 이중 주사위

〈제작 및 활용의 예〉

① 전개도의 6면에 정사각형 구멍을 뚫고 OHP 필름을 붙인 후 작은 주사위를 넣고 정육면체 주사위를 만든다.

② 속 주사위의 그림과 바깥 주사위의 OHP 필름 위의 숫자를 고려하여 이동하거나 가져올 수 있다(속 주사위에 그려진 멜론을 2개 가져올 수 있다).

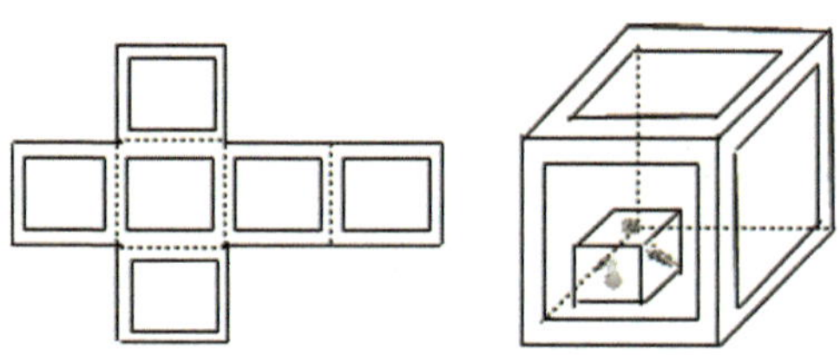

다. 변형주사위(삼각뿔)

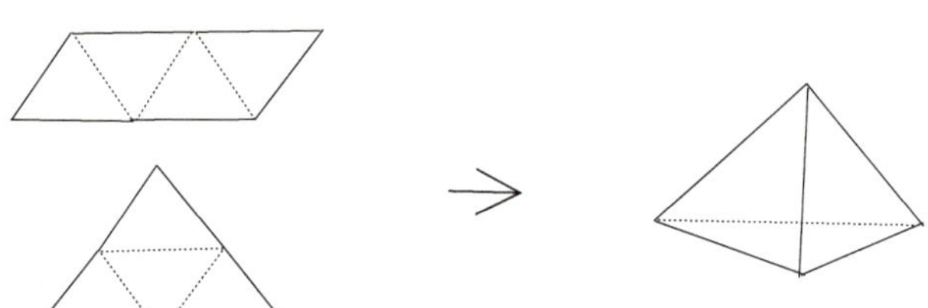

(2) 돌림판 주사위

가. 회전판을 돌려 화살표가 있는 부분을 보는 방법

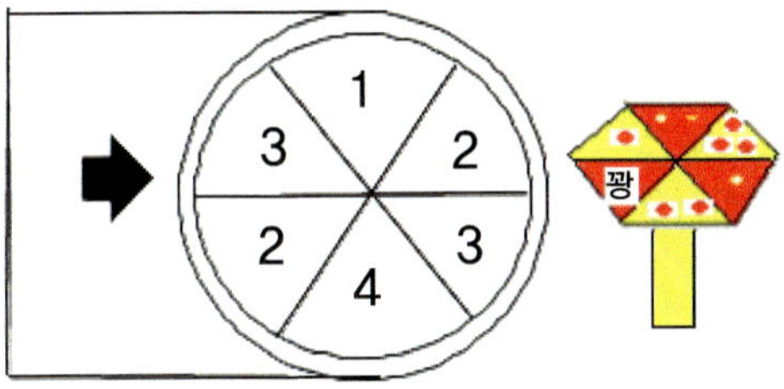

〈제작 및 활용의 예〉

① 손으로 눌러 잡고 돌릴 수 있도록 아래 판을 위 판보다 더 크게 만들거나 돌림판 밑에 손잡이를 달아 주어야 돌리기 쉽다.

나. 회전판 위에 있는 바늘(화살표)을 돌리는 방법

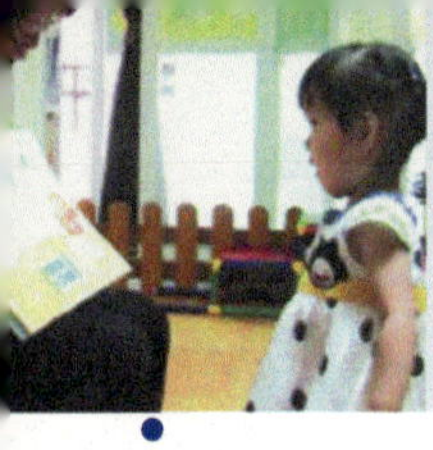

다. 주사위 자체가 돌아가게 만드는 방법

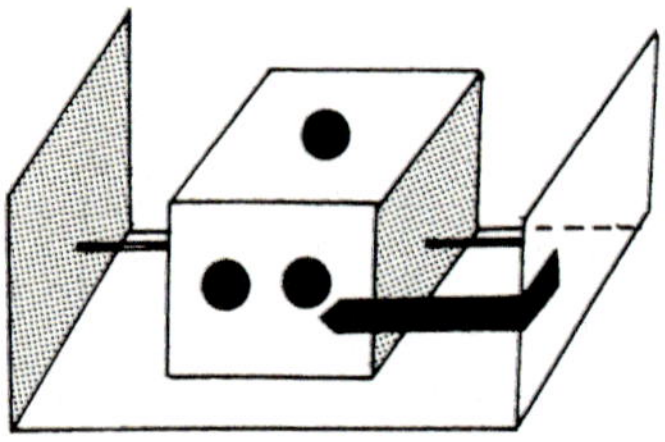

〈활용의 예〉

① 주사위를 손으로 돌려 화살표 표시가 있는 곳의 수만큼 말을 움직인다.
② 기둥 사이에 두 개의 주사위를 끼워 동시에 색, 언어, 모양 등의 지시를 할 수 있다.

(3) 흔들어서 사용하는 주사위

가. 반구 주사위

〈제작 및 활용의 예〉

① 아크릴 반구 속에 주사위 두 개를 넣고 바닥을 종이로 막는다.
② 흔들어서 나온 두 개의 주사위 수를 더한 만큼 말을 움직인다.

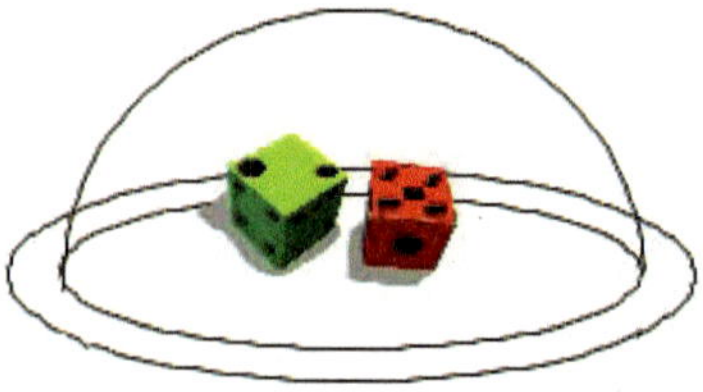

나. PET병 주사위

〈제작 및 활용의 예〉

① PET병을 잘라 밑면을 6등분한 후 각각의 칸에 숫자를 붙인다.

② 병 안에 구슬을 넣고 뚜껑을 닫는다.

③ 뚜껑 쪽을 손으로 잡아 병을 거꾸로 세워서 돌리다가 바닥에 놓는다.

④ 구슬이 들어간 칸의 수만큼 말을 이동시킨다.

다. 눈알 주사위

〈제작 및 활용방법〉

① 메추리알 판 속에 눈알을 넣고 손잡이 막대를 끼우고 판 사이가 떨어지지 않게 붙인다.

② 손잡이를 잡고 프라이팬을 잡고 흔들 듯이 흔들면 메추리알 판 속에 들어 있던 눈알들이 부분적으로 뒤집어진다. 앞을 보는 눈알의 수를 세어 말을 움직인다.

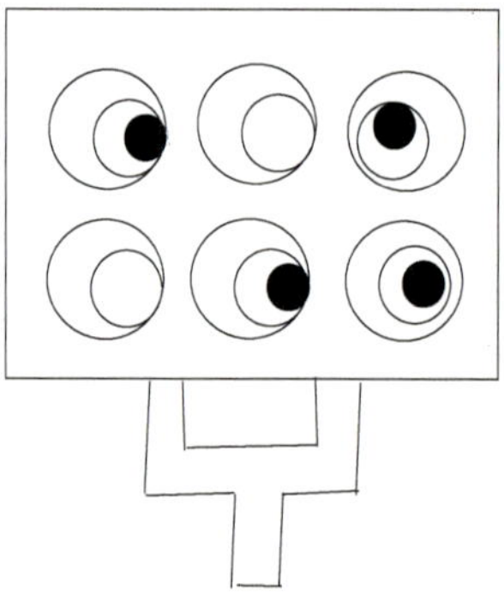

(4) 비밀주머니를 이용한 주사위

유아들이 상자나 비밀주머니 속의 내용물을 볼 수는 없지만, 손이나 발로 느껴서 원하는 내용물을 찾을 수 있도록 제작된 형태를 말한다.

가. 비밀주머니형 주사위

〈활용의 예〉

공의 색깔에 맞는 규칙을 따른다.

- 분홍색, 연두색, 파랑색 - 공의 색깔과 같은 자리에 말을 한 개 놓는다.
- 빨강색 - 자기가 원하는 사람의 말을 한 개 내릴 수 있다.
- 노랑색 - 공의 색과 상관없이 놓고 싶은 자리에 말을 한 개 놓는다.

나. 토시형 주사위

〈제작 및 활용의 예〉

- 토시를 통이나 상자 위에 붙이고 토시의 손목을 통해 손을 넣어 내용물을 알아맞힌다.

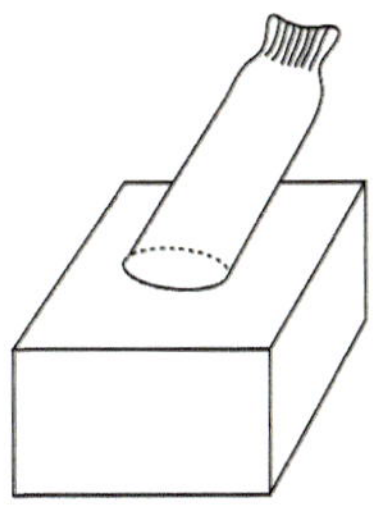

(5) 뽑기형 주사위

〈제작 및 활용방법〉

① 뽑기 막대는 빨대 끝에 작은 동그라미를 붙여 숫자를 표시하기도 하고 빙과 막대에 직접 쓸 수도 있다.
② 뽑기 막대를 담을 수 있는 통을 만든다. 통의 바닥면은 넓게 제작하여도 위는 좁게 만들어야 막대 끝에 쓰여진 숫자를 미리 보고 뽑는 일을 예방할 수 있다.
③ 뽑기 막대 끝에 쓰인 숫자대로 말을 움직인다.

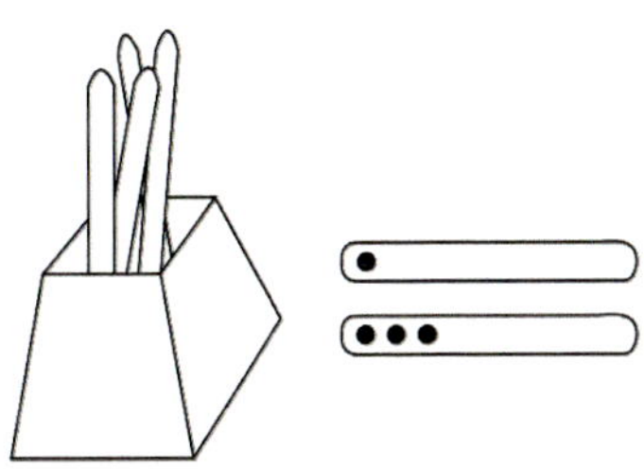

(6) 던져 올려받는 주사위

가. PET병 주사위

〈제작 및 활용방법〉

① PET병을 어슷하게 자르고 래커칠을 한다.
② 한 변이 4cm인 삼각뿔을 만들고 PET병에 연결한다.
③ 주사위를 던져서 PET병으로 받는다.
④ PET병 바닥에 닿는 면의 숫자를 읽는다.
⑤ 삼각뿔 대신 여러 개의 숫자 주사위를 매달은 후 PET병 위로 올라온 주사위의 숫자들을 더한 만큼 말을 움직일 수도 있다.

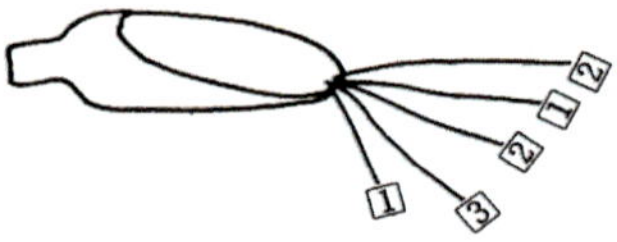

나. 계란판 주사위

〈제작 및 활용방법〉

① 계란판을 준비하여 적당한 모양이 되도록 자르고 다듬는다.
② 수 「1 2 3 4 5 6」이나 언어 「가 나 다 라 마」를 선택하여 계란판 속에 붙인다.
③ 실을 적당한 길이로 자른 후 탁구공과 연결하고 계란판에 붙인다.
④ 계란판을 잡고 공을 던져 올려 공이 들어가는 곳의 숫자나 언어를 보고 말을 움직이게 한다.

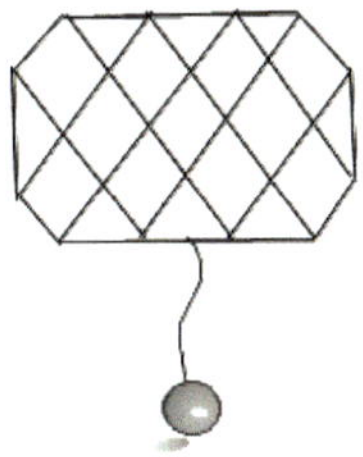

다. 키 주사위

〈제작 및 활용방법〉

① 수나 그림이 그려진 카드 밑에 함석판을 대고 키에 붙인다.
② 키에 자석을 단다.
③ 자석을 키에 올려받으면 함석판에 붙는다.

(7) 팽이 주사위

〈제작 및 활용방법〉

① 하드보드지로 사각뿔을 만든다.
② 윗면을 제외한 삼면에 게임의 내용에 따라 숫자나 단어를 쓴다.

③ 막대를 꽂는다.

④ 팽이를 돌려 바닥에 닿은 면을 보고 그 수만큼 또는 요구하는 내용에 따라 움직인다.

(8) 바둑알 주사위

〈제작 및 활용방법〉

① 하드보드지에 과녁과 같이 시트지로 붙이고 숫자를 만들어 붙인다.

② 바둑알이 밖으로 나가지 않도록 양 옆을 세워 테이프로 붙인다.

③ 바둑알을 바둑알 놓는 곳에 올려놓고 손가락으로 바둑알을 살짝 친다.

④ 바둑알이 멈춘 위치의 색에 해당하는 숫자만큼 움직인다(빨간색 : 5점, 하늘색 : 4점, 노란색 : 3점, 연두색 :2점, 흰색 : 1점).

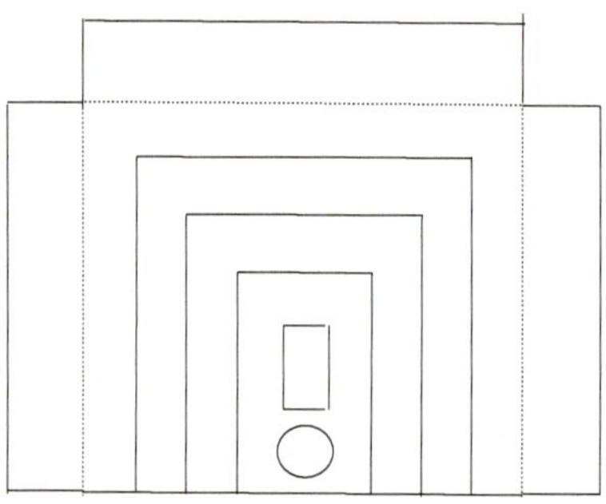

(9) 육각 주사위

〈제작 및 활용방법〉

① 마닐라지에 그림과 같은 속 상자를 만든다.

② 양 옆의 육각형에는 종이를 종이 띠를 끼울 수 있는 구멍을 3개 만든다. 측면을 고정시킬 때 주사위 전체 길이의 반 정도의 하드보드지를 그림과 같이 접어 왼쪽 끝은 속 상자 구멍 속에 넣고 오른쪽 끝은 바깥 상자의 안쪽에 붙여 걸림 장치를 한다. 상자 왼쪽도 마찬가지 방법으로 걸림 장치를 한다.

③ 걸림 장치가 있어야 주사위를 양 옆으로 당겼을 때 바깥상자가 완전히 빠지는 일을 예방할 수 있다.

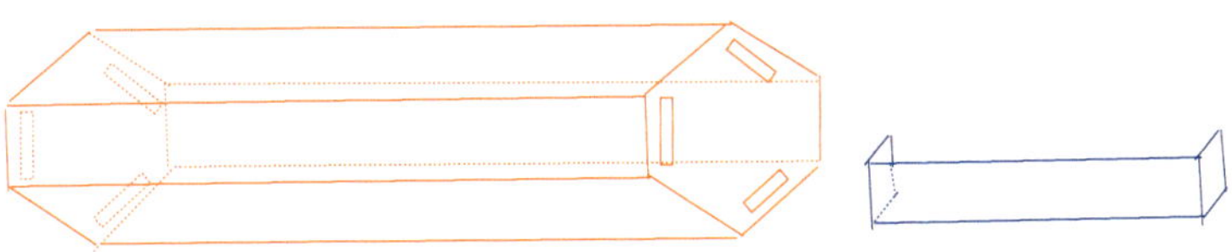

(속상자) (걸림장치용 종이띠)

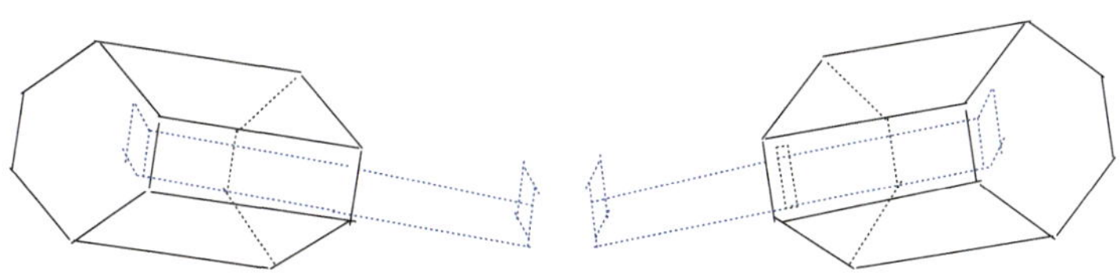

(왼쪽 바깥상자) (오른쪽 바깥상자)

〈걸림 장치 연결 방법〉

④ 닥한지로 싸고 우리나라 전통문양을 종이로 오려 붙인 후 투명시트지로 싼다.

- 육각형 주사위를 굴려서 정지하면 양 옆으로 잡아당겨 위쪽에 나온 수나 그림을 읽는다.

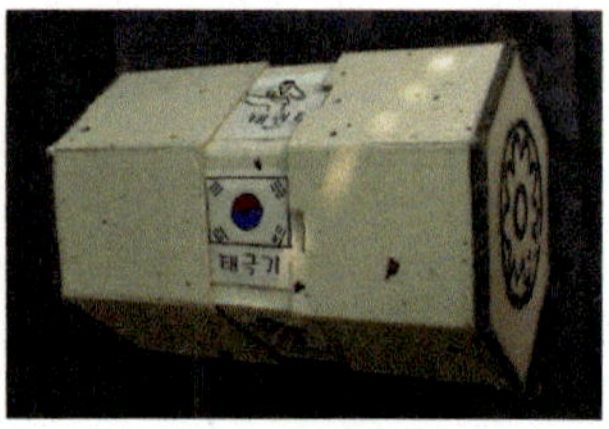

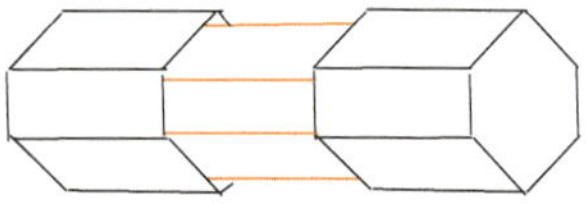

비고 : 속상자의 수나 그림이 있는 곳에 OHP 필름으로 포켓을 만들어 수나 그림의 교체가 가능하게 한다.

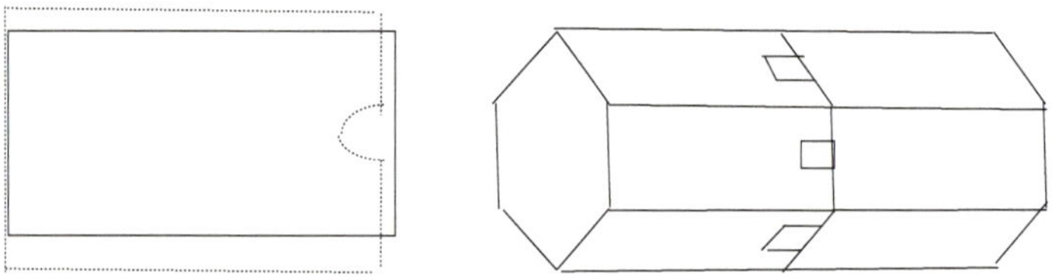

주사위를 양쪽으로 잡아당겨서 열 때 유아가 한 손으로 잡지 못할 경우 한쪽에 홈을 파서 손가락을 넣고 쉽게 주사위를 열 수 있도록 한다.

(10) 바람의 힘을 이용한 주사위

〈제작방법〉

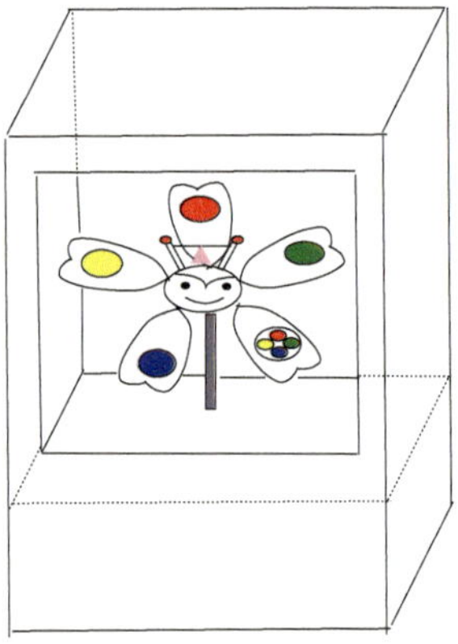

① 벌 바람개비 제품(막대가 달린 바람개비)을 오아시스에 꽂는다.

② 벌의 날개에 5가지 색깔을 부직포로 붙인다(빨강, 노랑, 파랑, 초록, 무지개).

③ 가로 11cm, 세로 20cm의 상자를 만들어 바람개비를 고정시킨다.

④ 바람개비가 잘 돌아갈 수 있도록 앞뒤로 네모난 구멍을 뚫어 준다.

⑤ 한지와 여러 가지 색깔의 꽃들로 꾸며 준다.

〈활동방법〉

① 가위 · 바위 · 보를 하여 이긴 유아가 입으로 불어서 주사위를 돌린다.
② 꿀벌 더듬이 사이의 분홍색 화살표와 만나는 날개의 색과 같은 색깔의 꽃가루를 가진 꿀벌을 말판 위에 놓는다.
③ 날개의 색이 무지개 색이 나올 경우 빨강, 노랑, 초록, 파란 꽃가루를 가진 네 가지 꿀벌 중 자신이 하나를 선택하여 말판 위에 놓는다.

제 5장

창의적 교수매체 제작의 실제

1. 동기유발을 위한 교수매체
2. 음률 및 신체활동 지도를 위한 교수매체
3. 조형활동을 위한 교수매체
4. 동시전달을 위한 교수매체
5. 흥미영역 구성을 위한 교수매체 제작

1. 동기유발을 위한 교수매체

1) 화면의 변화를 이용한 교수매체

화면의 변화를 이용한 동시 지도용 교수매체와 동기유발용 교수매체가 있다. 동기유발 교수매체는 단원의 소주제에 대한 유아들의 흥미와 호기심을 유발하기 위한 것으로 교사가 수수께끼를 낸 후 화면을 전환시켜 답을 확인하게 하거나, 부분 그림을 보여주고 전체를 유추하거나 연상을 하게 하는 방법이 있다.

(1) 이중화면 A(화면을 옆으로 잡아당겨 숨겨진 그림이 나타나게 하는 방법)

〈준비물〉

- 도화지, OHP 필름, 시트지, 양면테이프, 본드, 셀로테이프, 두꺼운 도화지, 파일

〈제작방법〉

① 도화지 사방에 여유분을 남기고 같은 간격으로 5등분한 후, 가운데 4군데 칼집을 내고(2장), 두 칸의 폭보다 약간 넓게 약간 좁게 4장을 만든다.

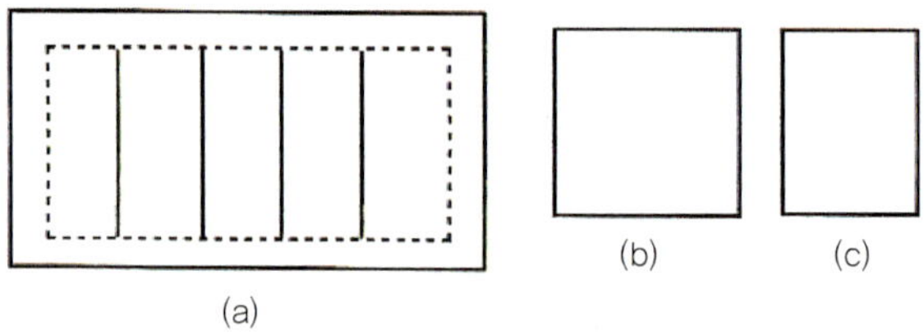

② 그림ⓐ의 첫 칸에 그림ⓑ의 왼쪽 부분을 붙이고 오른쪽은 첫 번째 칼집 뒤로 뺀다. 나머지 칸도 같은 방법으로 고정한다(그림 d).

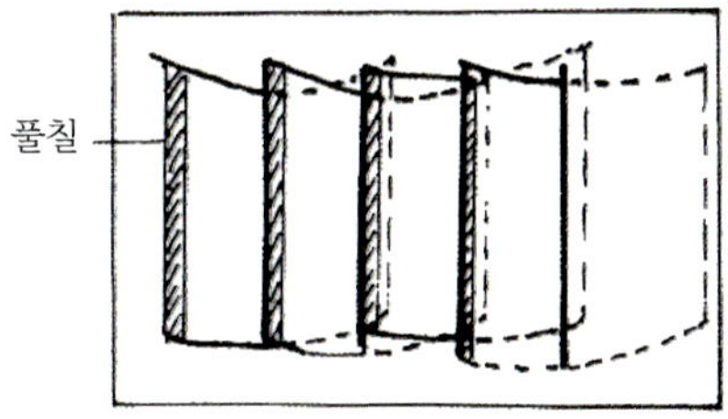

(d)

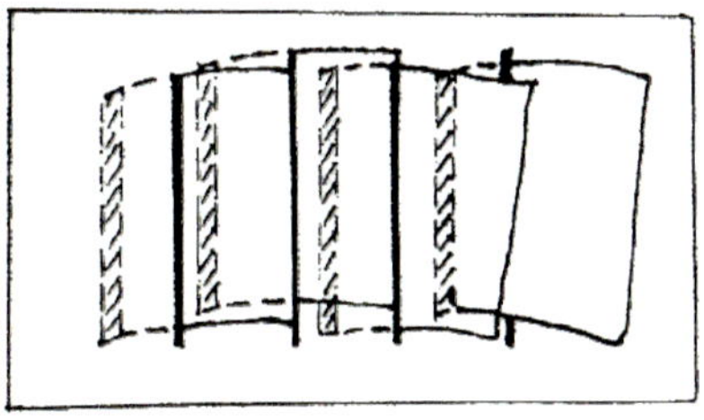

(e)

③ 그림ⓐ의 나머지 한 장은 첫째 칸에 그림ⓒ의 안쪽을 맞추고 오른쪽은 첫 번째 칼집 뒤로 빼어 풀로 붙인다(그림 e).

④ ③의 풀칠한 부분에 OHP 필름을 그림 3의 크기로 잘라 셀로테이프로 부착시켜 그림덮개를 만든다.

⑤ (d)와 (e)를 손가락 깍지 끼듯이 칸끼리 맞추어 엇갈려 끼운다.

⑥ 하드보드지로 겉 테두리를 만든 후 시트지를 씌운다.

⑦ 그림을 그려 칼집 간격 크기로 잘라 OHP 필름이 있는 면에 끼운다.

〈활용방법〉

① 도화지 2장을 겹쳐 그림이 가려진 상태로 그림에 대해 교사가 유아들에게

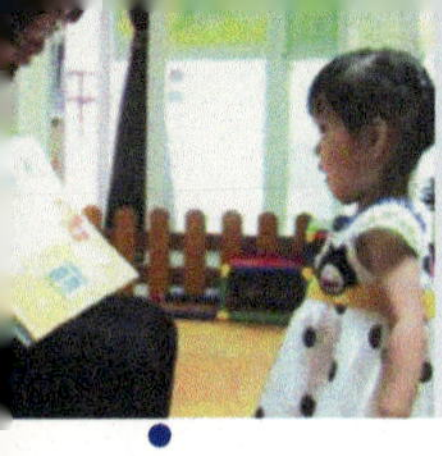

설명한다.

② 유아가 설명을 듣고 여러 가지 답을 이야기하면 도화지 1장을 옆으로 잡아당겨 그림이 나타나게 함으로써 답을 확인한다.

비고 : 동기유발로 사용할 수 있을 뿐 아니라 이야기 나누기나 그림 동화 중 화면이 바뀌는 곳에 사용할 수 있다.

출처 : 임은숙(2004). 유아를 위한 창의적 교수매체, p.126

(2) 이중화면 B(한 장에 두 개의 그림을 한 칸씩 엇갈려 그린 후 잡아당기기)

〈준비물〉

- 마닐라지, 칼, 물감이나 사인펜, 풀, 가위

〈제작방법〉

① 왼쪽 여백을 남기고 2㎝ 폭으로 선을 그린 후 한 칸씩 건너서 가위로 잘라낸다. 남아 있는 칸을 선을 따라 접는다.

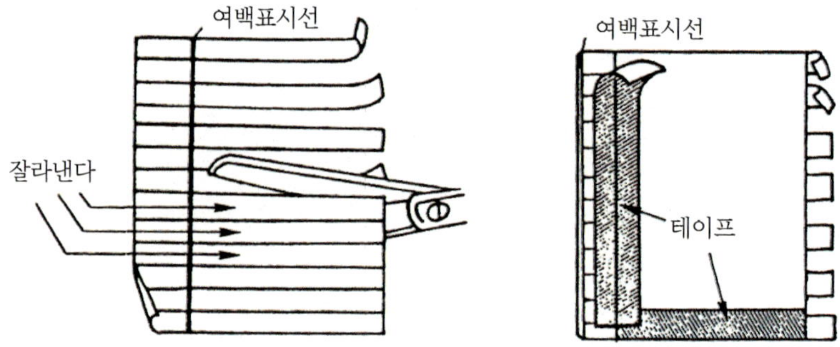

② 접혀진 여백 표시선 아래에 마닐라지를 넣고 테이프로 고정시킨다. 아래면도 앞뒤면을 함께 테이프로 둘러 준다.

③ 옆에 있던 칸을 위로 접어 올린다. 그림 종이를 넣을 수 있는 높이의 공간이 있게 접는다.

④ 마닐라지 사이에 종이를 밀어 넣고 칸 사이로 오리(설명에 필요한 그림)를 그린 후 물감을 칠한다.

⑤ 물감이 마르면 위로 한 칸 잡아당겨 사탕이 사라지게 한 후 새로 생긴 칸에 오리 먹이(대답에 필요한 그림)를 그린다.

〈활용방법〉

① 원래의 화면을 보여주면서 다음 장면에 대한 질문을 한다.

② 한 칸을 위로 잡아당겨 답을 확인한다.

자동차와 비행기

나무와 해바라기

출처 : 임은숙(2004). 유아를 위한 창의적 교수매체, p. 129 수정 보완

(3) 이중화면 C (엇갈려 끼워 접었다 펴기)

〈준비물〉

- 도화지(마닐라지), 칼, 물감이나 사인펜, 풀, 가위

〈제작방법〉

① 원하는 크기의 정사각형 도화지 위에 16칸(4×4칸)을 내고 그림과 같이 칼집을 낸다.

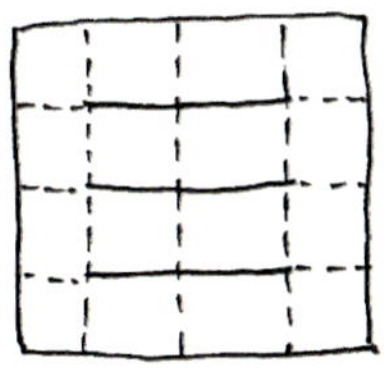

② 직사각형(1×4칸) 크기의 종이를 두 장 준비하여 제작방법 ①의 도화지에 두 줄을 엇갈려 끼운 후 그림을 그린다. 그림은 제작방법 ③에서 수수께끼를 내고 보여줄 답을 그린다.

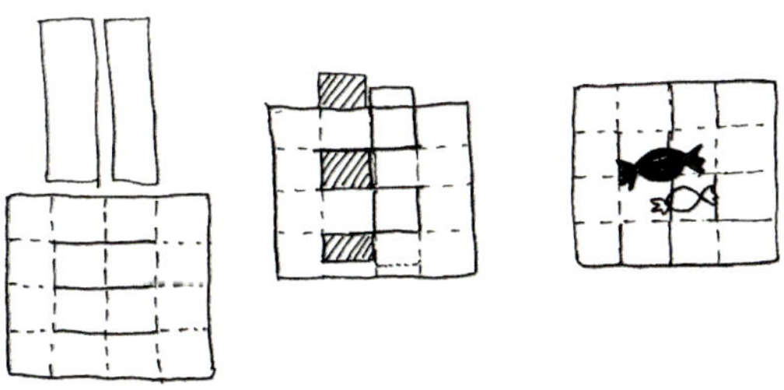

③ 그림과 같이 아코디언 모양으로 접어 확실하게 선이 나타나도록 자리를 낸 후 가운데를 벌려 양 옆으로 누른다. 직사각형(2×4칸)의 모양이 나오면 단서로 제공할 그림을 그린다.

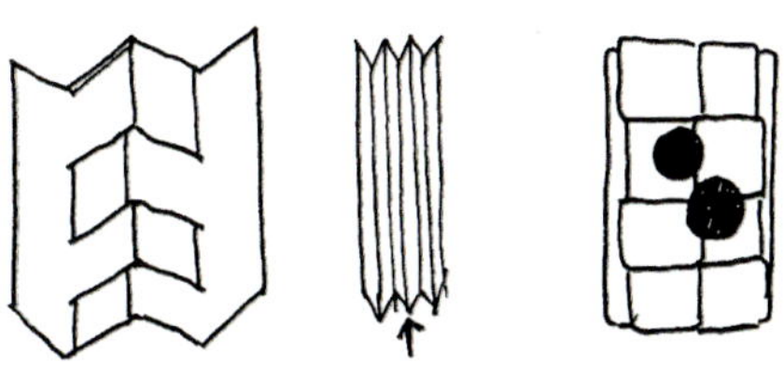

〈활용방법〉

① 제작방법 ③의 마지막 형태(2×4칸)에 그려진 그림을 보여주며 질문을 한다.

② 좌우 밑면을 양 옆으로 잡아당겨 제작방법 ②의 마지막 형태(4×4칸)에 그려진 그림을 확인한다.

비고 : 4×3칸의 직사각형에 1×3칸의 직사각형을 가운데 부분에 엇갈려 끼운 후 같은 방법으로 만들 수 있다. 4×4칸의 직사각형의 앞면, 뒷면, 접어 만든 면을 이용하면 삼중화면으로 변형시킬 수 있다.

활용 예 : 앞면- 씨를 뿌리는 장면
뒷면- 물을 주는 장면
접어 만든 면- 싹이 난 장면

출처 : 임은숙(2004). 유아를 위한 창의적 교수매체, p. 134.

(4) 삼중화면(세 번 접었다 펴기)

〈준비물〉

- 4절 도화지

〈제작방법〉

① 그림과 같은 도화지에 점선으로 10개의 정삼각형을 그린다.

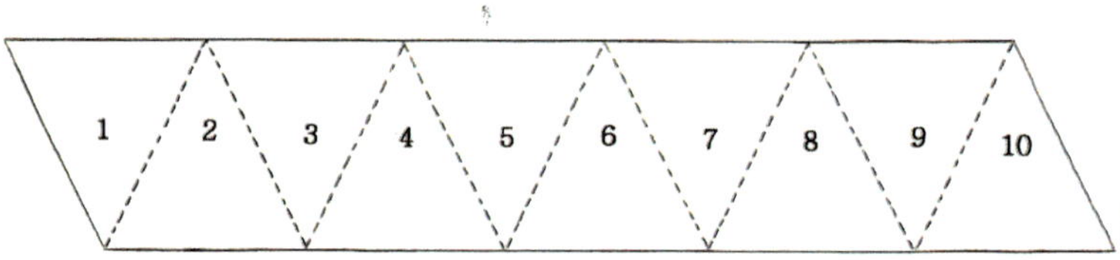

② 점선을 따라 지그재그로 접는다.

③ 접은 것을 다시 편다.

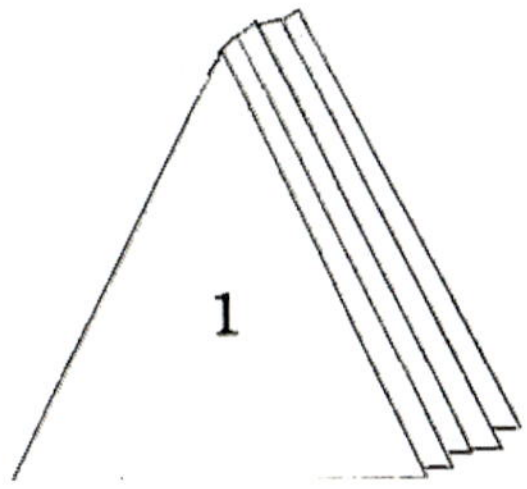

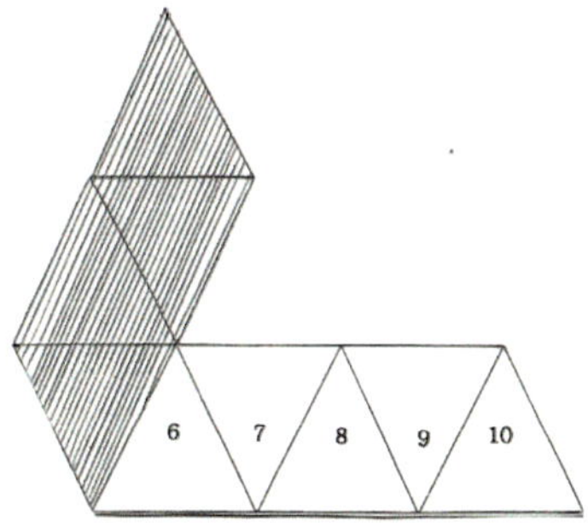

④ 1과 2를 뒤로 접어 2와 3의 뒷면이 만나게 한다.

⑤ 8의 뒷면과 7의 뒷면을 맞대어 접는다.

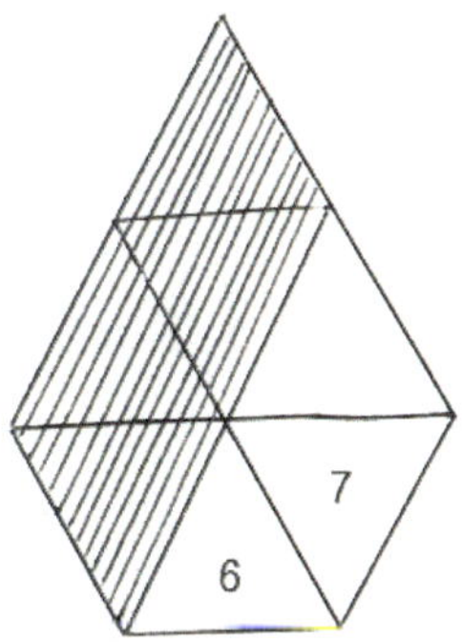

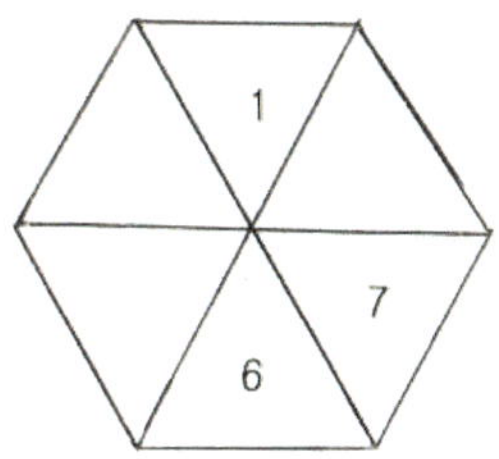

⑥ 10의 앞면과 2의 뒷면을 맞대어 놓는다.

⑦ 1의 뒷면을 10의 뒷면에 접어 붙인다.

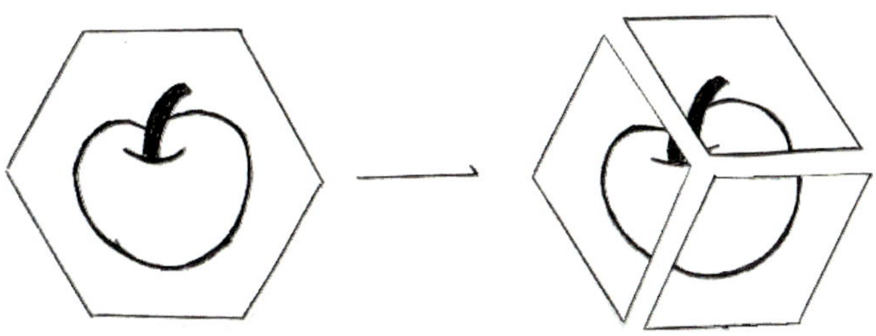

⑧ 정육각형의 종이에 그림을 1장 그린 후 각각 3등분한다.
⑨ 제 1면에 첫 번째 그림을 붙이고 각 모서리를 모아 뒤집는다.
⑩ 제 2면에 두 번째 그림을 붙이고 각 모서리를 모아 뒤집는다.
⑪ 제 3면에 세 번째 그림을 붙이고 각 모서리를 모아 뒤집는다.

〈활용방법〉

• 하나씩 뒤집어 보여주며 주제를 유추하게 한다.

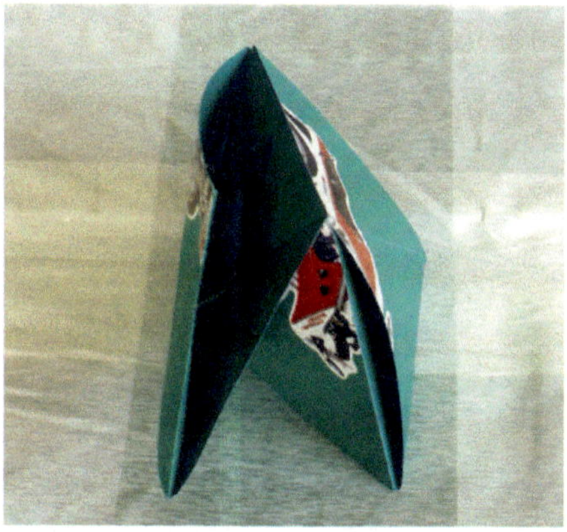

비고 : 이 교수매체는 간단히 제작될 수 있으며 동기유발뿐 아니라 색의 혼합 또는 계란→닭의 변천과정 등 다른 분야에서도 활용할 수 있다.

출처 : 임은숙(2004). 유아를 위한 창의적 교수매체, p. 136.

(5) 사중화면(연필꽂이)

〈준비물〉

• 우유팩 2개, 색상지 1장, 종이테이프

〈제작방법〉

① 우유팩의 위를 잘라 낸다.

② 잘라 낸 우유팩을 종이로 감싼다.

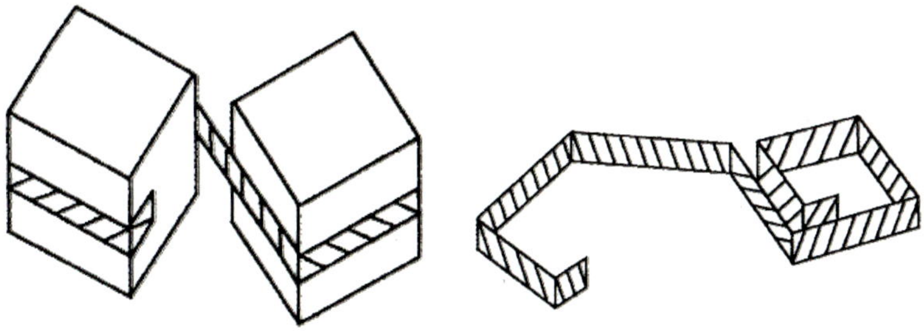

③ 종이로 싼 우유팩에 그림을 그리거나 붙인다.

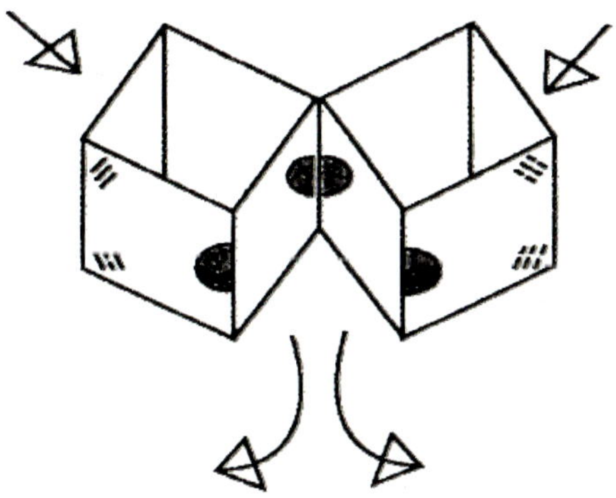

〈활용방법〉

① 세계 여러 나라의 국기에 대해 이야기 나누기를 할 때 동기유발 자료로 쓸 수 있다.

② 연필꽂이로 쓸 수 있다.

출처 : 임은숙(2004).유아를 위한 창의적 교수매체, p. 136.

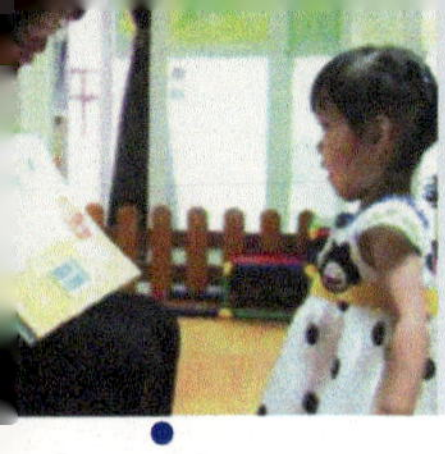

(6) 다중화면(퍼즐을 맞춰요)

〈준비물〉

- 하드보드지, 연두색 시트지, 녹색 전기 테이프, OHP 필름, 셀로 테이프, 그림 자료

〈제작방법〉

① 하드보드지로 정육면체를 8개 만든다.
② 하드보드지를 연두색 시트지로 싼다.
③ 모서리 부분을 녹색 전기 테이프로 두른다.
④ 8개의 상자를 쌓는다.
⑤ 위의 상자를 잇는다.
⑥ 옆의 상자를 잇는다.

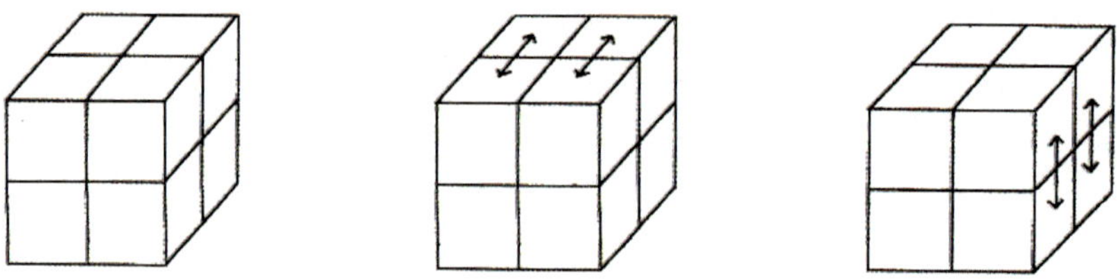

⑦ 상자를 펼쳐 잇는다.
⑧ 상자를 또 다시 펼쳐 잇는다.

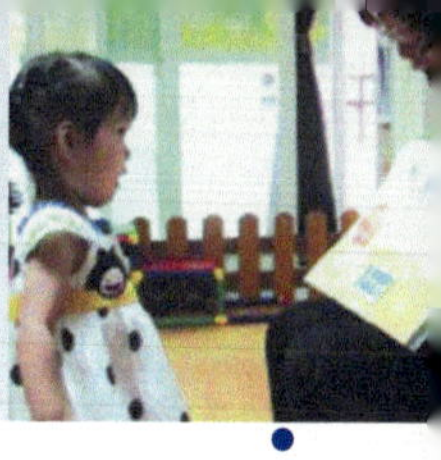

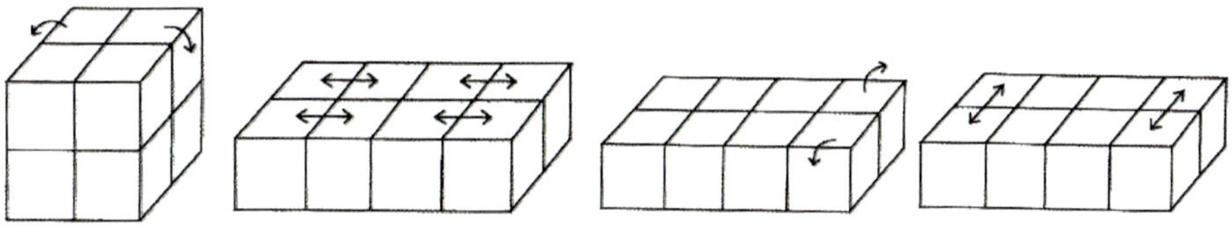

화면 1 화면 2 화면 3

⑨ 상자를 다시 오므렸다 편다. 뒷부분도 잇는다.

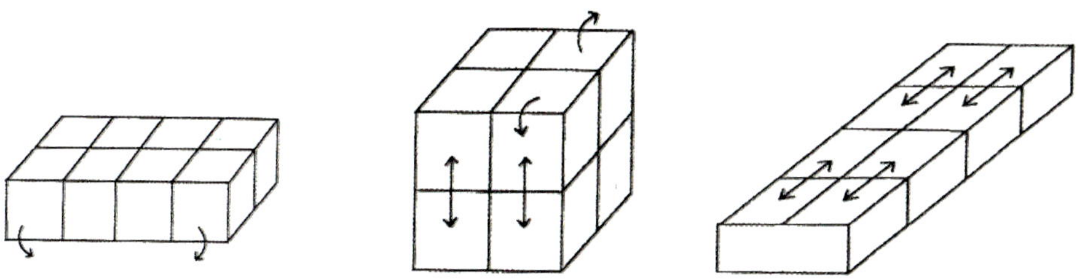

화면 4 화면 5

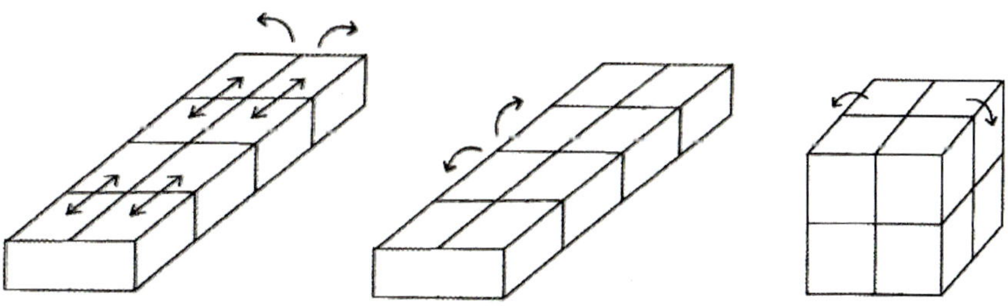

화면 6 화면 1

〈활용방법〉

- 그림자료를 넣어 동기 유발 교구나 6컷의 짧은 그림 동화 또는 새노래 지도에 사용할 수 있다.

〈활동방법 1〉

① 모양 맞추기 블록에서 한복 입은 여자 아이 모양이 보이면 책을 꺼내고 다음 모양으로 바꾼다.

② 다음 모양의 그림을 보고 그 그림에 대한 이름을 알고 책에서 그 이름을 찾는다.

③ 그 이름을 보고 그 물건에 대한 쓰이는 곳을 알 수 있다.
④ 쓰이는 곳을 보고 노랫말을 찾을 수 있다.
⑤ 노랫말을 가사에 붙여서 전체 가사를 완성시킬 수 있다.

〈활동방법 2〉

① 상자에서 서랍을 꺼내고 서랍 안에서 모양 맞추기 블록을 꺼낸다.
② 모양을 돌려가면서 그림을 보고 그림의 이름을 알아본다.
③ 이름을 사전에서 찾아 쓰이는 곳을 안다.
④ 보관함에서 알맞은 가사를 찾아 가사판에 붙인다.

활용동요–고맙다(창작국악 동요) : 콩을 찧어 주는 절구공, 팥을 갈아 주는 맷돌아, 쌀을 일어 주는 조리, 밥을 퍼 주는 주걱들에게 고마워하는 내용의 동요

2) 부분그림을 보고 전체 모양을 유추하는 교수매체

(1) 빙글빙글 돌려요

〈준비물〉

• 하드보드지, OHP 필름, PVC(25㎝), 래커, 셀로 테이프

〈제작방법〉

① 하드보드지에 한 변이 12㎝의 정육각형을 10개 잘라 낸다(∠120°).
② 가로 12㎝, 세로 4㎝의 직사각형을 30개 잘라 낸다.
③ 밑의 받침이 되는 부분도 규격(한 변이 15㎝인 정육각형 2개, 가로15㎝×세로 4.2㎝인 직사각형 6개)에 맞춰 잘라 낸다.
④ 정육각형 중앙에 2.2㎝ 지름의 원을 뚫는다. 단, 15㎝ 정육각형 1개는 원을 뚫지 않는다.

⑤ 본드를 이용해서 정육각형 기둥을 만든다.

(한 변이 12㎝인 정육각형 5개, 한 변이 15㎝인 정육각형 1개 : 받침)

⑥ 7㎝ 직경의 원 1개와 가로 6㎝×세로 1㎝의 직사각형을 오려 낸다.

⑦ ⑥의 직사각형을 원으로 구부린 후 직경 7㎝의 원의 중앙에 세워 붙인다.

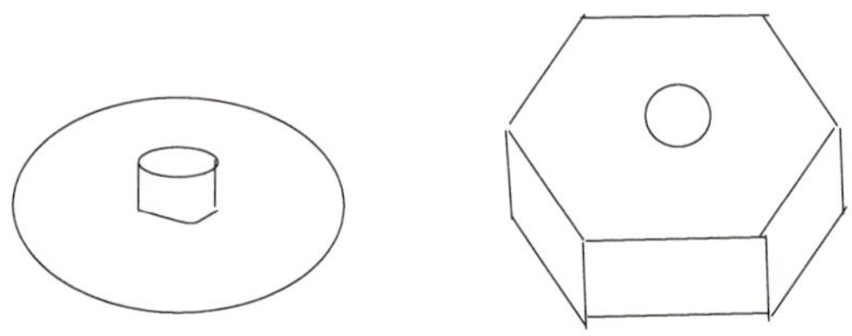

⑧ 정육각 기둥에 락카를 뿌려서 말린다.

⑨ OHP 필름을 가로 12㎝×세로 4㎝ 직사각형으로 30개 자른다.

⑩ OHP 필름을 정육각형 기둥의 옆면에다 셀로 테이프를 이용해서 양 옆과 밑을 붙인다(받침대에는 붙이지 않는다).

그림카드를 꺼내기 쉽게 OHP 필름 윗부분을 반원 모양으로 파내고 사각형 면에 놓은 후 모서리에 셀로 테이프를 붙인다.

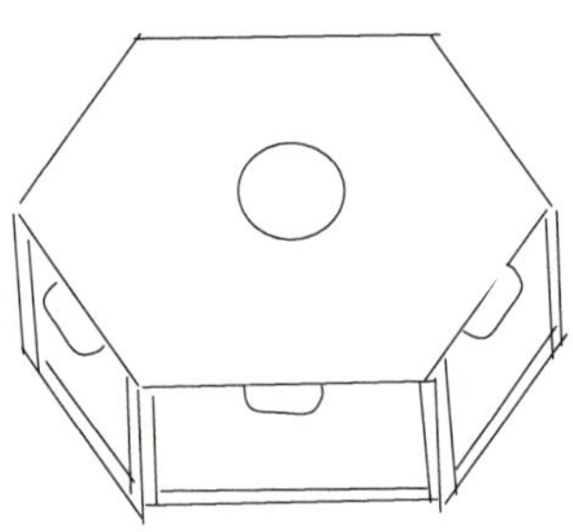

⑪ 그날 주제에 관련된 그림 1장과 관계없는 그림 5장을 그린 후 각각 가로로 5등분한 후 육각기둥의 OHP 필름 포켓에 끼워 넣는다.

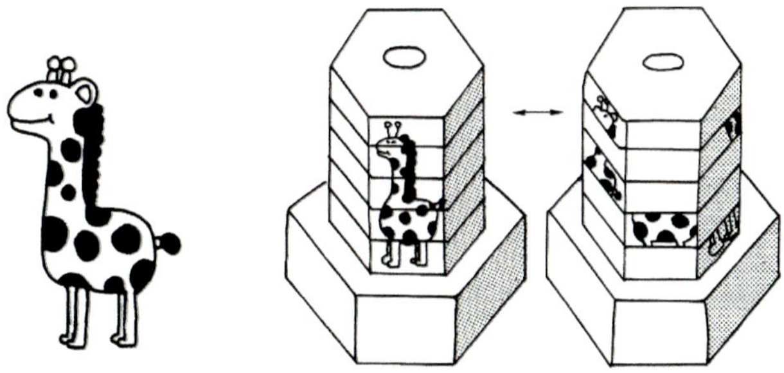

〈활용방법〉

① 주제에 관련된 그림은 위에서부터 순서에 맞게 OHP 필름에 끼우고 나머지 그림은 순서가 맞지 않게 섞어서 끼운다.

② 그림들을 수업 전에 미리 섞어 놓는다.

③ 유아들에게 육각기둥의 6면을 돌려가며 보여주고 어떤 것을 맞추면 그림이 완성될지 유추해 보게 한다.

④ 한 유아씩 지적해 한 칸씩을 맞춰 보게 하고 전체 유아가 어떤 그림일지 유추해 본다.

⑤ 유아들이 잘 추측하지 못할 때 교사가 한 부분을 지정해 준다.

비고 : 유아의 수준에 따라 난이도를 달리하여 그림을 바꿔줄 수 있다.

출처 : 임은숙(2004). 유아를 위한 창의적 교수매체, p. 139.

(2) 돌림판 퍼즐

〈준비물〉

• 색 하드보드지, 앵글파이프, 연결 너트, OHP 필름, 고무자석

〈제작방법〉

• 본체

색 하드보드지로 상자(35×25×7㎝)를 만들고 고무자석을 붙인다.

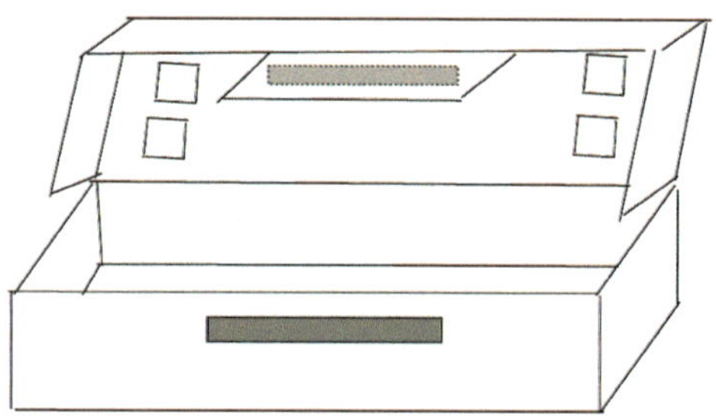

• 돌림판

① 색 하드보드지(10×9㎝)를 9장 자른다.

② 각 판에 OHP 필름을 스카치테이프로 양 옆과 밑을 붙인다.

③ 뒷면에 사각기둥의 고리를 만들어 붙인다.

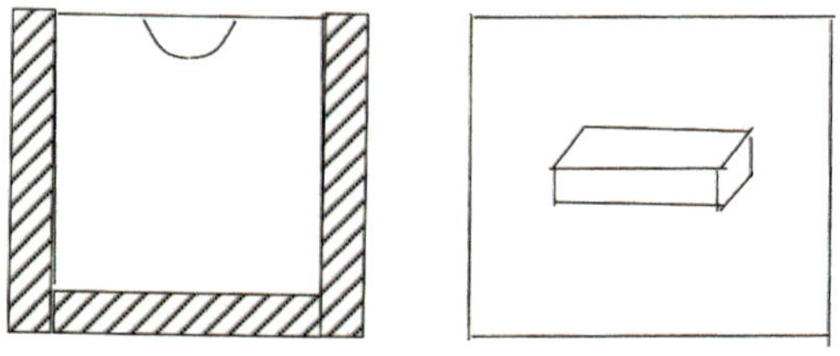

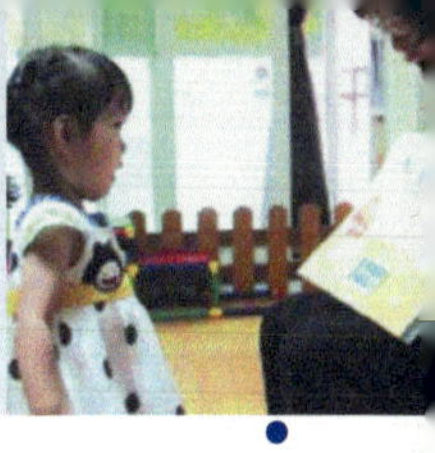

④ 30cm 길이의 앵글파이프에 ③을 3장씩 끼우고 연결너트로 양 끝을 막는다.

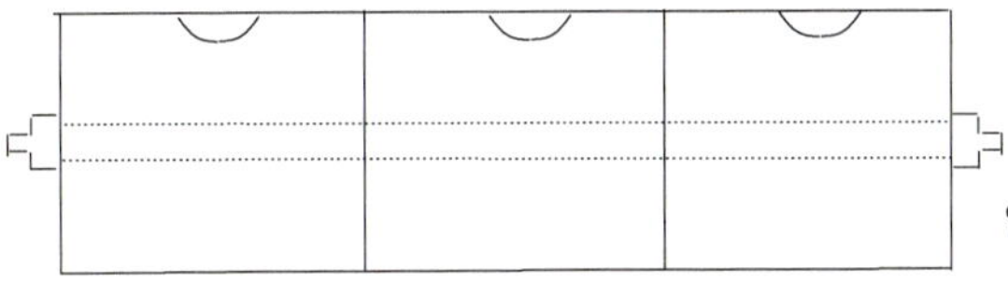

점선은 뒷면에 끼운 앵글파이프

- 세움 틀(기둥 4개)

① 색 하드보드지(1.2×34cm) 44장을 자른다.

② 각 판을 9장씩 겹쳐 기둥 4개를 만든 후(4×9장=36장), 1cm 간격으로 홈을 파낸다(4cm+1cm+9cm+1cm+9cm+1cm+9cm=34cm).

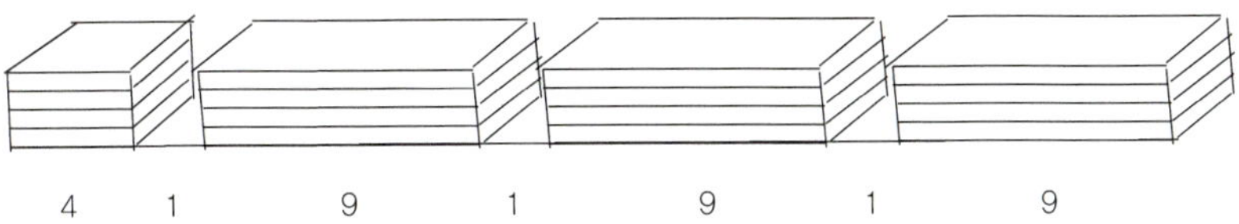

③ ①번에서 남은 8장(44장-36장)을 4개의 기둥 앞면, 뒷면에 두 장씩 붙인다.

- 조립방법

① 3장씩 앵글파이프에 끼운 것을 세움 틀에 넣는다.

② 본체 뚜껑에 있는 4개의 구멍에 세움 틀(기둥 4개)을 세운다.

③ 그림을 9등분하여 앵글파이프에 연결한 그림 칸에 끼운다.

④ 뒷면의 고리에 번호를 붙인다.

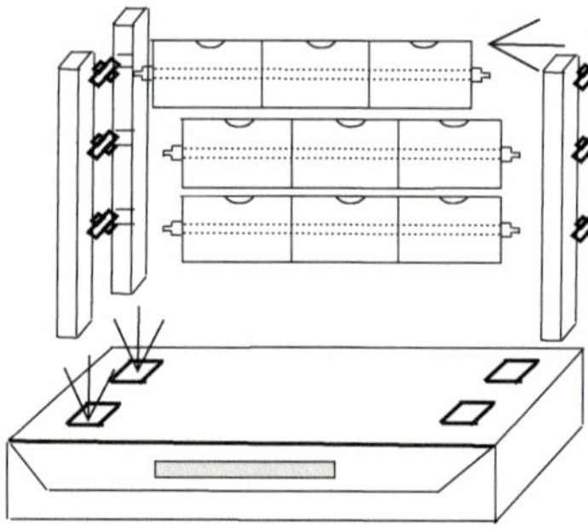

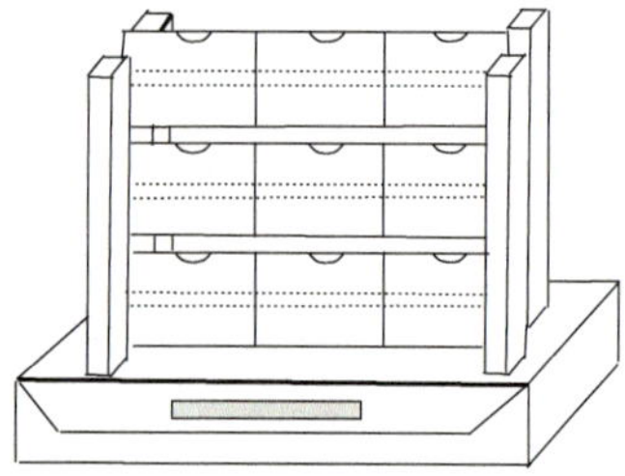

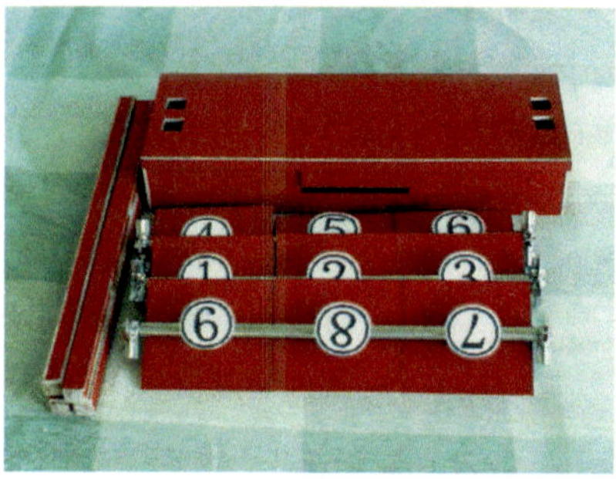

〈활동방법〉

① 유아들로 하여금 번호를 선택하게 하고 그 번호를 뒤집어 부분 그림을 보여 준 후 전체 그림을 유추하게 한다.

② 모두 뒤집어 확인한다.

③ 사용 후 분해하여 본체 속에 보관한다.

비고 : ① 주제에 따라 그림이나 문자를 교체한다.

② 낱말 맞추기나 고르기 게임 등에서 활용할 수 있다.

출처 : 임은숙(2004). 유아를 위한 창의적 교수매체, p. 143 수정 보완.

(3) 하나씩 끼워 보세요

〈준비물〉

- 색 하드보드지, 앵글파이프, 연결 너트, OHP 필름, 고무자석

〈제작방법〉

① 하드보드지와 함석판을 각각 27.5×38.5㎝로 자른 뒤 붙인다.
② 우드락 2장을 겹쳐서 속을 잘라 낸다.
③ ①과 ②를 붙인 후 시트지를 씌운다.

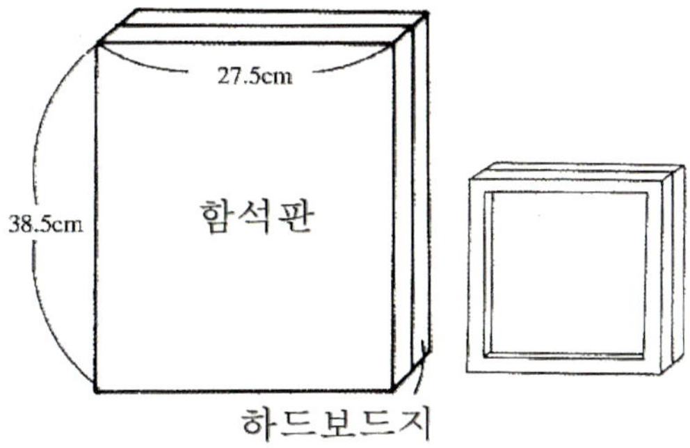

④ ②에서 잘라 낸 속을 여러 모양으로 조각을 낸다.

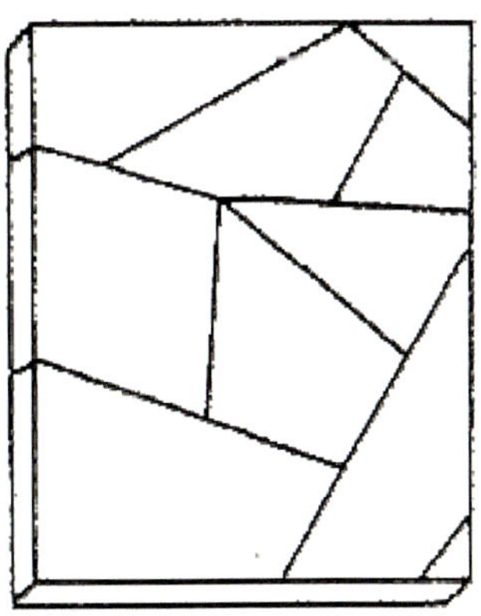

⑤ 우드락 조각의 뒤를 파내고 자석을 넣은 후 시트지로 싼다.
⑥ 각 조각마다 OHP 필름을 싸서 그림카드를 교체할 수 있게 한다.

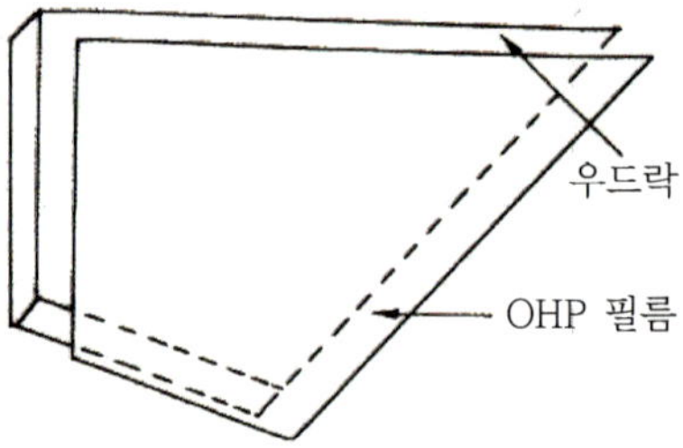

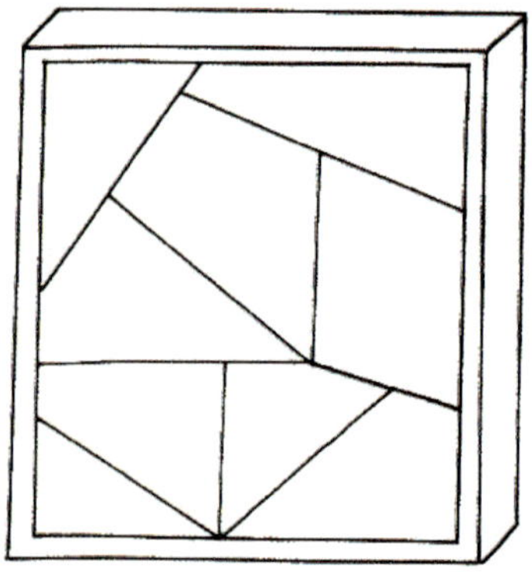

〈활용방법〉

① 판에 끼울 그림조각 중에서 하나만 제시한다.
② 유아들에게 질문한 후 유아가 직접 추측하게 한다.
③ 하나씩 더 붙여서 유아가 전체 그림을 알 수 있게 한다.

비고 : ① 그림카드를 갈아 끼우기 위해서는 그림카드를 우드락 조각 퍼즐보다 0.2㎜ 정도 작게 자른다.
② 조각과 판에 동일한 번호 스티커를 붙인다.

출처 : 임은숙(2004). 유아를 위한 창의적 교수매체, p. 147.

(4) 눌러 보세요

〈준비물〉

- 색 하드보드지, 철사, 집게, 쫄대

〈제작방법〉

- 상자 만들기

① 색 하드보드지를 자르고 색이 밖으로 나오게 하여 2겹씩 붙인다.

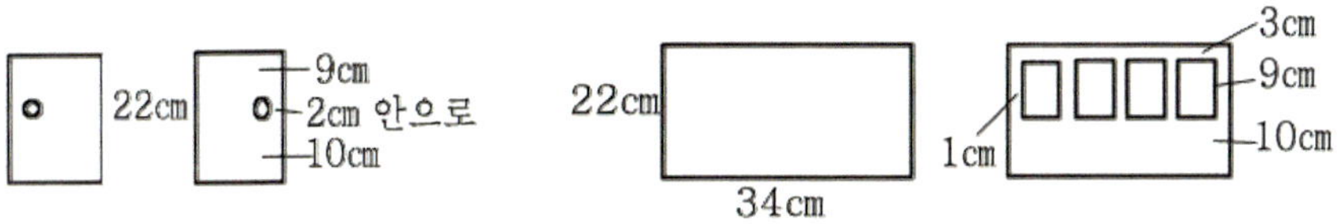

옆면(o : 철사를 끼울 곳) 뒷면 정면

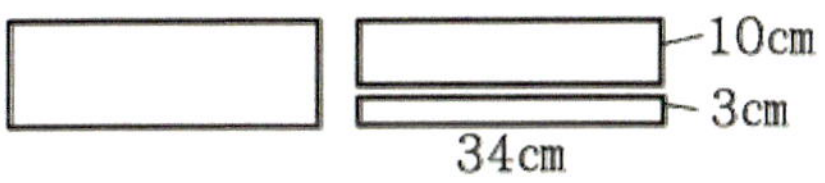

바닥면 윗면(2등분하여 생긴 공간으로 부분 그림카드가 올라갔다 내려갔다 하게 됨).

② 색 하드보드지(4×14㎝)를 4장에 집게의 반쪽을 본드로 붙인 후 철사를 끼운다.

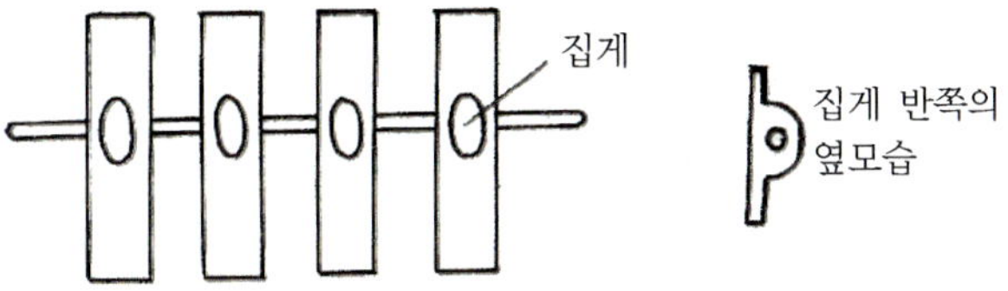

③ 하드보드지에 쫄대(4㎝)를 붙인다(부분 그림을 끼울 수 있게 끼우는 부분이 위로 향하게 하여 쫄대를 붙인다).

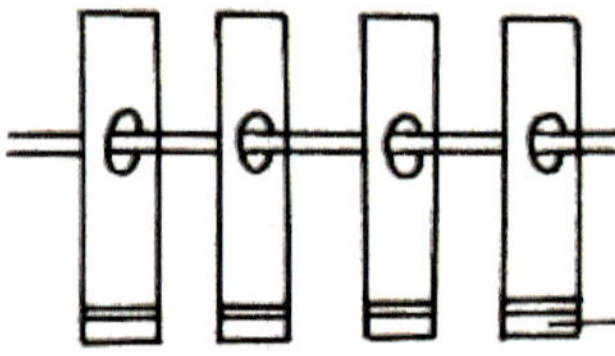

④ 쫄대에 그림을 끼운다(그림의 폭은 쫄대보다 0.2㎜ 작게 한다).

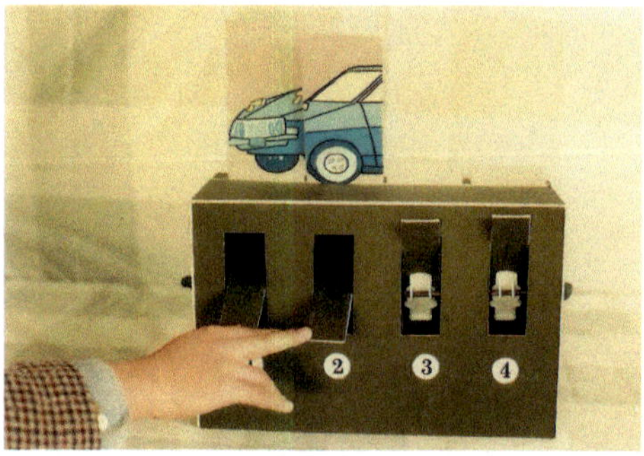

출처 : 임은숙(1995). 유치원교육을 위한 창의적 교수매체, p. 132 수정보완.

2. 음률 및 신체활동 지도를 위한 교수매체

1) 음률활동 지도를 위한 교수매체

◆ 몸을 대어 보세요

〈목표〉

• 신체 부위의 이름을 안다.

- 신체 부위의 기능을 안다.
- 음악에 맞춰 몸을 움직일 수 있다.

〈준비물〉

- 신체 부위를 나타내는 상징그림 카드(색상지, 코팅필름)
- 카세트테이프, 녹음기
- 신호 악기(우드블럭, 탬버린)

〈제작방법〉

- 신체 부위 상징그림 카드(배, 등, 엉덩이, 손, 발, 무릎, 팔꿈치, 다섯 손가락 끝)

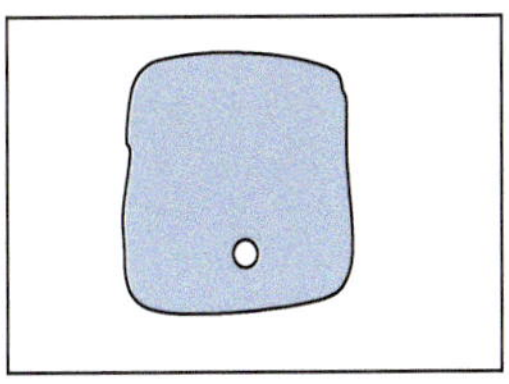

배

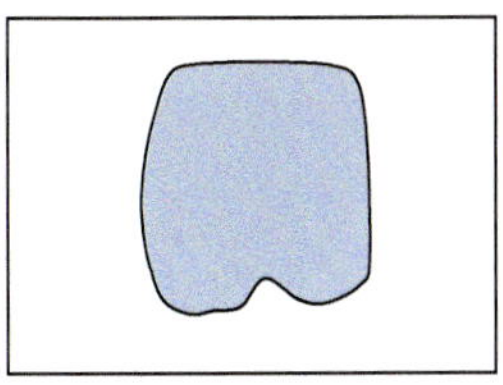

등

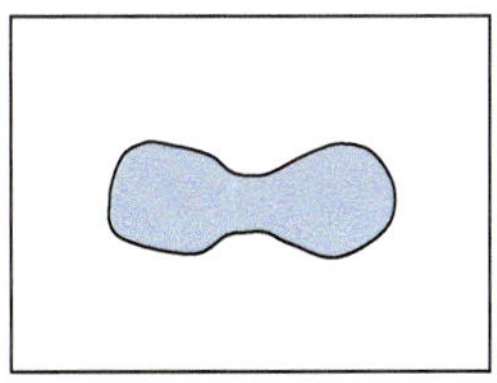

엉덩이

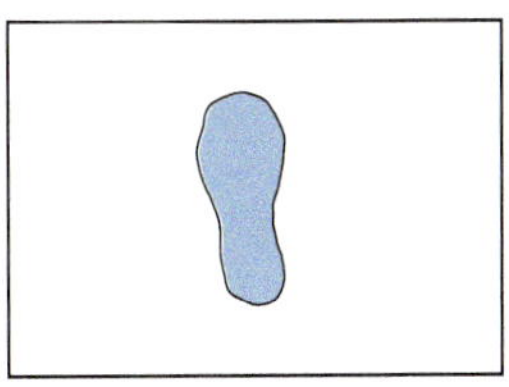

왼발

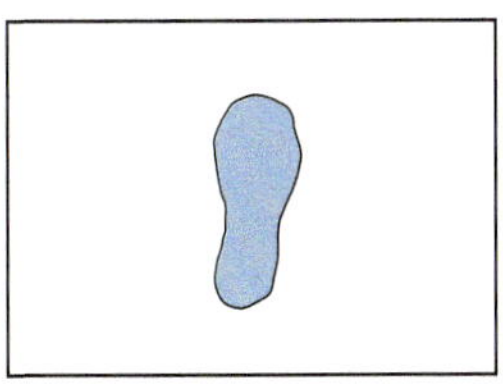

오른발

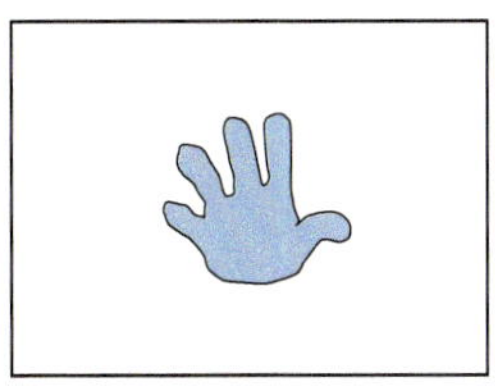

왼손

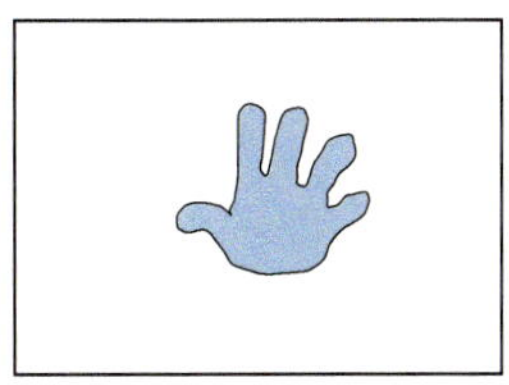

오른손

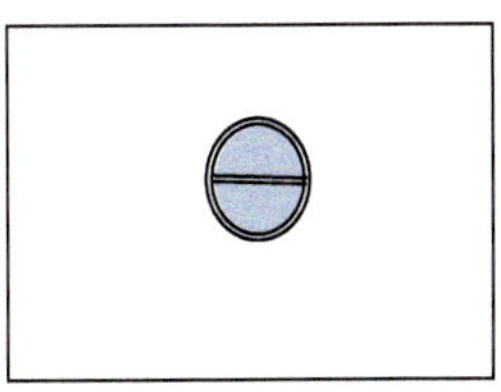

무릎

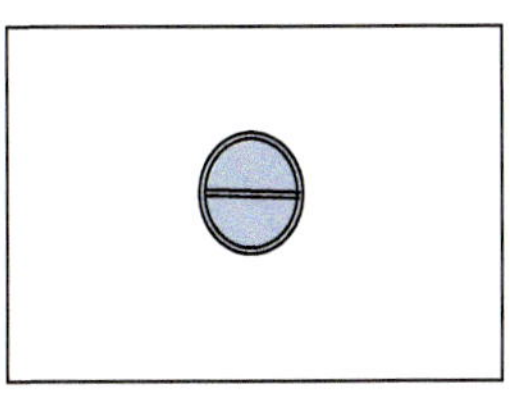

무릎

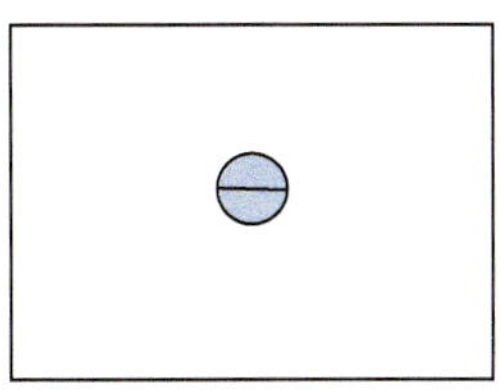

팔꿈치

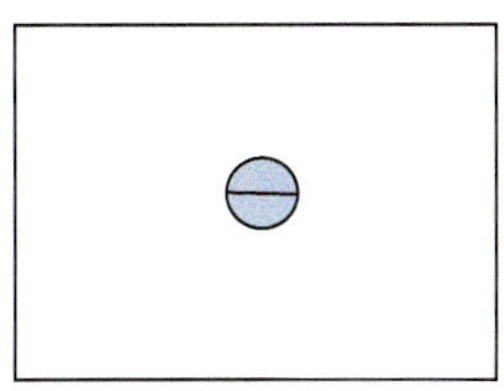

팔꿈치

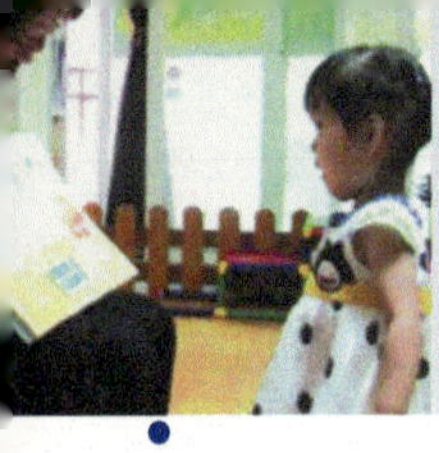

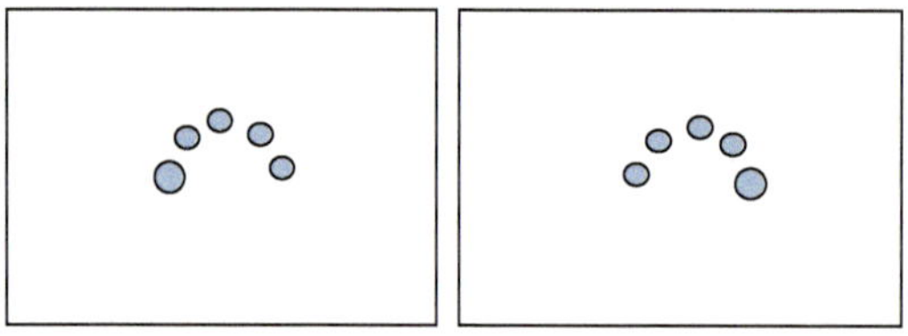

오른쪽 손가락 끝 　　　　 왼쪽 손가락 끝

〈활동방법 1〉

① 신체 부위의 명칭과 기능, 생김새에 대해 알아본다.
② 그림카드는 어느 곳인지 이야기한다.
③ 그림카드를 바닥에 깔아 놓고 음악에 맞춰 걸어가다가 음악이 멈추면 가까이 있는 카드 앞에 선다.
④ 신호 악기가 울리면 그림카드에 자신의 신체 부위 중 한 곳을 댄다.

〈활동방법 2〉

① 신체 부위를 두 군데 이상 댈 수 있는 카드를 바닥에 깐다.
② 신호 악기가 울리면 왼쪽, 오른쪽 부위를 구별하여 그림카드에 자신의 신체를 댄다.
③ 그림카드에는 없는 동작을 만들어 본다.

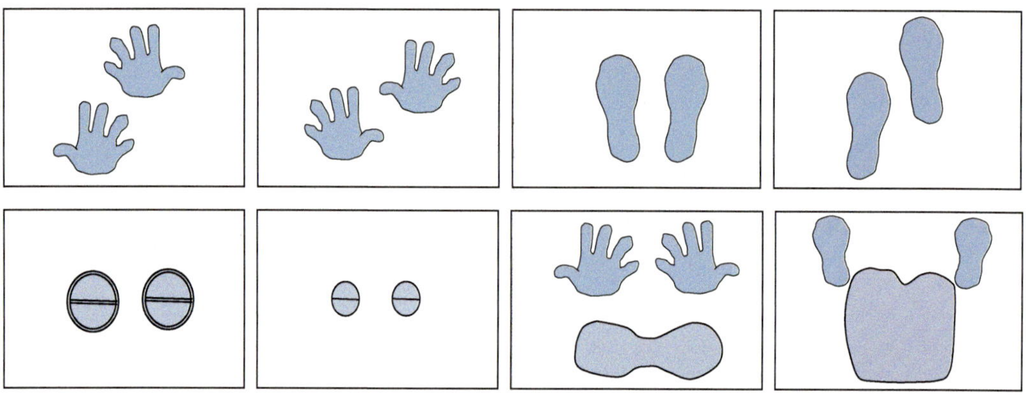

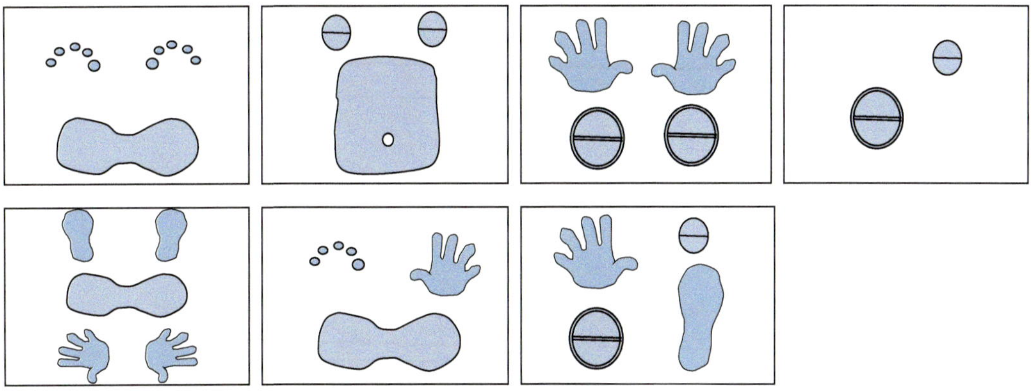

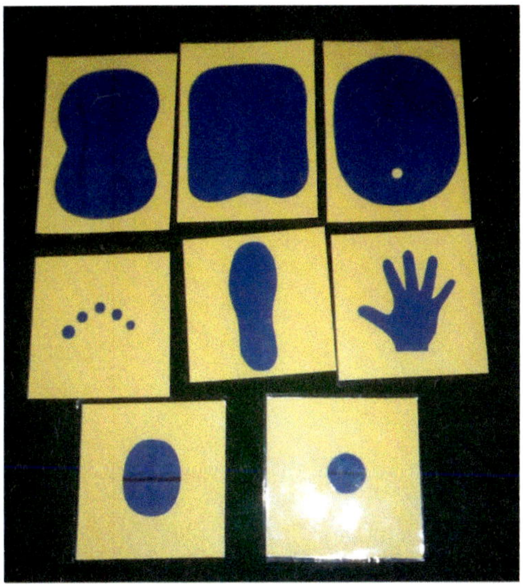

2) 신체활동 지도를 위한 교수매체

(1) 움직이는 나비

〈목표〉

- 나비의 움직임과 모양을 알 수 있다.

- 움직임을 이용해 흥미를 유발한다.

〈준비물〉

- 우산살, 부직포(노랑색, 검정색), 모루(노랑색), 스티로폼 공, 본드, 실, 바늘, 가위

〈제작방법〉

① 헌 우산의 천을 벗겨 내고 8개의 우산살을 남기고 나머지 우산살은 뺀다.
② 우산살 2개에 부직포로 나비의 날개를 만들어 실과 바늘을 사용해 꿰맨다.

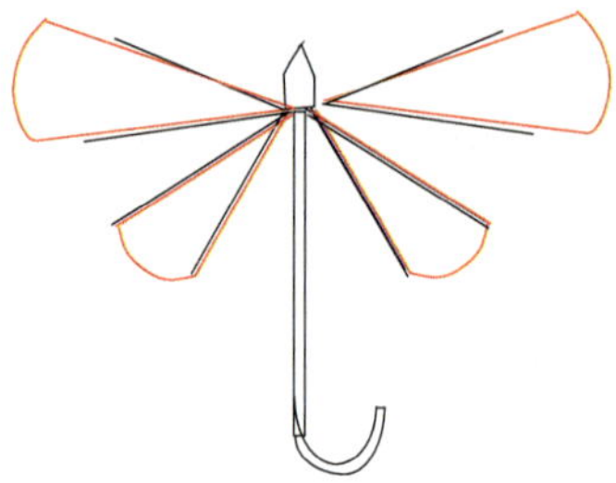

③ 우산 꼭대기에 스티로폼 공으로 나비 머리를 꾸민다.
몸통은 갈색 부직포로 만들고 중간중간 모루로 띠 모양을 만들어 붙인다.

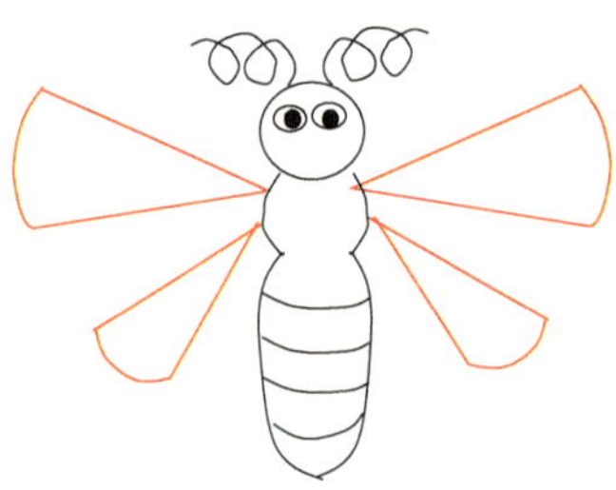

④ 우산을 접었다 폈다 하면 나비가 날개짓하는 모습이 연출된다.

출처 : 임은숙(2004). 유아를 위한 창의적 교수매체, p. 160 수정 보완.

(2) 지시대로 하기

〈목표〉

- 대근육 운동을 할 수 있다.
- 카드를 보면서 동작을 표현할 수 있다.

〈준비물〉

- 동작카드(색상지), 음악테이프

〈제작방법〉

- 동작카드

① 색상지(13×13㎝)를 준비한다.

② 동그라미와 세모를 이용해 사람 형태를 만든다.

③ 팔과 다리를 그린 후 코팅한다.

〈활동방법〉

① 준비된 카드를 유아들에게 보여주면서 그 카드의 동작에 대해서 이야기를 나눈다.

: 깡충뛰기(jump)로 약속을 한다.

: 달리기로 약속을 한다.

② 유아들과 이야기를 나눈 후 교사와 같이 동작을 해 본다.
③ 교사가 동작을 나열해 주고 유아들은 음악에 맞추어 동작을 표현해 본다.
④ 유아들이 카드를 나열해 보고 동작을 표현해 본다.

3. 조형활동을 위한 교수매체

1) 모래그림 그리기 용구 제작 및 활용

〈준비물〉

- 색깔 모래(빨강, 노랑, 초록, 파랑, 검정)
- 양념통 5개(뚜껑에 래커로 모래 색깔을 칠해 놓는다.)
- 깔대기 5개(각 색깔별로 준비한다.) ※ 양념통 속에 모래를 넣을 때 사용한다.
- 도화지, 색종이, 장판, 양면테이프

〈제작방법〉

① 모래를 담을 수 있는 양념통을 준비하여 뚜껑에 래커를 뿌린 후 그에 맞는 색깔의 모래를 담는다.
② 깔대기도 래커를 뿌려 색깔별로 준비한다.
③ 양념통과 깔때기를 담을 수 있도록 칸막이가 되어 있는 상자를 만든다.

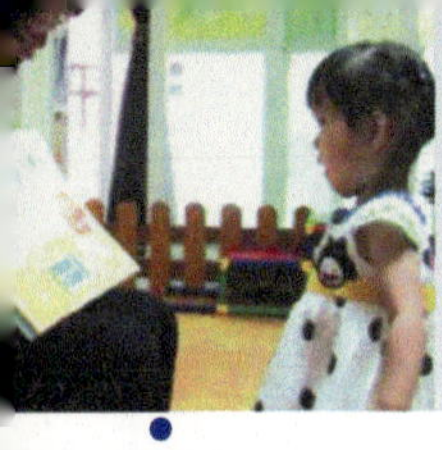

④ 상자 속 칸막이 윗단에는 양념통을 아랫단에는 그 색에 맞는 깔대기를 넣는다.

⑤ 상자 뚜껑 위에 제목을 써 넣는다.

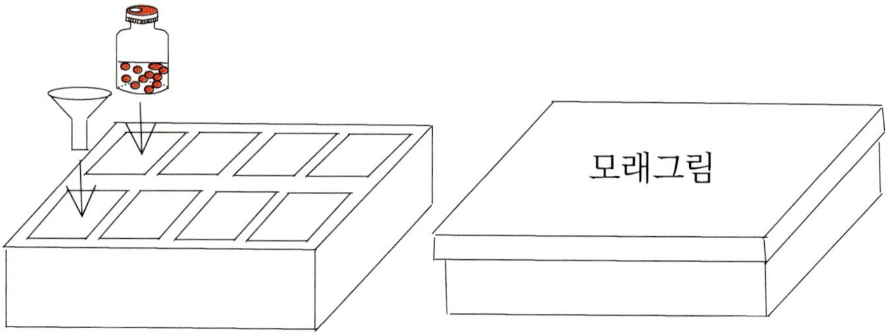

⑥ 모양틀 만들기

㉮ 도형-색종이 위에 ○, □, △, ♡를 그린 후 모양을 칼로 오려 낸 후 코팅한다.

㉯ 수-장판 뒤에 수를 쓴 후 칼로 오려 낸다(1~10까지).

㉰ 한글-장판 뒤에 글씨를 쓴 후 칼로 오려 낸다.

〈활용방법 1〉

① 도화지 위에 모양틀을 놓고 파여진 홈을 따라 풀칠을 한다.

② 원하는 색깔의 모래를 뿌린 후 손으로 눌러 준다.

③ 붙지 않고 남은 모래는 깔대기를 이용해서 양념통에 넣는다.

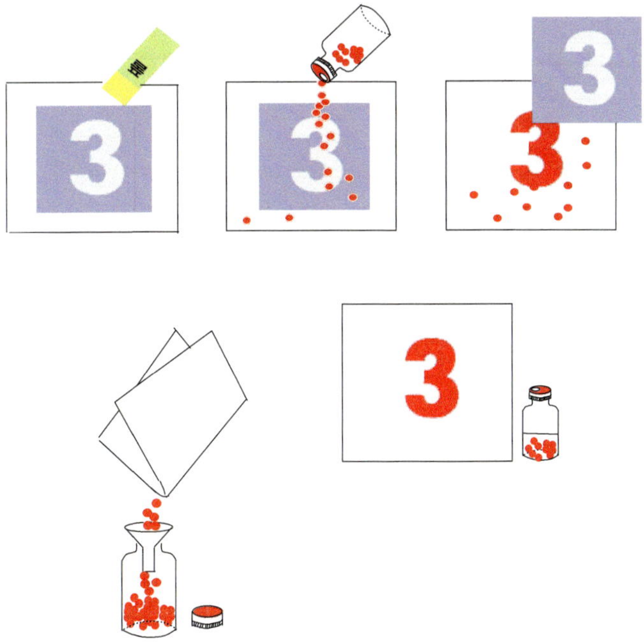

〈활용방법 2〉

① 도화지 위에 원하는 모양대로 양면 테이프를 잘라 붙인다.

② 양면 테이프 위에 원하는 색깔의 모래를 뿌린 후 손으로 눌러 준다.

③ 붙지 않고 남은 모래는 깔때기를 이용해서 양념통에 넣는다.

〈활용방법 3〉

① 도화지 전체에 양면 테이프를 붙인다.
② 네임펜으로 양면 테이프 위에 그림을 그린다.
③ 칼로 모양을 오려 낸 후 모래를 뿌리고 손으로 눌러 준다.
④ 남는 모래는 깔때기를 이용해서 양념통에 넣는다.
⑤ 이런 방법으로 전체를 모두 완성한다.

출처 : 임은숙(2004). 유아를 위한 창의적 교수매체, p. 245 수정 보완.

2) 크레파스 가루그림 그리기 용구 제작 및 활용

〈준비물〉

- 네모난 반찬통 6개, 전기인두, 전선, 스테인리스 망, 래커(빨강 · 파랑 · 녹색 · 노랑 · 갈색 · 흰색), 송곳, 전기 테이프

〈제작방법〉

① 반찬통의 뚜껑을 전기 인두를 이용하여 가운데 부분을 오려 낸다.

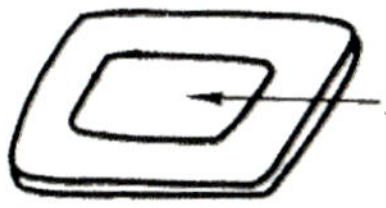

② 전기인두로 뚜껑의 남은 부분에 철망을 고정시킬 수 있게 구멍을 뚫는다.

③ 철망을 뚜껑 크기에 맞게 자르고 끝부분을 테이프로 싼다.

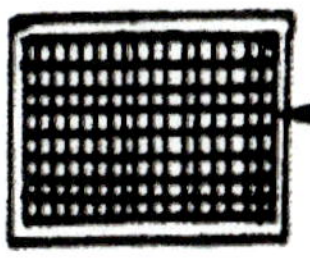

④ 통의 뚜껑과 철망을 송곳으로 구멍을 내서 전선으로 홈질하듯이 하여 고정시킨다.

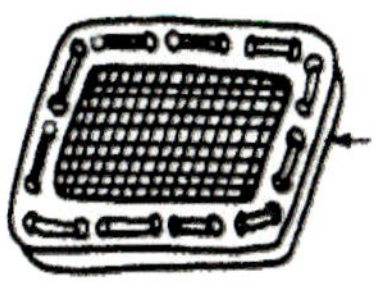

⑤ 뚜껑에 래커로 칠한다.

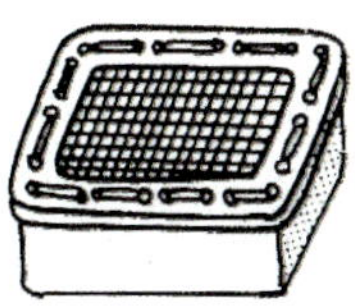

〈활용방법〉

① 망사부분에 크레파스를 대고 가루를 낸다.
② 크레파스 가루를 이용하여 번지기를 한다.
③ 양면 테이프 등으로 모양을 내어 크레파스 가루를 붙인 다음 다리미로 다린다.

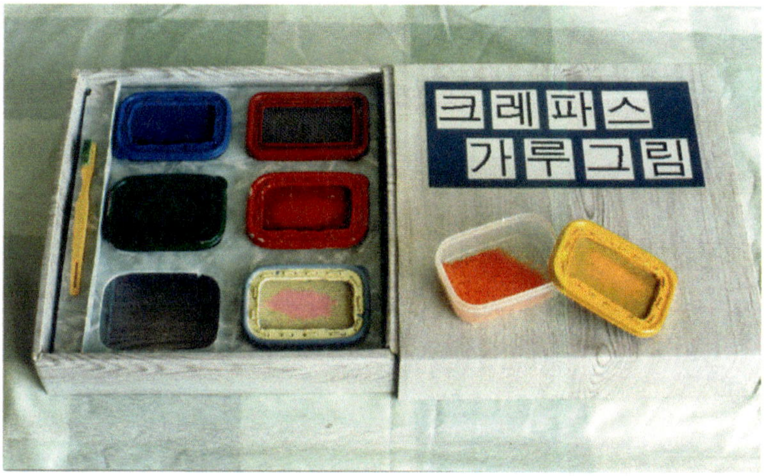

출처 : 임은숙(2004). 유아를 위한 창의적 교수매체, p. 249 수정 보완.

3) 크레파스 번지기그림 그리기 용구 제작 및 활용

〈준비물〉

- 두꺼운 도화지, 여러 가지 색의 시트지, 하드보드지, 셀로테이프, 양면 테이프, 솜, 색지, 크레파스, 한지, 와트만지, 골판지 물감

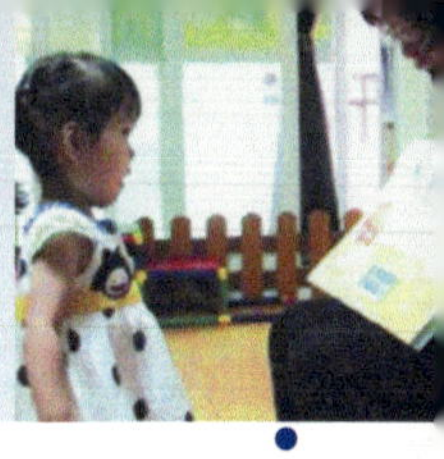

〈제작방법〉

① 두꺼운 도화지에 주제와 관련된 다양한 모양을 그려 오린다.

② 분류 및 정리를 위해 종류별로 색깔을 다르게 하여 시트지와 까슬이를 붙인다.

③ 모형의 중앙에 까실이를 붙이고(모형을 고정시킬 때 미끄러지는 것을 방지한다) 편하게 힘을 줄 수 있도록 육각기둥(2×2×9㎝)을 만들고 밑면에 보들이를 붙여 손잡이로 사용한다.

④ 크레파스를 문지른 후 손을 닦을 수 있도록 솜을 준비한다.

⑤ 칸막이 상자를 만들어 각 칸의 바닥 중앙에 모형 종류와 같은 색깔의 시트지를 붙여 정리할 수 있게 한다.

⑥ 두꺼운 도화지에 색지를 붙이고 투명시트지를 싸서 받침대를 만들어 크레파스를 칠할 때 책상에 묻지 않도록 하고 받침대 또한 번지기 모형처럼 크레파스가 묻었을 때 솜으로 닦아 사용할 수 있다.

〈활용방법〉

① 손잡이 기둥에 원하는 모양의 시트지를 골라 도화지 위에 놓고 모양의 가장자리에 크레파스로 윤곽을 그린다.

② 크레파스 윤곽선을 따라 안에서 밖으로 밀어내 후광이 비치는 것 같은 그림을 만든다.

출처 : 임은숙(2004). 유아를 위한 창의적 교수매체, p. 251 수정 보완.

4) 안개그림 그리기 용구 제작 및 활용

〈준비물〉

- 망사채 재료

  철망-구멍의 크기별로 준비

0.1mm 0.2mm 0.3mm

  하드보드지-4절지 6장, 색깔 압정, 시트지, 망치, 가위, 칼

- 그림 본 재료

  압축 스펀지, 색종이, 가위, 칼, 풀

- 활동할 때 재료

  칫솔, 도화지, 물감

〈제작방법〉

① 하드보드로 사각 프라이팬 모양의 틀을 오려 낸다.

② 시트지를 씌운다.

③ 망사를 모양에 맞게 자른다.

④ 압정을 이용하여 망사를 고정시킨다.

⑤ 뒷면으로 나온 압정의 뾰족한 부분을 망치로 구부린다.

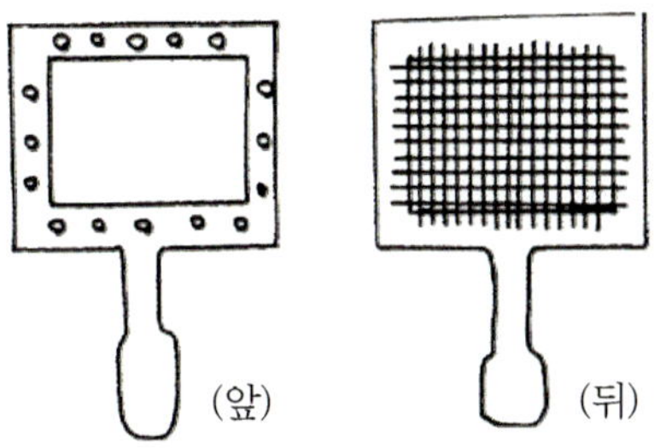

⑥ 채의 뒷부분에, 같은 색 시트지를 붙인 모양을 붙인다.

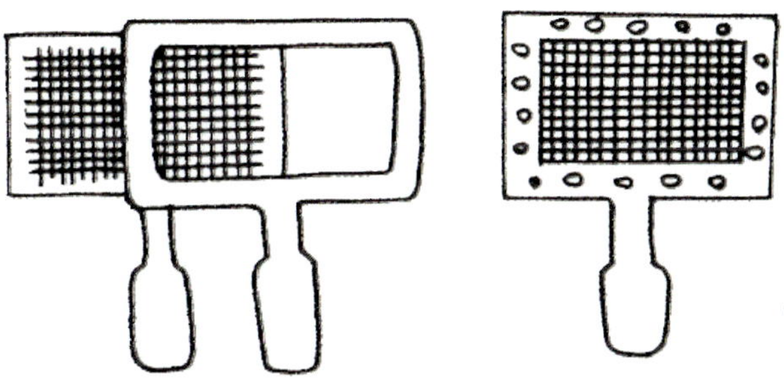

(망사 구멍의 크기별로 제작)

⑥ 그림본 만들기

안개 그림본은 단원의 주제에 맞게 색종이로 코팅하거나 압축 스펀지를 이용해 제작한다.

〈활용방법〉

① 도화지 위에 여러 가지 그림본을 사용해 구성한다.

② 물감을 풀어 놓는다.

③ 칫솔에 물감을 묻혀 도화지 위에서 망사 위에 칠한다.

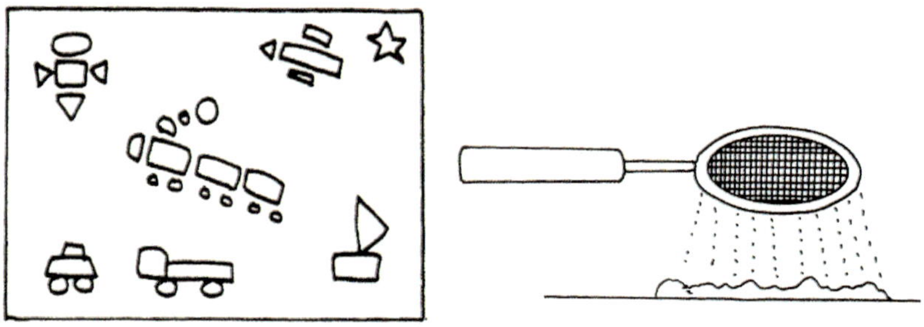

출처 : 임은숙(2004). 유아를 위한 창의적 교수매체, p. 253 수정 보완.

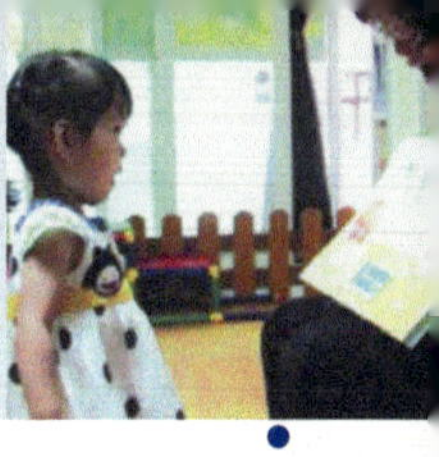

5) 롤러그림 그리기 용구 제작 및 활용

〈준비물〉

- 하드보드지, 시트지, 압축 스펀지
- 롤러(옷의 먼지를 떼기 위해 접착지가 장착된 롤러)
- 다양한 굵기의 실

〈제작방법〉

- 롤러 프린트 견본 만들기

① 압축 스펀지를 적당 크기로 자른다.

② 압축 스펀지에 같은 간격으로 무늬를 새긴다.

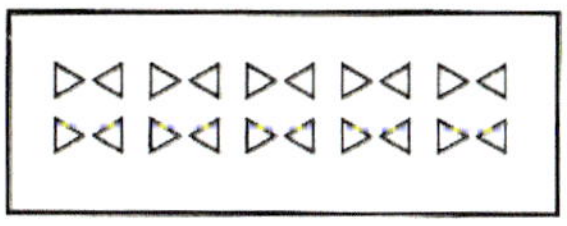

③ 끝 부분을 본드를 이용하여 붙인다.

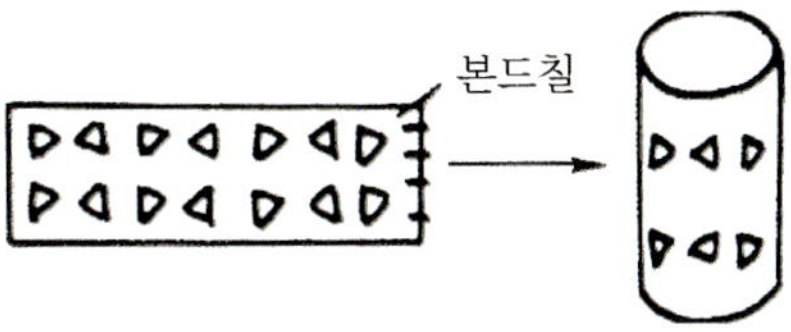

④ 다양한 무늬의 견본을 만든다.

• 보관상자를 만들어 보관한다.

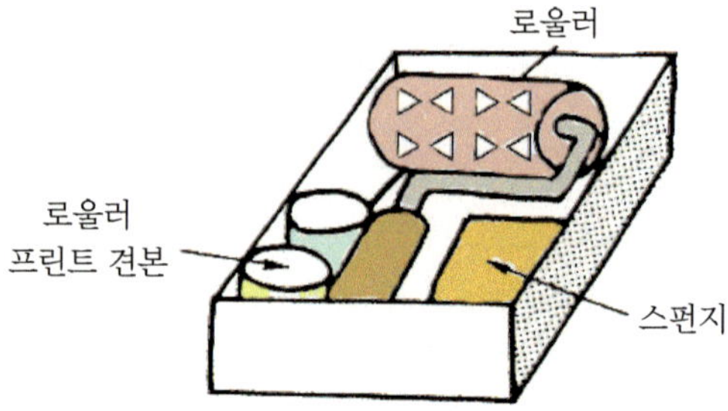

〈활용방법 1〉

① 롤러 접착지에 실을 감아 롤러 그림을 그린다.
② 스펀지에 물감을 닦아낸다.
③ 실을 바꿔 준다.

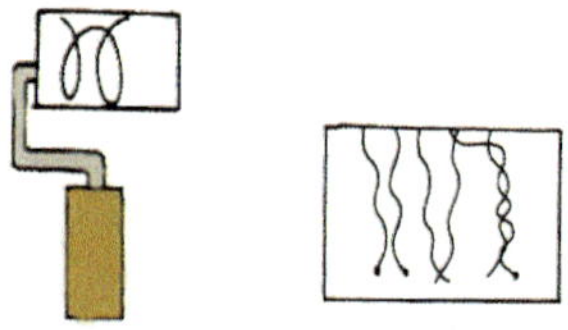

〈활용방법 2〉

① 접착지가 있는 원래의 통을 롤러에서 분리한다.

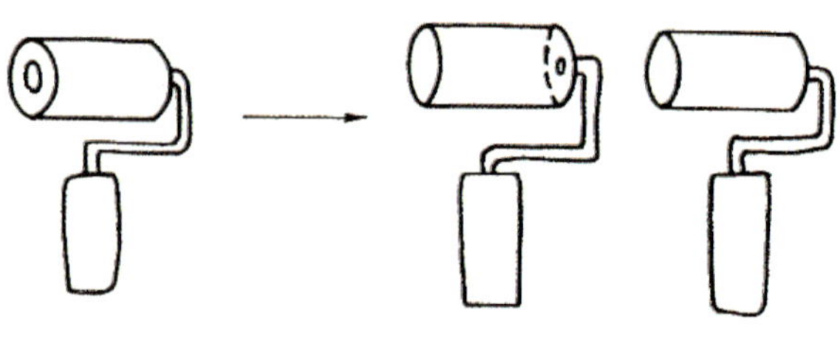

② 롤러 프린트 견본을 분리된 롤러에 끼워 그린다.

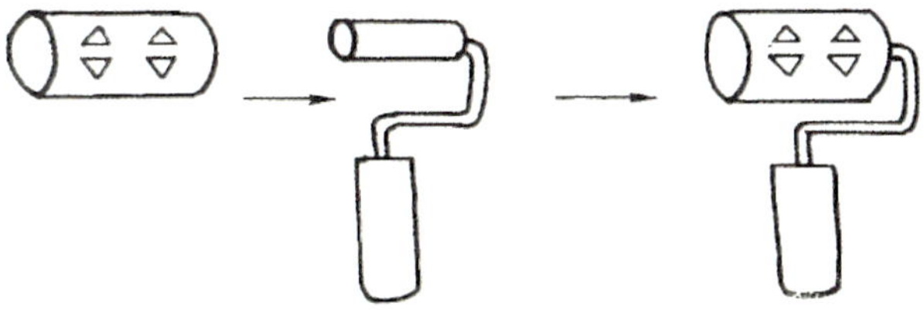

출처 : 임은숙(2004). 유아를 위한 창의적 교수매체, p. 256 수정 보완.

6) 팽이그림 그리기 용구 제작 및 활용

〈준비물〉

- 스티로폼 공, 플라스틱 통, 본드, 할핀, 하드보드지, 시트지, 물감, 래커

〈제작방법〉

① 스티로폼을 팽이 모양으로 자른다.

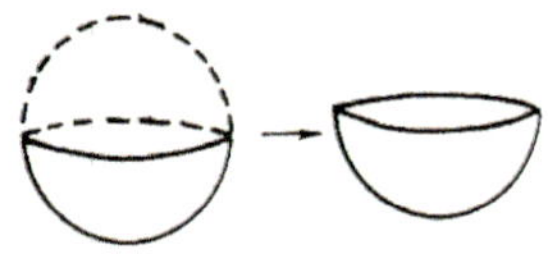

② ①을 플라스틱 통 뚜껑에 스티로폼용 본드로 붙인다.

③ 팽이 아랫부분에 팽이가 잘 돌 수 있도록 할핀을 꽂는다.

④ 플라스틱 통에 래커로 물감을 풀 수 있을 정도까지 선을 칠해 준다.
⑤ 하드보드지로 보관 상자를 만들어서 시트지로 씌운다.

〈활용방법〉

① 팽이 보관용 플라스틱 통에 물감을 풀어 준다.
② 상자 안에 도화지를 준비해 준다.
③ 팽이를 돌려서 그림을 완성시킨다.

출처 : 임은숙(2004).유아를 위한 창의적 교수매체, p. 259 수정 보완.

7) 구슬그림 그리기 용구 제작 및 활용

〈준비물〉

- 참치 캔(뚜껑이 있는 것), 플라스틱 숟가락 6개, 구슬

〈제작방법〉

① 참치 캔의 옆면과 뚜껑을 같은 색으로 하여 3개 준비한다(용도 : 물감통).
② 여러 가지 종류의 구슬을 준비하고 구술통을 마련하여 놓는다.

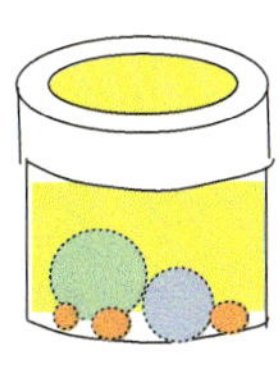

③ 플라스틱 숟가락에 드릴이나 전기인두를 이용해 구멍을 낸 후 래커를 칠한다.

비고 : 숟가락에 구멍을 뚫어 물감통에서 필요 이상의 물감이 구슬과 함께 도화지 위에 떨어지는 것을 방지한다. 화채스푼을 구입하여 사용할 수 있다.

④ 보관상자를 만든다.

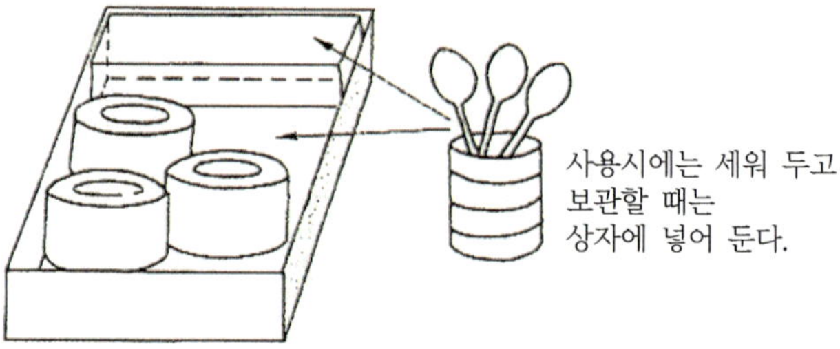

〈활용방법〉

① 덮개로 사용되었던 상자와 밑상자에 종이(16절지)를 깐다.
② 색깔별로 표시된 숟가락으로 그 색깔에 맞는 물감이 들어 있는 깡통에서 구슬에 물감을 묻힌다.
③ 물감을 묻힌 구슬을 미리 준비한 종이에(상자) 넣고 상자를 흔들어 구슬그림을 그린다.
④ 작업 후 구슬을 숟가락으로 꺼내어 구슬통에 넣는다.

출처 : 임은숙(2004). 유아를 위한 창의적 교수매체, p. 261 수정 보완.

8) 거품그림 그리기 용구 제작 및 활용

〈준비물〉

• PET병 3개, 빨대 3개, 빨대 넣는 통 3개, 찍찍이

〈제작방법〉

① PET병을 일정한 길이로 자른다.

② 빨대 넣을 구멍을 뚫는다.

※ 빨대 구멍을 옆으로 뚫어 준 이유 -위에서 거품을 불면 유아들의 얼굴에 거품이 묻을 수도 있으므로 이를 방지하기 위해 빨대 구멍을 옆으로 뚫어 준다.

③ 빨대 넣을 통을 PET병 옆면에 부착시킨다.

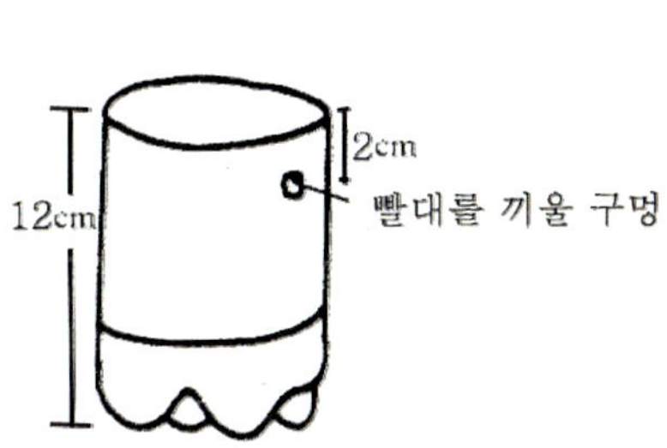

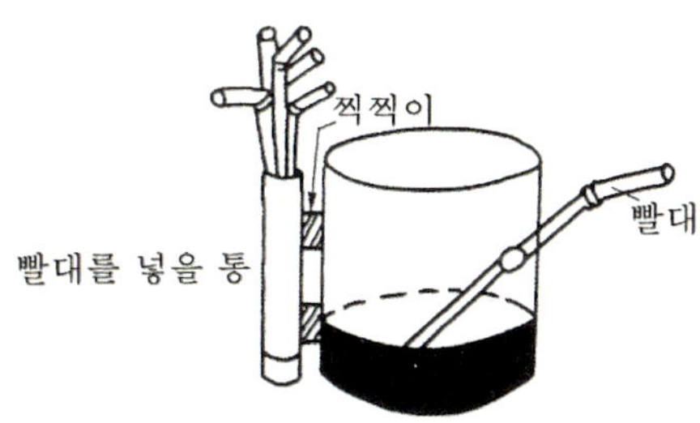

④ PET병과 빨대를 넣을 보관상자를 만든다.

〈활용방법〉

① 빨대를 옆에 뚫어놓은 구멍에 넣고 입으로 불어 PET병 위로 거품이 올라오게 한다.

② 도화지를 거품 위로 덮어 거품이 도화지 위에 묻어나게 한다.

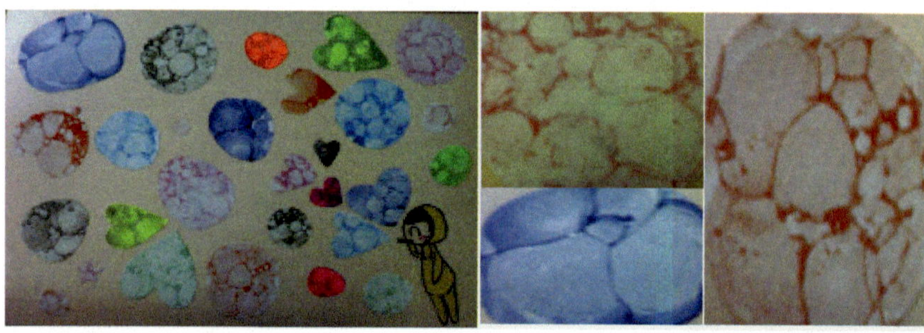

출처 : 임은숙(2004).유아를 위한 창의적 교수매체, p. 263 수정 보완.

4. 동시전달을 위한 교수매체

1) 별

〈준비물〉

- 하드보드지, 투명시트지, 셀로테이프, 동시 내용, 동시그림판

〈제작방법〉

• 동시그림판

① 원하는 크기로 하드보드지(4장)를 잘라 그림을 그린 후 각각 투명시트지로 싼다.

② ①의 그림을 연결한다.

별

정해왕

별과 친구가 되고 싶어요.
점프를 해서……
닿지 않네.
좋아 사다리를 타고
그래도 닿지 않네.
됐다, 별이 내려와서
악수해 주었대요.

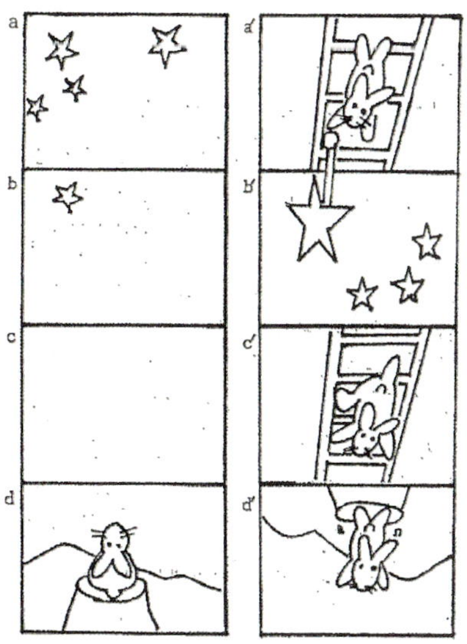

앞면 뒷면

〈활동방법〉

① 동시그림판 앞면 전체를 보여주면서 1행을 읽는다.

② 앞면의 d면을 접어 올려서 앞면의 a, b 그리고 뒷면의 d'면을 보여주면서 2, 3행을 읽는다.

③ 다시 한 단을 접어 올려 a와 c'를 보여주며 4, 5행을 읽는다.

④ 두 단을 뒤집어 a'와 b'를 보여주며 6, 7행을 읽는다.

출처 : 임은숙(2004). 유아를 위한 창의적 교수매체, p. 149 수정 보완.

2) 빗방울

빗방울

윤석중

구름이 끼더니 빗방울이
후두둑 후두둑 떨어지네

연못 속의 연꽃들
우산 없어 어쩌나

지붕 위에 흰 박들
비옷 없어 어쩌나

출처 : 윤석중(2006). 달 따러 가자

〈준비물〉

- 원형수조 동시교구 3개(원형수조 3개, EVA, 낚싯줄)
- 동시판(칼라 A4용지, 하드보드지, 고리)

〈제작방법〉

- 원형수조 동시교구

① EVA로 물 속에 넣을 배경(박, 연꽃, 초가집, 구름)을 만들어 낚싯줄에 연결한다.

② ①을 붙인 뚜껑을 물이 담긴 3개의 원형수조 위에 덮는다.

③ 뚜껑에 뽕뽕이를 붙인다.

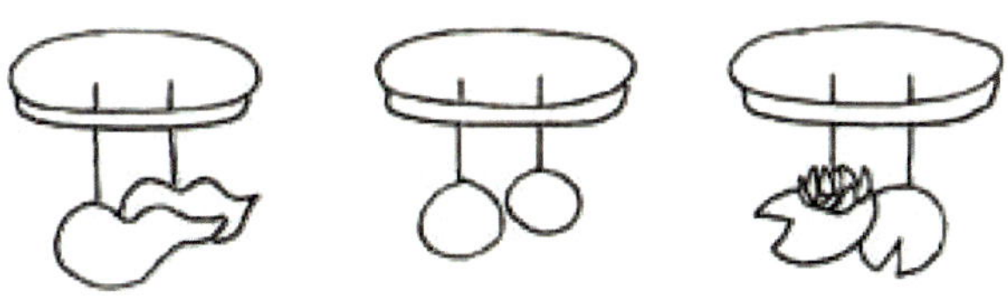

- 동시판

① 각 연을 3가지 색의 칼라용지에 인쇄하여 코팅한다.

② 삼각대를 만들어 동시를 고리에 연결한 후 한 장씩 넘길 수 있게 한다.

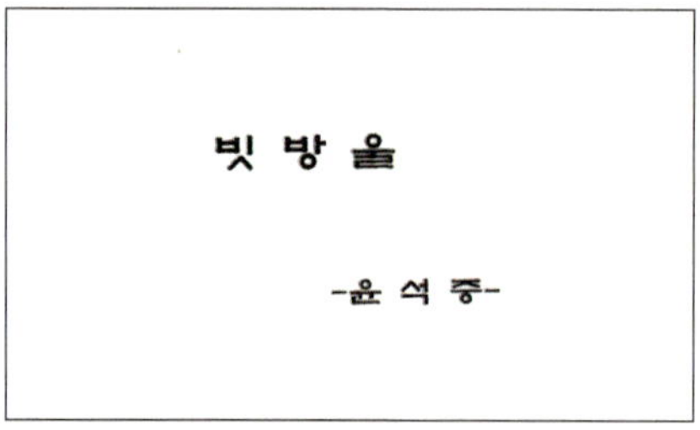

〈활용방법〉

① 원형수조 교구 뚜껑을 열어 교구 뒤에 놓아 제시한다.

② 각 연에 맞는 뚜껑을 닫고 흔들면서 동시를 읊는다.

출처 : 임은숙(2004). 유아를 위한 창의적 교수매체, p. 152 수정 보완.

3) 동물흉내 (동요동시)

동물흉내

외국곡

오리는 꽥꽥
오리는 꽥꽥
염소 음메
염소 음메
돼지는 꿀꿀
돼지는 꿀꿀
소는 음머
소는 음머

〈준비물〉

- 동물판 상자(4절 하드보드지 2장, 분홍색 시트지 1½마)
- 동물판(스티로폼 A3 크기 1장, 분홍색 시트지 1마, 빨대 4개, 코르크 마개 8개, 본드)
- 동요동시판(4절 하드보드지 1장, 칼라 A3 용지 2장)

〈제작방법〉

- 동물판 상자

① 하드보드지로 윗면이 없는 상자를 만든다(15.5×37×10㎝).

② 상자 위에 서랍식으로 된 수납상자를 만든다(14×4×10㎝).

③ 상자 양 옆에 빨대가 들어갈 구멍을 4개씩 뚫는다.

- 동물판

① 스티로폼 8개를 자른다(6.5×6.5㎝).

② 스티로폼 가운데 빨대를 넣고 스티로폼 두 개를 붙인다.

③ 상자 옆면 구멍에 막대를 붙인 동물판을 끼운다.

④ 동물판을 끼운 양쪽 끝을 코르크 마개로 고정시킨다.

⑤ 동물판 앞면에는 동물 그림, 뒷면에는 동물의 울음소리를 붙인다.

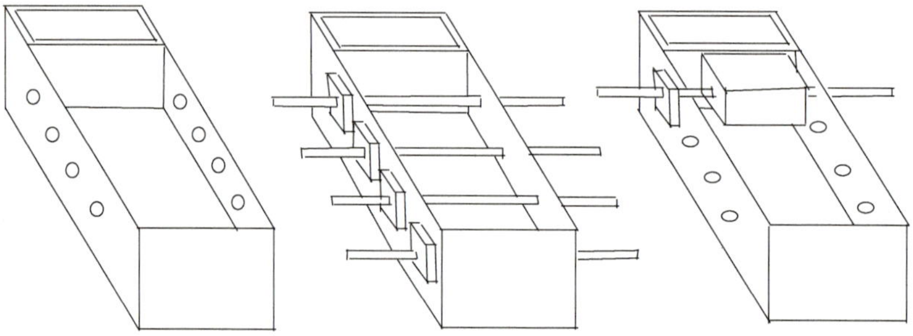

• 동요동시판

① 칼라 A3 용지에 동요동시판을 출력한다.

② 하드보드지에 출력한 동요, 동시를 붙인다.

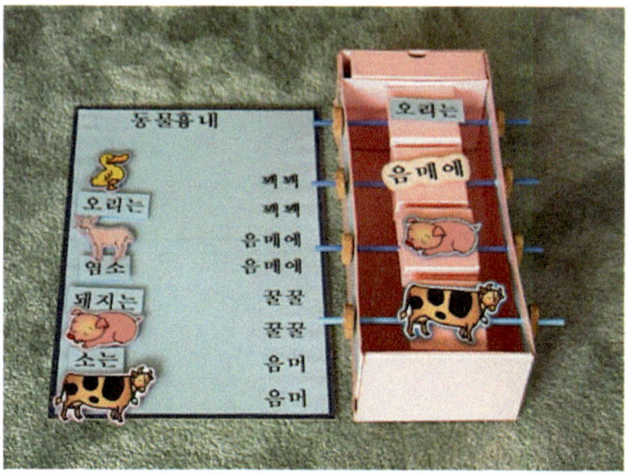

〈활용방법〉

① 동요동시판을 보여주어 동시를 알게 한다.

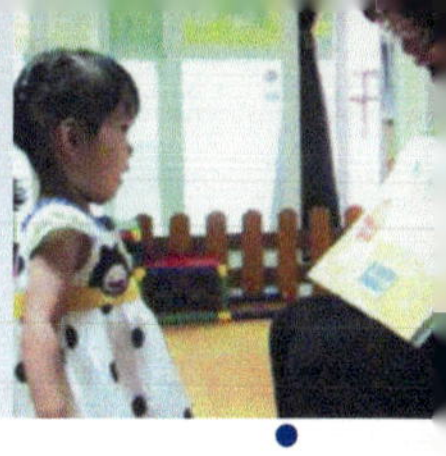

② 동요에 맞추어 막대를 돌려 앞, 뒤로 돌아가게 한다.
③ 동물들의 울음소리를 유아들이 직접 내어 보게 한다.
④ 동물판 카드를 교체하여 다양한 동물의 울음소리를 안다.

출처 : 임은숙(2004). 유아를 위한 창의적 교수매체, p. 156 수정 보완.

5. 흥미영역 구성을 위한 교수매체 제작

1) 언어영역

(1) 거울로 보고 읽어요

〈목표〉

- 좌우가 반대로 보이는 거울을 통해 본 글씨를 읽는다.
- 그림의 반쪽이 거울과 만나 하나의 그림이 되는 것을 안다.

〈준비물〉

- 하드보드지, 아세테이트지, 거울

〈제작방법〉

① 한쪽에 글씨나 그림카드를 넣을 포켓과 다른 쪽에 거울을 붙인 판을 만든다.
② 동물이나 사물의 반쪽그림 밑에 좌우가 바뀐 글씨를 쓴 카드를 만든다.

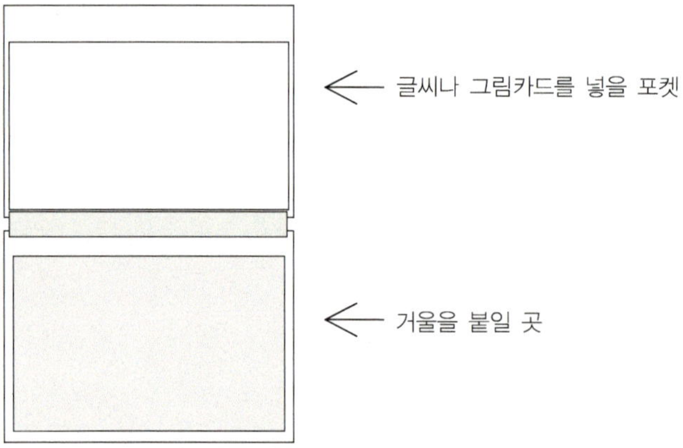

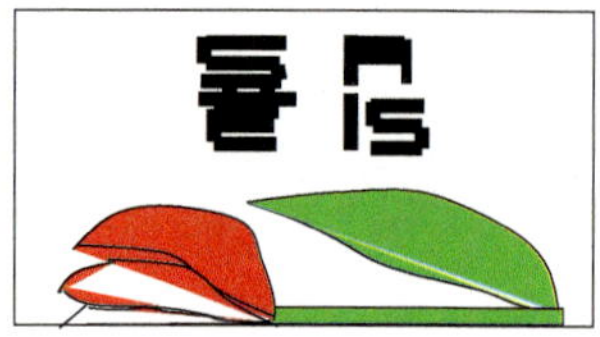

카드 : 포켓에 넣는다.

〈활동방법〉

① 겉장을 연다
② 카드를 꺼낸다.
③ 카드 중 한 장을 선택하여 겉장의 주머니에 꽂는다.
④ 겉장의 거울과 직각이 되게 세운다.
⑤ 거울로 비친 그림과 글자를 본다
⑥ 카드를 끼워 읽어 본다.
⑦ 주머니에 넣어 정리한다.

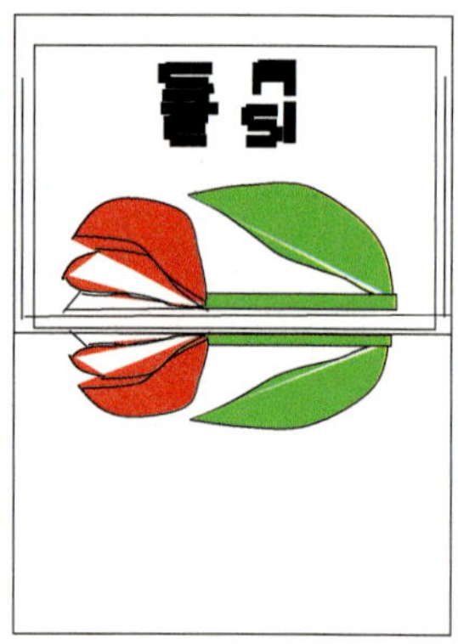

(2) 집으로 가는 길

〈목표〉

- 단어와 음절수와의 관계를 안다.
- 음절 수만큼 말을 이동시킬 수 있다.

〈준비물〉

- 하드보드지, 색지, 와트만지, 시트지, 코팅지, OHP 필름, 매직믹스, 양면테이프, 찍찍이

〈제작방법〉

- 게임판 제작

① 하드보드지에 게임판 모양을 그려 넣는다.

② 게임판으로 상자를 덮어 씌울 수 있게 3부분으로 자른 후 셀로테이프를 붙인다.

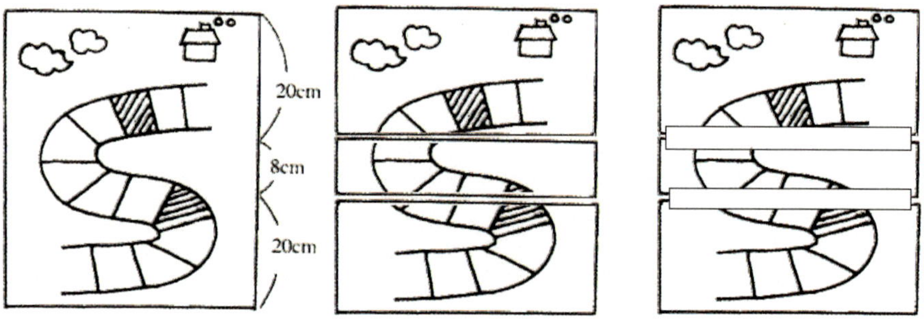

③ 게임판 앞면은 코팅지로 뒷면은 시트지로 싼다.

④ 깃발을 만든다.

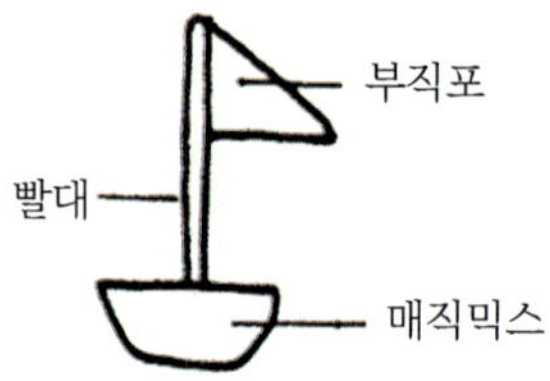

- 상자제작(큰 상자와 말이나 카드를 넣을 작은 상자)

큰 상자　30×20×5㎝

작은 상자 1　7.2×19.5×7.5㎝

작은 상자 2　14×19.5×7.5㎝

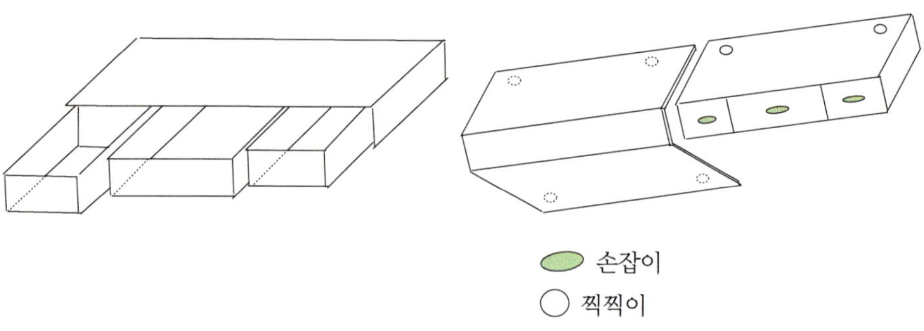

③ 카드상자 5개와 상벌카드 상자 1개를 만든다.

④ 언어카드를 만든다.

앞면에는 그림과 단어의 음절수와 같은 수의 동그라미를 표시한다.

뒷면에는 단어를 써 넣는다.

⑤ 상벌카드를 만든다(-1, 0, +1, +2 등을 써 넣는다).

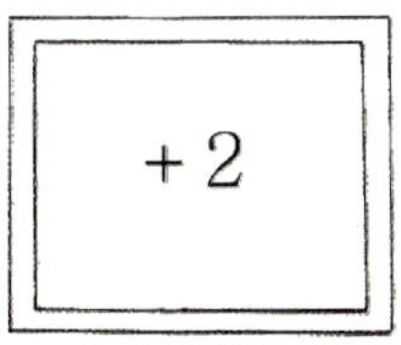

⑥ 언어카드에 있는 그림을 매직믹스로 만들어 삶는다.

⑦ 상자와 게임판을 찍찍이로 한 면을 부착한다.

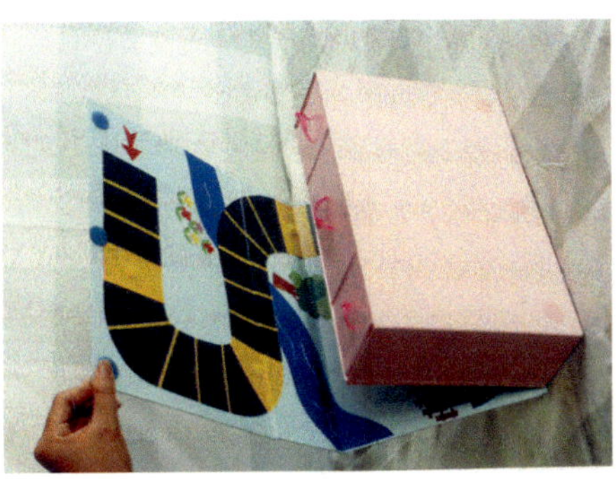

〈활용방법〉

① 게임판을 펴고 서랍 안에서 깃발, 말, 상벌카드, 카드상자를 꺼낸다.
② 게임판에 깃발을 세운다.
③ 가위 · 바위 · 보를 하여 이긴 유아가 먼저 카드상자 6개 중 하나를 선택한다.
④ 선택한 카드상자 안에 든 물건을 꺼내 보고 읽는다.
⑤ 몇 글자인가를 카드를 꺼내 확인하고 그 수만큼 말을 앞으로 간다.
⑥ 깃발이 세워진 칸에 오면 상벌카드 한 장을 선택할 수 있다.
⑦ 상벌카드에 제시된 수만큼 앞뒤로 이동한다(-1, -2, -3, 1, 2, 3).
⑧ 먼저 집에 도착하는 유아가 이긴다.

출처 : 임은숙(1995). 유치원교육을 위한 창의적 교수매체, p. 195 수정 보완.

2) 과학영역

(1) 별자리 보기

〈목표〉

- 어둠상자 속으로 비친 별자리와 별자리 모양을 알 수 있다.
- 별자리의 이름과 모양을 안다.

〈준비물〉

- 검은색 하드보드지, OHP 필름, 송곳펀치, 셀로테이프

〈제작방법〉

- 별자리 상자

① 검은색 하드보드지에 오른쪽의 그림과 같이 전개도를 그리고 회색부분은 잘라 낸 후 조립하고 시트지로 싼다.

② 구멍을 뚫어 놓은 곳 중에 6.5×6.5㎝인 부분은 OHP 필름을 8×8㎝로 잘라 안쪽에서 붙인다.

③ 뚜껑이 되는 부분의 끝 부분에 찍찍이를 붙여 뚜껑이 잘 닫히도록 한다.

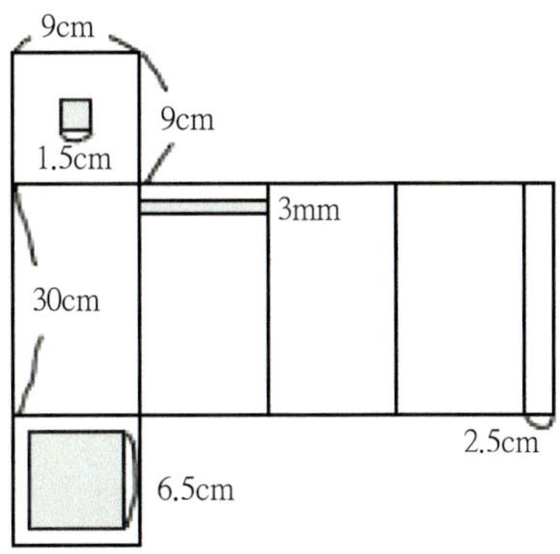

• 별자리상자 변형

① 별자리가 2배로 보이도록 배율을 맞추어 별자리를 보는 구멍 쪽에 오목렌즈를 고정시키고 오목렌즈와 약 7㎝ 떨어진 곳에 볼록렌즈를 상자 안에 고정시킨다.

② 셀로판지와 별자리 모양을 갈아 끼울 수 있도록 구멍을 낸다.

③ 셀로판지는 빨강색과 녹색을 코팅해서 마운트에 끼운다.

④ 별자리 모양을 색습자지(어두운색) 위에 빨강색과 녹색 펜으로 서로 다른 별자리를 그린 뒤 마운트의 크기에 맞게 코팅하여 끼운다.

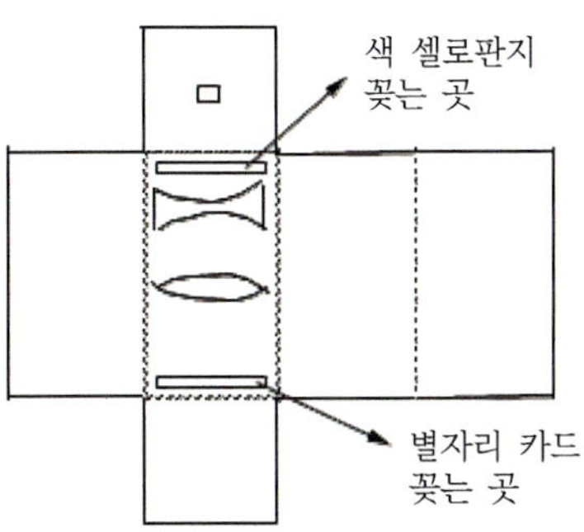

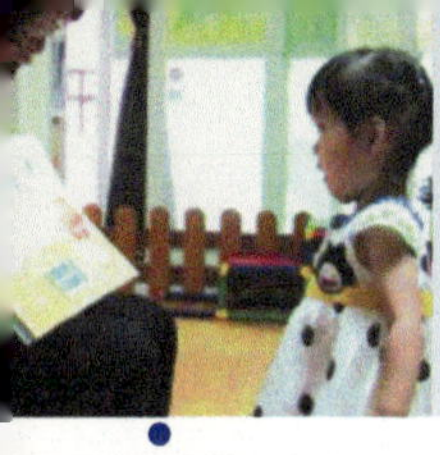

• 카드

① 검은색 하드보드지(8.5×12㎝)의 카드를 만들고 밑쪽에는 별자리 그림을 붙이고 위쪽에는 이름을 적는다.

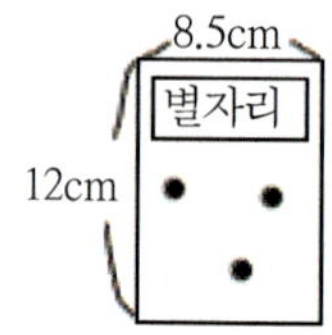

② 뒤쪽에는 -2부터 3까지의 숫자 중 하나를 적는다.

③ 그리고 또 다른 카드(8.5×12㎝)를 만들고 위에서 만든 별자리와 같은 별자리 위치에 송곳펀치로 구멍을 뚫고 그 위에는 별자리 이름을 붙인다.

④ 이런 카드를 각각 5장 이상씩 만든다.

• 게임판

① 게임판은 검은색 하드보드지(28×54㎝)를 자른다.

② 게임판을 출발부터 도착까지 우주처럼 꾸미고 세로 부분을 9㎝씩 잘라 나눈다.

③ 각각 투명 시트지로 싸고 부채모양으로 접히도록 테이프로 붙인다.

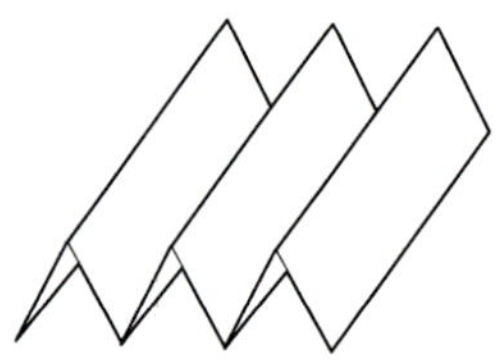

〈활동방법〉

① 상자를 열어 게임판을 꺼내어 펼치고, 구멍이 뚫린 카드는 게임판 옆에 펼쳐 놓고 그렇지 않은 카드는 쌓아 놓는다.

② 가위 · 바위 · 보를 해서 순서를 정한다.

③ 구멍이 뚫린 카드를 맨 위에 있는 것부터 순서대로 한 장씩 어둠상자의 홈에 끼워 넣는다.

④ 어둠상자를 들어 밝은 곳을 향해 본다.

⑤ 어둠상자를 통해 보이는 별자리를 옆에 펼쳐 놓은 카드에서 찾아 뒤를 뒤집

어 보고 적혀 있는 숫자만큼 말을 옮긴다.

⑥ 구멍이 뚫린 카드를 다시 꺼내어 다른 카드와 섞어 놓는다.

⑦ 도착지점에 먼저 도착한 유아가 이긴다.

출처 : 임은숙 외(2008). 교과교육론, p. 194 수정 보완.

(2) 무게 추 끌어올리기

〈목표〉

• 수가 커짐에 따라 추의 무게가 무거워지는 것을 느낄 수 있다.

〈준비물〉

• 쇠구슬을 넣은 무게 추(폭죽 빈 통 색깔별로 6개), 낚싯줄, 하드보드지, OHP 필름, 필름통, 시트지

〈제작방법〉

① 하드보드지를 이용하여 여섯 칸으로 나눠진 육각기둥을 만든 후 겉면을 여섯 가지 색 시트지로 싼다.

② 육각 기둥의 옆면을 잘라 내고 투명한 코팅지나 OHP 필름을 붙여서 안이 보이도록 한다.

③ 육각기둥의 아래 면과 위 면을 만들어 아래 면을 고정시키고 윗면에는 각 칸에 맞게 6개의 구멍을 뚫는다.

④ 낚싯줄에 색깔별로 각각 6, 5, 4, 3, 2, 1개의 폭죽을 달면서 쇠구슬을 넣어 무게 추를 만든다.

⑤ 육각기둥 안에 각각 넣고 윗면에 뚫린 구멍으로 낚싯줄을 뺀다.

⑥ 필름통을 이용하여 무게 추를 끌어올릴 손잡이를 만든다.

⑦ 필름통과 낚싯줄을 연결하고 뚜껑을 육각기둥에 고정시킨다.

⑧ 숫자 1~6을 무게 추의 개수에 맞게 붙여 준다.

〈활동방법〉

① 끌어당기고자 하는 부분을 자기 앞으로 오게 한다.
② 필름통 손잡이를 잡고 무게 추를 들어올리면서 무게를 비교해 본다.
③ 들어올린 무게추의 수를 세어 보고 숫자카드를 찾아 붙여 본다.

출처 : 임은숙 외(2008). 교과교육론, p. 199 수정 보완.

(3) 우주 여행

〈목표〉

- 달의 모양 변화를 안다.
- 행성의 이름을 안다.

〈준비물〉

- 하드보드지, 함석판, 자석, 색상지, 시트지, 매직믹스, 찍찍이, 스티로폼 공

〈제작방법〉

- 게임판

① 하드보드지를 정삼각형으로 잘라 간격을 두어 테이프를 붙인 후 검정색 시트지를 씌우고 찍찍이를 붙인다(뒷면).
② 세워지는 3면(분홍색부분)에 함석판을 붙인 후 흰색 시트지를 씌운다(앞면).

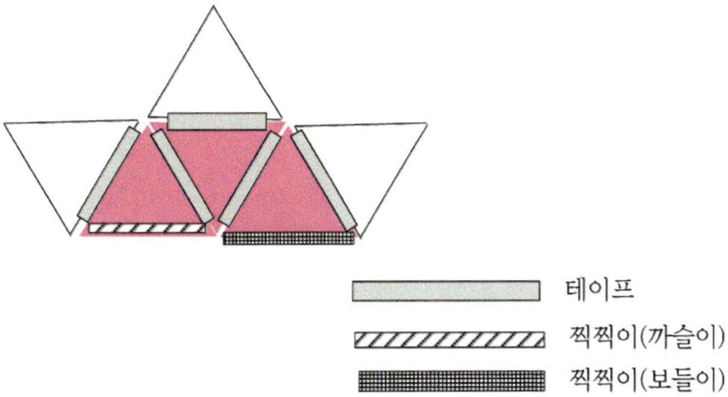

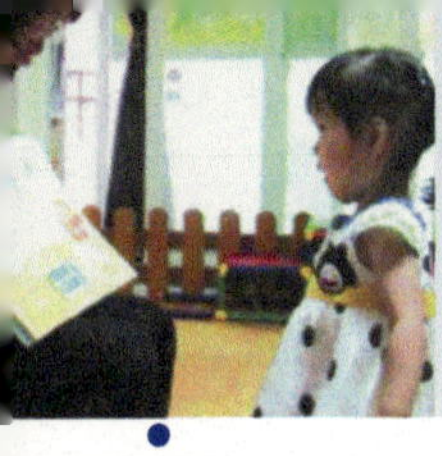

③ 3면을 행성, 별, 달로 나누어 게임판을 만든다(시트지 사용).

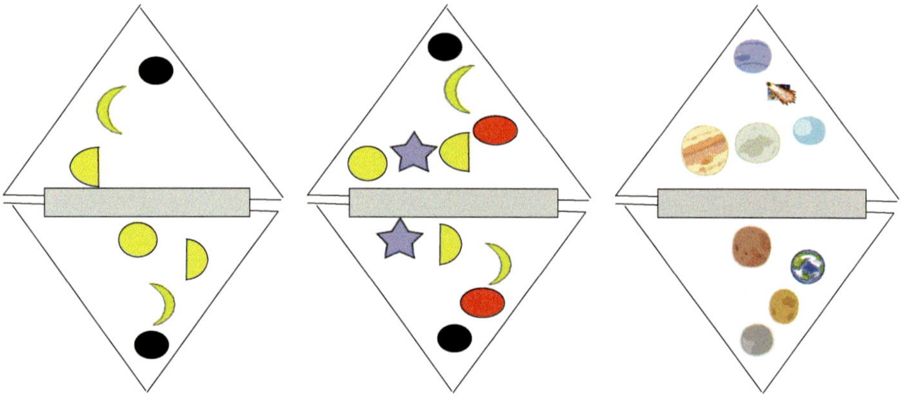

④ 뒷면에는 교재용으로 사용할 수 있도록 행성, 별자리, 달의 변화를 제시해 준다.

- 말(로켓, 깃발)

① 3가지 색깔의 매직믹스로 로켓 모양을 만들고 밑에 자석을 붙인다.

② 3가지 색깔의 깃발을 코팅하여 이쑤시개에 붙인다.

• 주사위

한 변이 7cm인 삼각뿔을 만들고 4면에 4가지 색(빨강, 파랑, 노랑, 초록)을 코팅하여 붙인다.

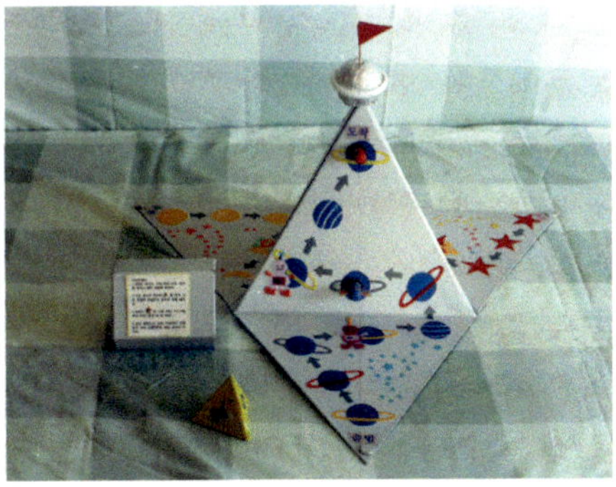

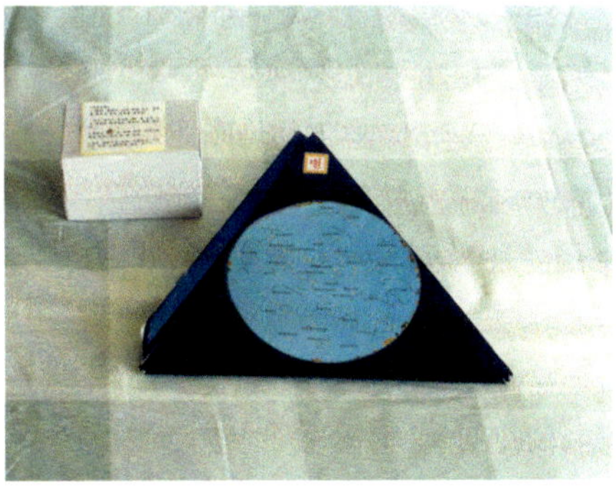

〈활용방법〉

① 3명의 유아가 가위 · 바위 · 보로 순서를 정하고 말의 색깔을 정한다.
② 이긴 유아가 주사위를 던진 후 나온 색깔에 해당되는 유아가 말을 옮긴다.
③ 외계인에 가게 되면 지시사항대로 한다(꽝-한번 쉰다).
④ 같은 방법으로 노착시점까지 도달하여 먼저 깃발을 꽂는 유아가 이긴다.

비고 : 추후활동–교사가 게임판 뒷면에 있는 달의 변화, 행성의 순서, 별자리 등을 설명해 줄 수 있다. 삼면에서 세 유아가 각자 자기 말을 움직일 수도 있고 삼면 중에서 한 면만 선택하여 말을 움직일 수도 있다.

출처 : 임은숙(2004). 유아를 위한 창의적 교수매체, p. 227 수정 보완.

(4) 굴러가는 구슬

〈목표〉

• 경사면의 변화에 따른 구슬의 움직임과 그 성질을 이해할 수 있다.

• 물이 위에서 아래로 흐른다는 것을 안다.

〈준비물〉

• 압축 스펀지(E.V.A), 빈 상자, 색깔 구슬, OHP 필름, PET병, 하드보드지, 플라스틱으로 만들어진 달력 쫄대

〈제작방법〉

① 압축 스펀지 4장을 겹쳐서 구슬이 굴러갈 수 있는 길 2개를 만든다.
② 길을 낸 압축 스펀지에 수문(7개)을 만들어 끼운다.

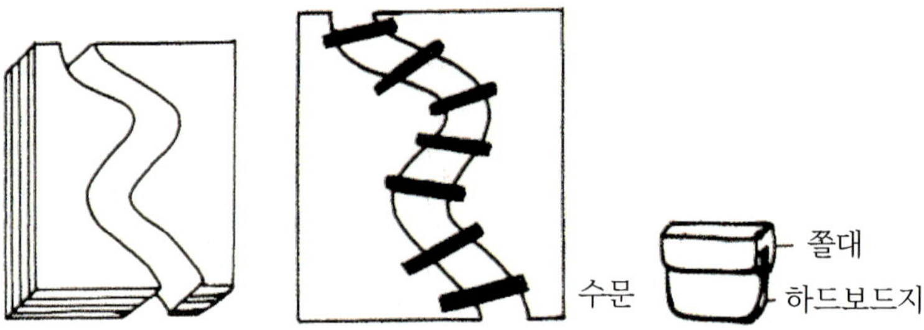

③ OHP 필름에 배경 그림을 그려 압축 스펀지 위에 붙인다(배경 그림은 교체 가능하게 한다).
④ 빈 상자곽을 이용하여 직각삼각형 모양의 받침틀을 만든다.
⑤ OHP 필름을 붙인 압축 스펀지를 상자 앞면에 붙인다(그림 1).
⑥ PET병 입구를 잘라 구슬을 담을 깔대기를 만든다.
⑦ 구슬이 걸릴 경우, 섞어 줄 수 있는 막대를 꽂아 준다.
⑧ PET병을 길 입구에 부착시킨다(그림 2).

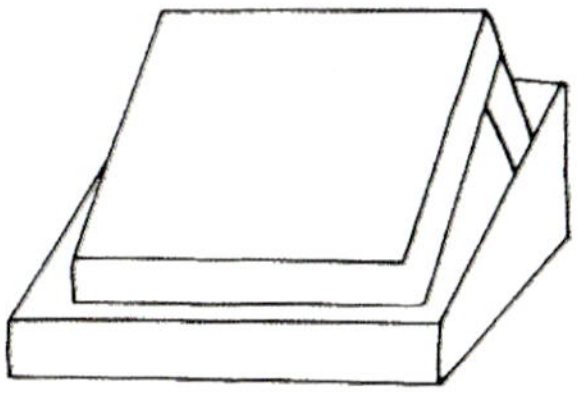

그림 1

그림 2

⑨ 삼각뿔 주사위에 공사와 관계있는 그림(온전한 삽)과 관계가 없는 그림(부서진 삽)을 그려 붙인다.

〈활용방법〉

① 가위 · 바위 · 보로 순서를 정한다.
② 이긴 유아가 주사위를 던져, 공사와 관계있는 그림이 나오면 수문을 한 개씩 열고, 관계없는 그림이 나오면 열지 못한다.
③ 수문을 다 열어 구슬로 물줄기를 연결한 유아가 이긴다.

출처 : 임은숙(1995). 유치원교육을 위한 창의적 교수매체, p. 120 수정 보완.

(5) 날아요 날아

〈목표〉

- 스프링의 탄성에 의해 생기는 힘의 크기를 알 수 있다.

〈준비물〉

- 하드보드지, 철사, 테이프, 부직포, 빨대, 압축 스펀지, 빨래집게(손잡이에 구멍이 있는 것)

〈제작방법〉

- 상자

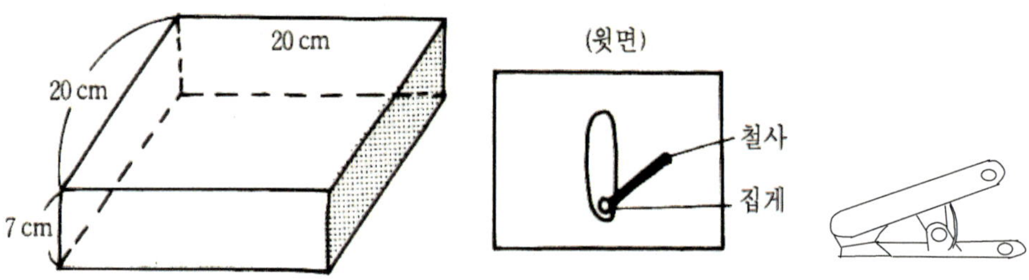

① 직육면체를 만든 후 윗면에 구멍을 내서 철사를 꽂고 내부에서는 지점토로 고정시킨다(이때 윗면에 집게를 같이 붙인다).
② 철사의 방향을 앞으로 45° 기울여 놓는다.
③ 집게, 철사, 상자가 움직이지 않도록 단단히 고정시킨다.

• 보관용 상자

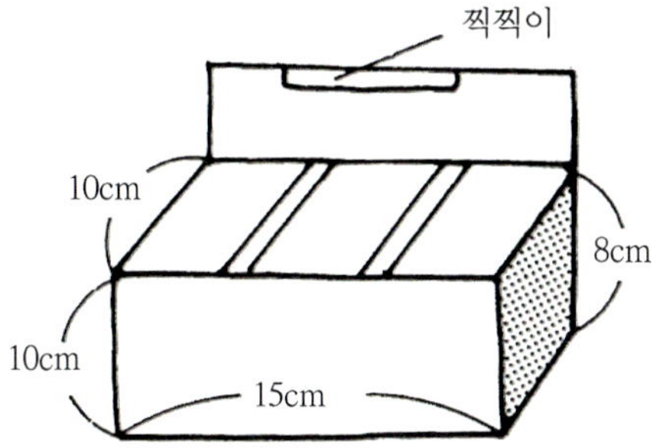

① 상자(10cm×15cm×10cm)를 만들고 칸막이는 8cm 높이를 준다.

② 윗면은 뚜껑으로 닫힐 수 있도록 하며 찍찍이를 붙인다.

• 모형인형

① 종이를 이용한 로켓과 부직포를 이용한 나비, 그리고 압축 스펀지로 화살을 만든다.

② 준비된 모형의 뒷면에 빨대를 붙인다.

③ 테이프로 움직이지 않게 붙이고 철 기둥에 끼운다.

〈활용방법〉

① 놀이판은 상자의 앞에 놓고 유아가 원하는 그림을 꺼내어 발사시킨다.

② 소재가 다른 것들을 하나씩 발사시킨다.

③ 소재가 다르기 때문에 나는 속도와 높이와 거리가 다르게 된다. 이때 유아 스스로 가벼운 것이 더 쉽게 나는 것을 이해할 수 있다.

출처 : 임은숙(1995). 유치원교육을 위한 창의적 교수매체, p. 178 수정 보완.

(6) 통하면 움직여요

〈목표〉

- 전기가 통하는 것과 통하지 않는 물질을 알 수 있다.
- 모터의 기능을 안다.

〈준비물〉

- 일러스트보드지, 하드보드지, 시트지, 투명 아크릴판, 코르크 우드락, 건전지, 스위치, 모터, 프로펠라, 전선, 손잡이, 망, 우유곽

〈제작방법〉

① 받침상자

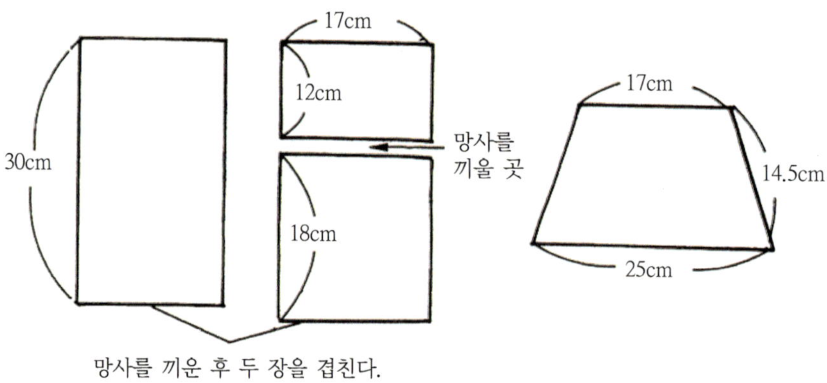

② 건전지 상자

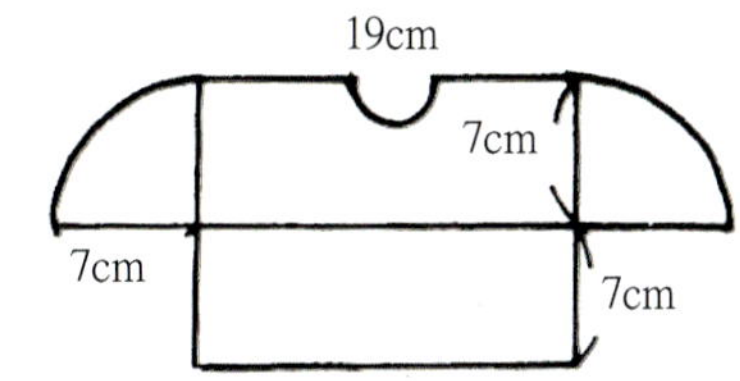

③ 물체 보관상자

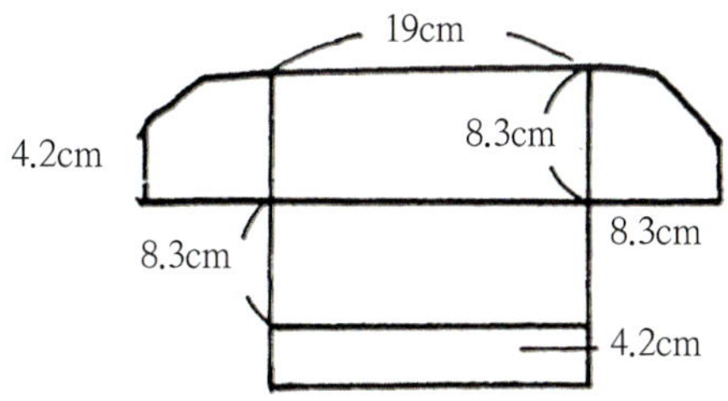

④ 받침상자 꾸미기

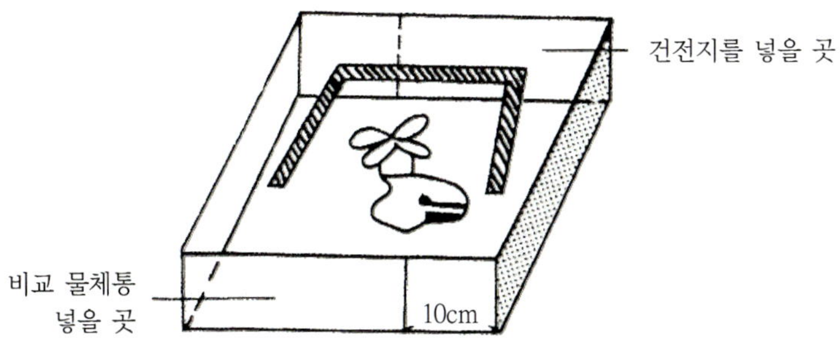

⑤ 윗상자 꾸미기

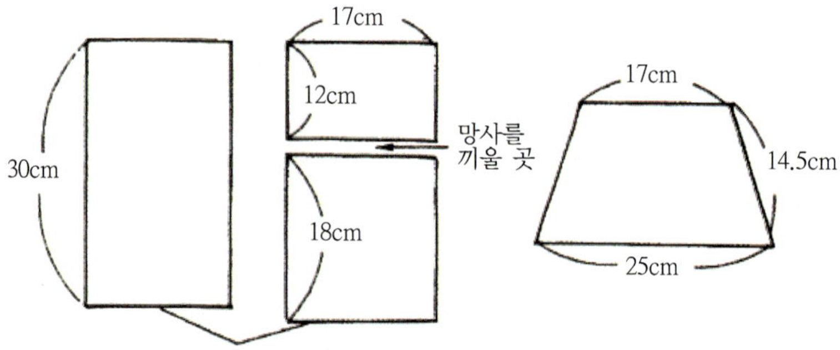

망사를 끼운 후 두 장을 겹친다

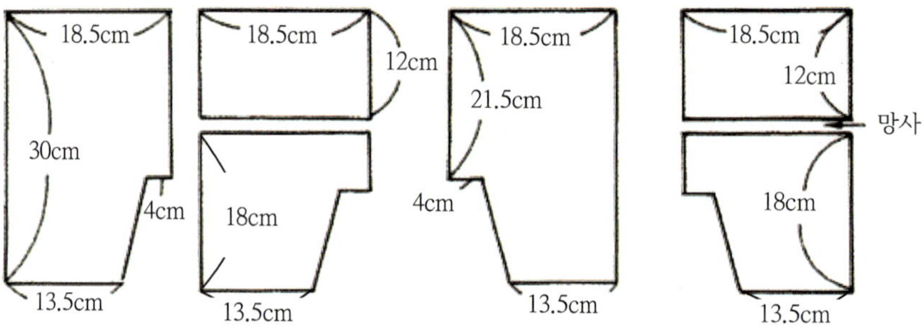

망사를 끼운 윗상자에 콜크우드락을 붙인 후 투명 아크릴을 끼운다

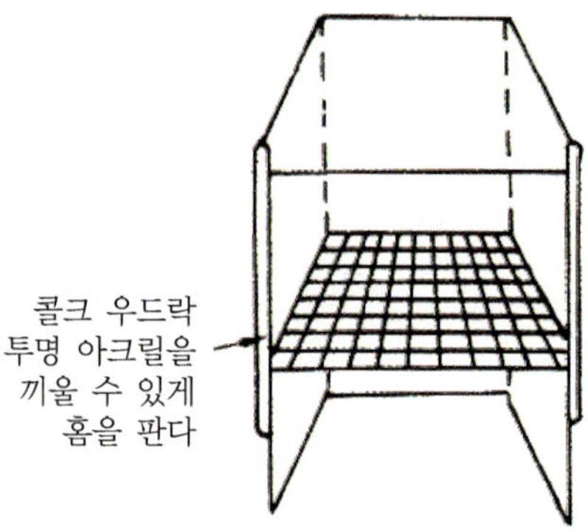

⑥ ①~⑤를 조립하여 그림과 같이 완성한다.

⑦ 전도체와 부전도체로 분류할 물체를 분류해서 담을 수 있도록 ○×가 표시된 비교 상자를 만든다.

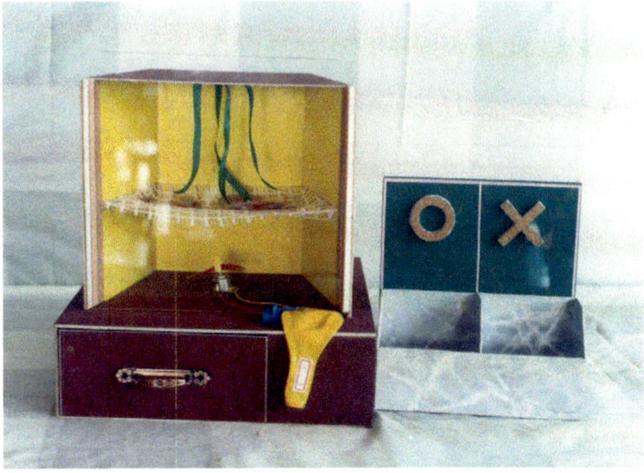

〈활용방법〉

① 상자 안의 물체를 꺼내 비교상자 안에 전도체인가 부전도체인가 추측하여 분류하게 한다.

② 전도체라고 추측한 사물들을 차례로 꺼내 스위치 사이에 끼워 눌러보아 확인한다(전도체일 경우는 스티로폼이나 리본테이프가 날리는 모습으로 확인할 수 있다).

출처 : 임은숙(1995). 유치원교육을 위한 창의적 교수매체, p. 180.

(7) 알 낳는 동물, 새끼 낳는 동물

〈목표〉

- 알을 낳는 동물과 새끼를 낳는 동물을 알 수 있다.
- 자석의 원리를 알 수 있다.

〈준비물〉

- 게임판(하드보드지, 고무자석, 와트만지, 시트지, 양면테이프, 본드, 스카치테이프, 글루건, 색상지, 모루)
- 알통(하드보드지, 융천, 색시트지, EVA)
- 주사위(작은 펫트병, 눈알, 글루건, 모루, 색지)
- 알판(메추리판, 지끈)

〈제작방법〉

- 큰 상자(밑판이 없고 윗판은 구멍이 뚫린 상자)

① 상자(27×27×4cm)를 만든다.
② 상자의 가운데 부분에 구멍(18.4×18.4cm)을 뚫는다.
③ 윗판의 가장자리 부분 아래쪽에 본드로 고무자석을 붙인다.

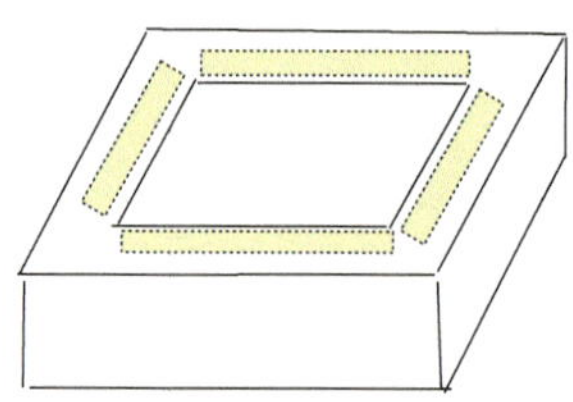

- 중간상자(밑판이 없고 윗판은 구멍이 뚫린 상자)

① 상자(17.4×17.4×3.7cm)를 만든다.
② 상자의 가운데에 구멍(8.8×8.8cm)을 만든다.

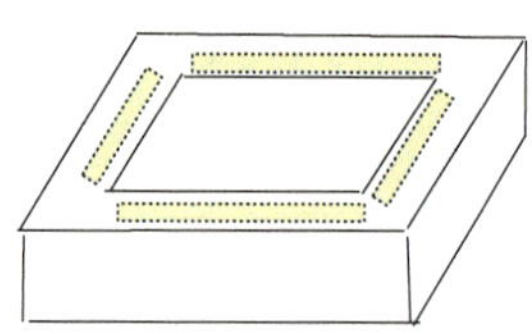

- 작은 상자(밑판이 없고 윗판이 막혀 있는 상자)

상자(8.3×8.3×3.4cm)를 만든다.

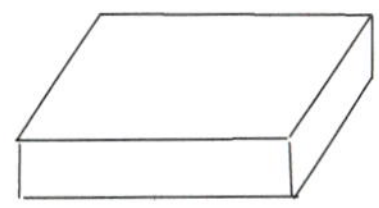

- 밑판

① 하드보드지로 큰 상자의 밑판(27.3×27.3cm), 중간상자의 밑판(26.5×26.5cm), 작은 상자의 밑판(17×17cm)을 만든다.

② 큰 상자의 밑판을 제외한 나머지 밑판 가장자리 부분에 폭 4cm의 고무자석을 본드로 붙인다.

- 상자와 밑판 합치기

상자와 그에 맞는 밑판을 글루건을 이용하여 붙인다.

먼저 작은 상자와 그에 맞는 밑판을 붙인 후, 이것을 중간상자에 넣고 중간상자와 그에 맞는 밑판을 붙인다. 마지막으로 큰 상자 위에 중간상자와 작은 상자를 붙인 것을 넣은 후 큰 상자와 그에 맞는 밑판을 붙인다.

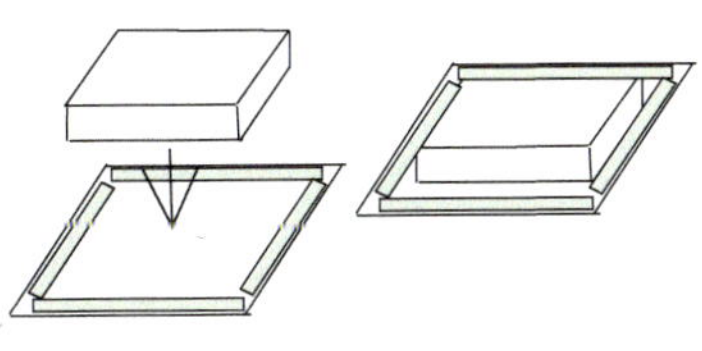

작은 상자

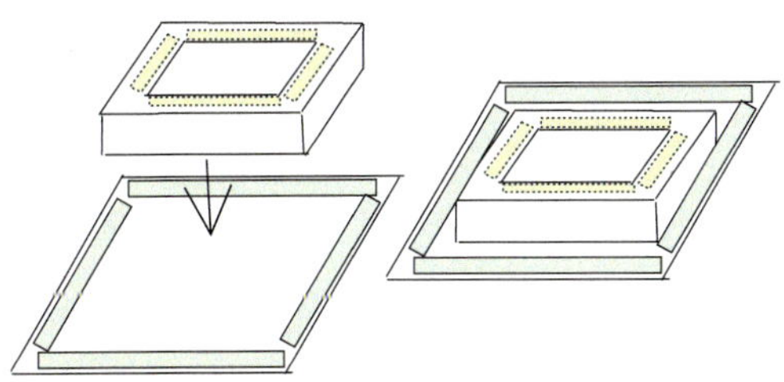

중간 상자

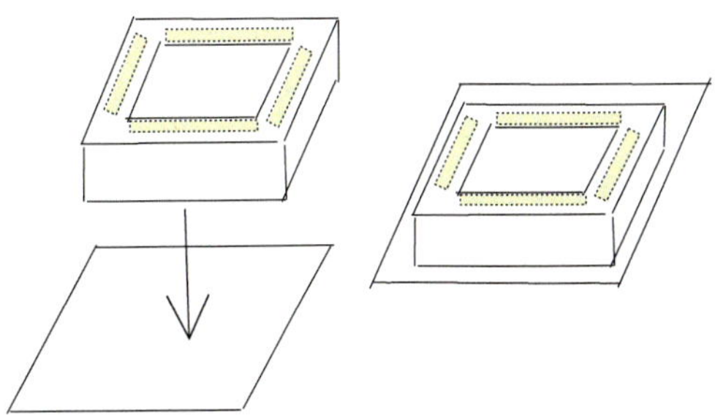

큰 상자

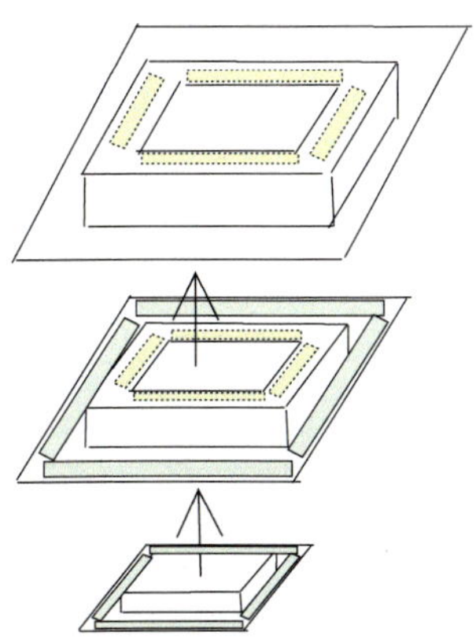

조립순서

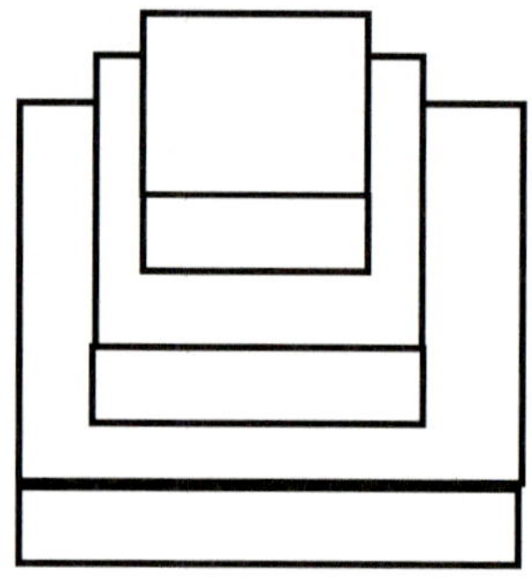

조립해서 세운 모양

- 알통

① 육면체(10×10×10cm)를 만든다.

② 육면체의 한 면에 지름 7.5cm의 구멍을 만든다.

③ 구멍에 EVA를 붙인다.

- 주사위

① 작은 페트병의 위만 남기고 자른다.

② 페트병의 바닥부분을 하드보드지로 막는다.

③ 페트병 속에 눈알을 넣는다.

- 게임판

① 계란판(3칸×3칸)에 래커로 칠을 한다.

② 지끈으로 둥지처럼 꾸민다(2개 만들기).

〈그림을 교체하여 쓸 수 있게 응용한 교구의 예〉

〈활동방법〉

① 손잡이를 위로 잡아당겨 게임판을 세운다.

② 두 명의 유아가 말을 나눠 갖는다.

③ 가위 · 바위 · 보를 하여 순서를 정한다.

④ 이긴 유아가 주사위를 한번 튕겨 뒤집힌 눈알의 수만큼 말을 이동시킨다(이때, 유아의 말이 알을 낳는 말일 경우 말을 이동시켜 도착한 말판의 동물이 알을 낳는 동물이고, 알통에서 꺼낸 동물도 알을 낳는 동물일 경우 그 알을 가져가서 자신의 판에 넣는다).

출처 : 임은숙 외(2002). 유아를 위한 교과교육론, p. 224 수정 보완.

(8) 북을 울려요

〈목표〉

- 정전기를 일으키는 물질과 일으키지 않는 물질을 알 수 있다.
- 정전기를 눈으로 보고 귀로 들을 수 있다.
- 정전기의 발생을 예측해 볼 수 있다.

〈준비물〉

- 스티로폼 공, 은박 컵, 알루미늄 호일, 하드보드지, 마스킹 테이프, 정전기

유도 물질, 에보나이트 막대, 털실, 정전기 유도 물질 그림카드, 손잡이

〈제작방법〉

• 정전기 유도 북

하드보드지로 정전기 유도 틀을 만든 후 속에 은박 컵을 양 옆에 끼우고 가운데 알루미늄 호일을 둥글게 뭉쳐 실로 매단다.

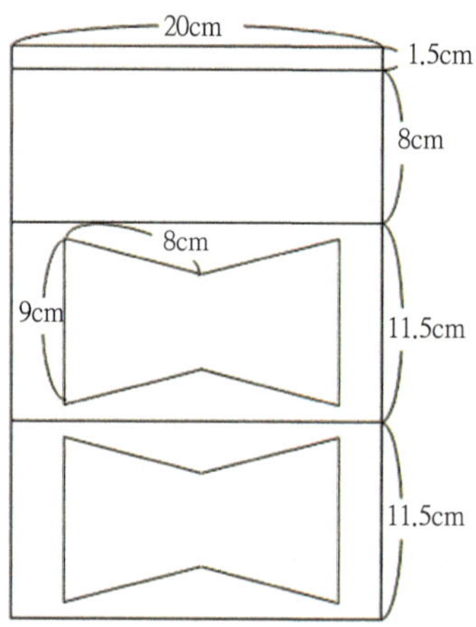

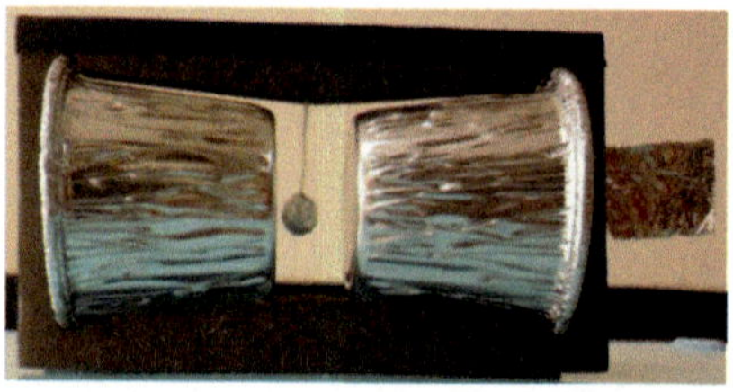

• 상자

① 상자 가운데에 칸막이를 넣어 상자(30×25×9㎝)를 만든다.

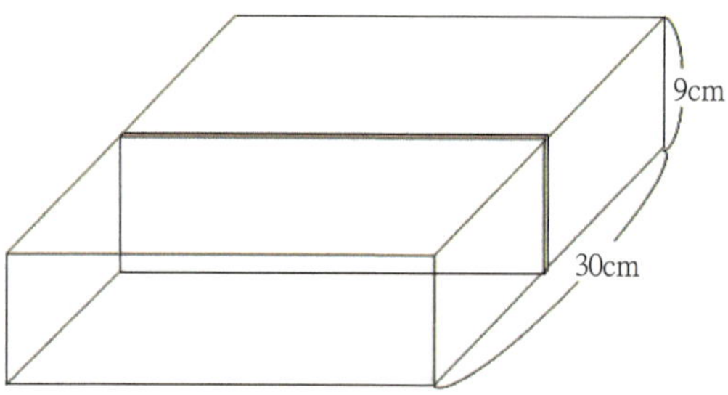

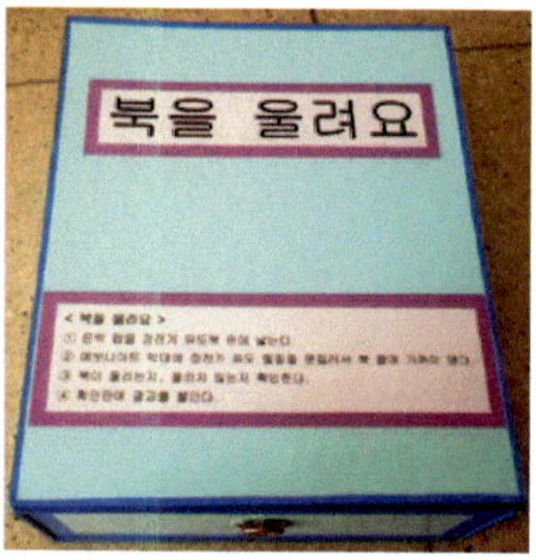

② 6개의 칸막이가 있는 서랍(24.5×14.8×8.2㎝)을 만든다(서랍 1).

③ 서랍(24.5×14.8×8.2㎝)을 만든다(서랍 2).

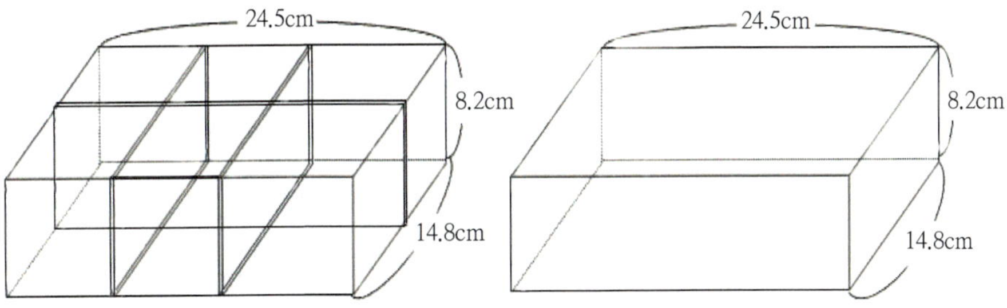

서랍 1 서랍 2

④ 서랍에 손잡이를 붙인다.

• 정전기 유도 확인판

① 하드보드지(24×29㎝)를 자른다.

② 함석판을 붙이고 시트지를 붙인다.

③ 세로 3칸, 가로 7칸으로 나눈다.

④ 세로 2번째, 3번째 칸에는 ○, ×를 붙이고, 가로 2번째 칸부터 7번째 칸에는 정전기 유도 물질을 붙인다.

⑤ 정전기 유도 물질의 사진에 고무자석을 붙인다.

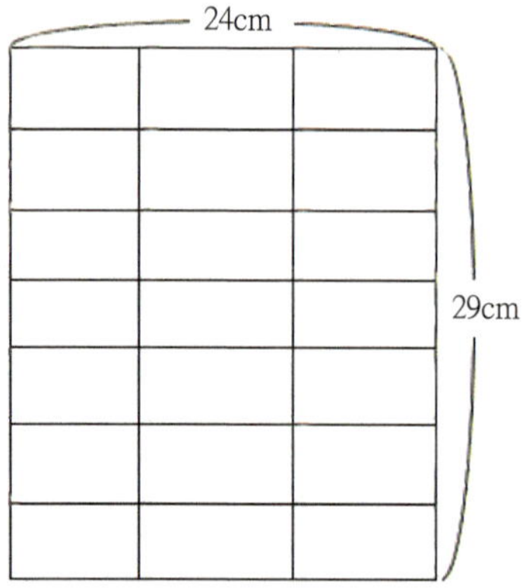

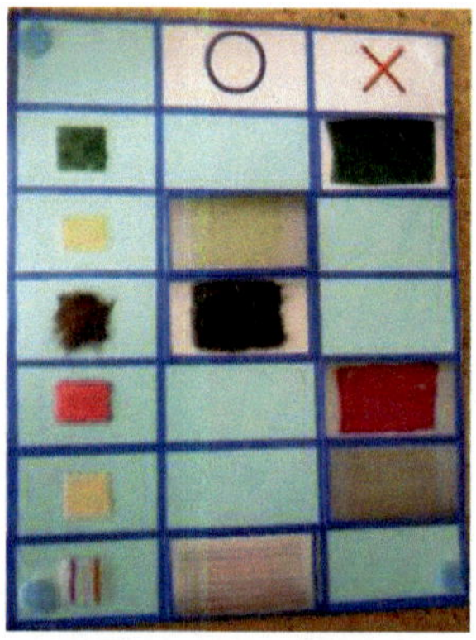

〈활동방법〉

① 판을 꺼내어 내려 놓는다.

② 서랍을 열어서 북을 꺼낸다.

③ 반대편 서랍을 열어서 정전기 유도 물질을 꺼낸다.

④ PVC 막대에 정전기 유도 물질을 문질러서 북 끝에 가까이 댄다.

⑤ 북이 울리는지, 울리지 않는지 확인한다.

⑥ 확인판에 결과를 붙인다.

〈확장활동 및 유의사항〉

활동을 여러 번 반복하게 되면 (-)전하가 많아져서 북이 울리지 않게 된다.

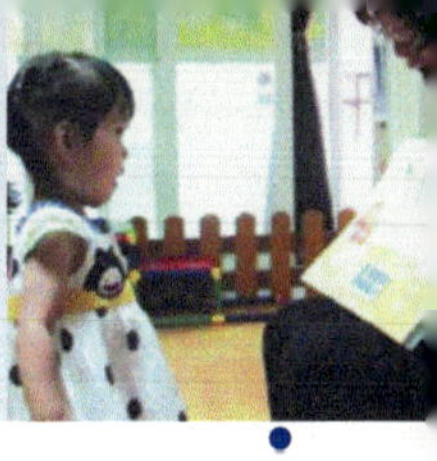

이 때에는 손가락을 컵에 가져다 대면 손이 접지 역할을 해서 손으로 (-)가 옮겨가게 되고, 북이 다시 울리게 된다.

〈과학원리〉

정전기 유도현상 : 면장갑(-)으로 PVC 막대를 문지르면 (-)로 대전된다. 막대(-)를 호일에 가져가면 가까운 쪽 호일이(+), 먼 쪽이 (-)가 되면서 호일이 붙는다. 막대에 있던 (-)가 컵으로 옮겨가고 알루미늄 구가 끌려와서 컵에 붙는다.

컵에 있던 (-)가 알루미늄 구로 옮겨지고 두 물체는 같은 (-)극이 되어 떨어진다. (-)를 가진 알루미늄 구는 반대편 컵에 가서 붙고 가지고 있던 (-)를 전해준다. 같은 방법으로 알루미늄 구가 (-)를 옮기면서 소리가 나게 된다.

(9) 빨주노초파남보

〈목표〉

- 색의 3원색을 알 수 있다.
- 색의 3원색으로 다양한 색을 만들 수 있다.
- 양 조절 능력을 기를 수 있다.

〈준비물〉

- 하드보드지, 우드락, 한지, 마감제, 붓, 밀가루 풀, PET병 3개, 주사기 3개, 링거줄 6개, 링거핀 6개

〈제작방법〉

- 상자

① 하드보드지(50×15×15cm)로 아래 상자를 만든다.

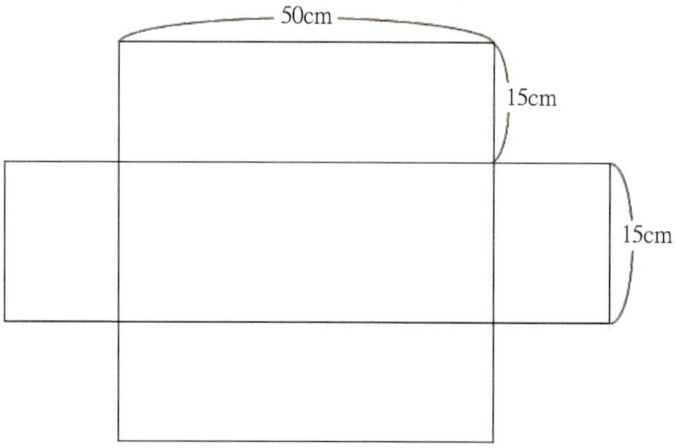

② 하드보드지(50.7×15.7×8㎝)로 상자 뚜껑을 만든다.

③ 상자 양 옆 윗부분에 구멍(5.7×8.7㎝)을 뚫는다.

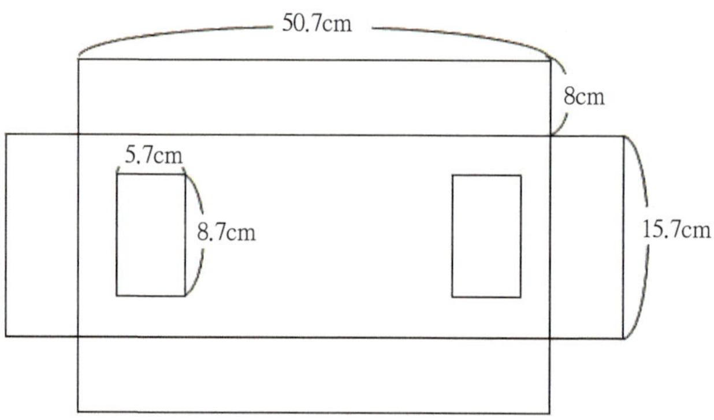

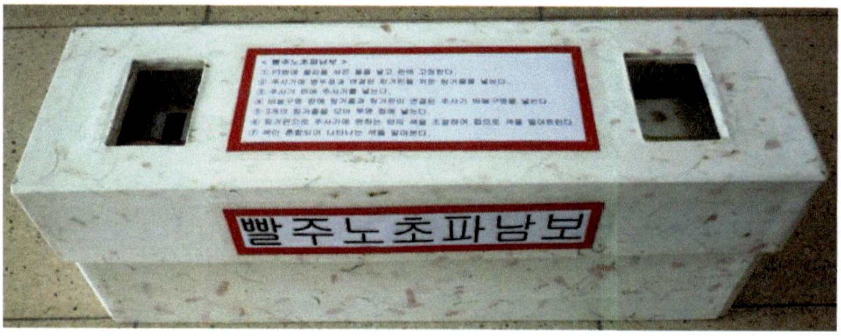

• 판

① 하드보드지 2장 + 우드락 + 하드보드지 2장을 붙여서 판(40×5.5㎝)을 만든다.

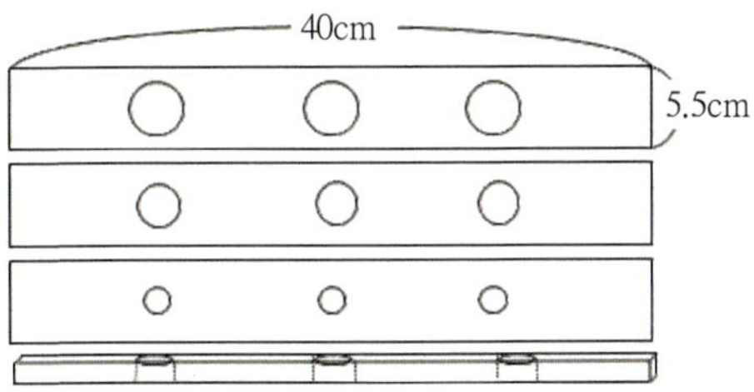

② PET 병뚜껑 크기, 주사기 윗부분 크기, 바늘구멍 크기로 각각의 판에 구멍을 뚫는다.

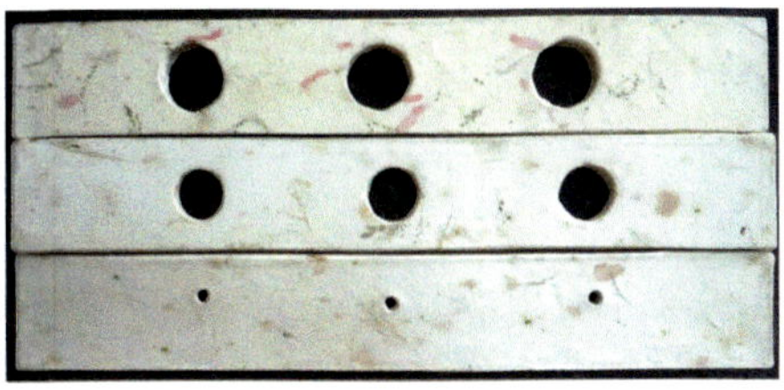

• 기둥

① 하드보드지(50×5㎝ 2개, 50×8㎝ 2개, 5×8㎝ 2개)를 자른다.

② 50×8㎝ 기둥에 4, 9, 11㎝의 간격마다 가로 6.2㎝의 구멍을 뚫는다.

③ 6면을 붙여서 사각기둥을 만든다.

④ 같은 것을 2개 만든다.

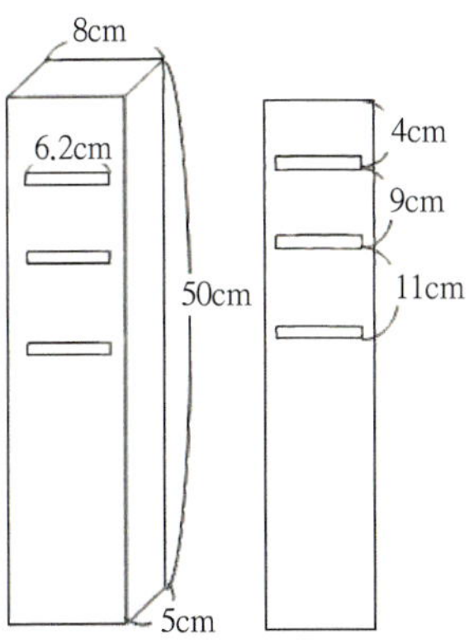

• 한지 포장하기

① 밀가루 풀을 이용해서 상자, 판, 기둥을 3겹으로 붙인다.

② 밀가루 풀이 완전히 마른 후에 한지 마감제를 3번 칠한다(50.7×15.7×8㎝).

• 조립하기

상자 속에서 판과 기둥을 꺼내고 링거병과 주사기를 끼워 조립한다.

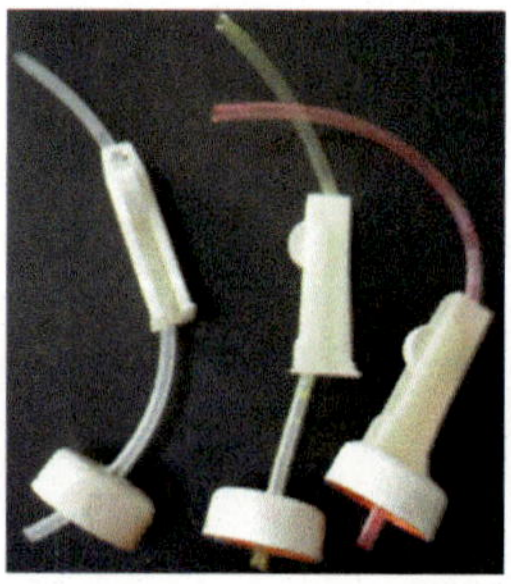
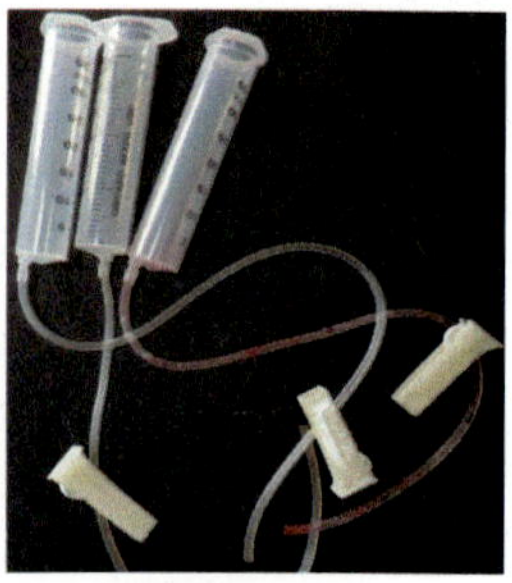

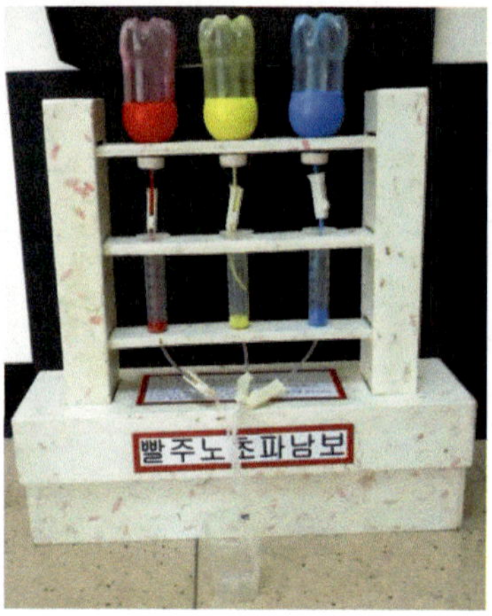

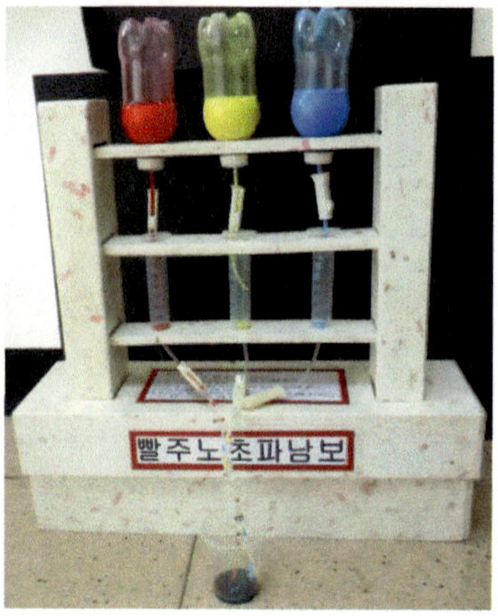

〈활동방법〉

① PET병 아래에 있는 링거핀을 열어서 원하는 색을 원하는 양 만큼 주사기에 모은다.

② 주사기 아래에 있는 링거핀을 열어서 컵으로 흘려 보낸다.

③ 막대를 이용해서 컵에 모인 색을 섞는다.

④ 어떤 색이 만들어졌는지 관찰한다.

〈확장활동 및 유의사항〉

- 물감을 섞은 물을 준비할 때에 농도는 묽게 한다.
- 원하는 색을 만들기 위해서는 비율을 고려해야 한다.

〈과학원리 : 감산혼합〉

혼합색이 원래의 색보다 명도가 낮아지도록 색을 혼합하는 방법이다. 예를 들면, 마젠타(자홍색)와 노랑의 2개의 색을 겹치면 원래의 마젠타나 노랑보다 어두운 빨강이 된다. 이것은 양쪽색 필터를 모두 통과하는 파장 부분만 투과하고, 양쪽을 모두 통과하지 않는 파장 부분은 불투명해지기 때문이다.

감산혼합의 3원색(마젠타 · 노랑 · 하늘색)을 여러 비율로 섞어 다양한 색을 만들 수 있다.

(10) 산성비가 내리면

〈목표〉

- 산성비가 환경에 미치는 영향을 알 수 있다.
- 활동을 통해 수의 개념을 알 수 있다.
- 소근육 발달을 도모할 수 있다.

〈준비물〉

- 교구상자 및 상자뚜껑 : 폼보드 4장, 포맥스 초록색 4장, 인조잔디 1장, 함석판

2장, 시트지 3마, 마스킹 테이프 초록색, 검정색 각 1개

- 나무 : 펠트지 초록색 4개, 펠트지 갈색 3개, 2㎝ 자석 60개, 바늘, 실(검정색, 초록색, 갈색), 심지 4.5㎝ 2개, 네온자석 6개
- 카드 : 폼보드 1장, 연두색 색지 2장, 실물 사진자료 12개, OHP 필름 5장, 스카치테이프 1개, 가위, 풀, 자, 칼, 글루건 등

〈제작방법〉

- 교구상자 상자 밑부분

① 폼보드와 포맥스를 37㎝ 로 각각 1개씩 자른다.

② 자른 폼보드에 6㎝의 홈을 12개 자른다.

③ 다 자른 폼보드와 폼맥스를 겹쳐서 붙인다.

- 교구상자 옆 부분

① 12×33㎝ 크기로 폼보드와 포맥스 각각 4개씩 자른다.

② 각각 자른 폼보드와 포맥스를 겹쳐서 4개의 판을 만든다.
이때, 2개의 판 안에는 함석판을 10×30㎝의 크기로 잘라 폼보드와 포맥스 사이에 넣어서 붙인다.

③ 함석판을 붙인 2개의 판 위에 검정테이프와 검정색 색지를 이용하여 숫자판을 만들어 붙인다.

④ 인조잔디를 12×9㎝ 크기로 2개를 잘라 밑에 10×7㎝ 크기의 함석판을 붙인 뒤, 숫자판의 윗부분에 붙인다.

⑤ 완성된 상자 밑부분과 옆 부분을 투명테이프로 연결시키며 고정시킨 뒤, 초록색 테이프로 마무리한다.

- 상자뚜껑 윗부분

① 초록색 포맥스를 39.5×35㎝ 크기로 하나 자른다.

② 시트지를 알맞게 잘라 감싼다.

• 상자뚜껑 옆 부분

① 포맥스와 폼보드를 39.5×3㎝ 크기로 각각 4개씩 만든다.

② 다 자른 포맥스와 폼보드를 하나씩 겹쳐서 4개를 만든다.

③ 다 자른 뚜껑의 윗부분과 옆 부분을 테이프로 먼저 감싼 뒤, 초록색 테이프를 이용해 깔끔히 마무리한다.

④ 시트지를 알맞게 잘라 감싼다.

⑤ OHP 필름을 38.5×12.5㎝ 자른 뒤 뚜껑 앞부분에 초록색 테이프를 이용해 고정시켜 제목을 끼울 수 있도록 포켓을 만든다.

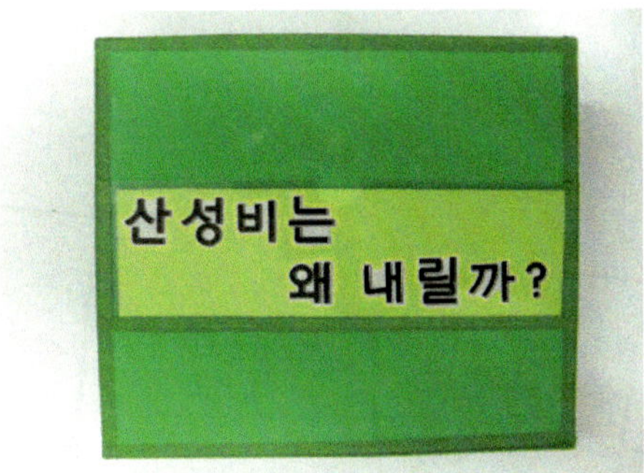

• 나무 만들기

① 초록색 펠트지로 나뭇잎 부분 도안을 그려서 4개를 자른다.

② 자른 나뭇잎 부분에 자석 15개를 일정한 간격으로 붙인다.

③ 자석을 붙인 잎 부분을 겹쳐서 꿰맨다. 이때 솜을 넣을 부분은 제외한다.

④ 나무기둥은 심지 4.5㎝ 크기를 2개 준비해 높이 10.5㎝로 자른다.

⑤ 나무 밑둥 부분에는 네온자석 3개를 붙인다.

⑥ 갈색 펠트지로 나무기둥 도안을 그려서 4개를 자른 뒤 심지를 감싼다.

⑦ 제작한 잎 부분과 기둥부분에 솜을 넣고 서로 이어서 마무리한다.

• 카드와 주사위

① 폼보드(5.5×7.5㎝)를 12개 준비하여 연두색 색지로 감싼다.

② 다른 주제로 활동할 때 상자와 카드를 재사용 할 수 있도록 OHP 필름(6.5×6.5㎝)을 이용하여 포켓을 만든다.

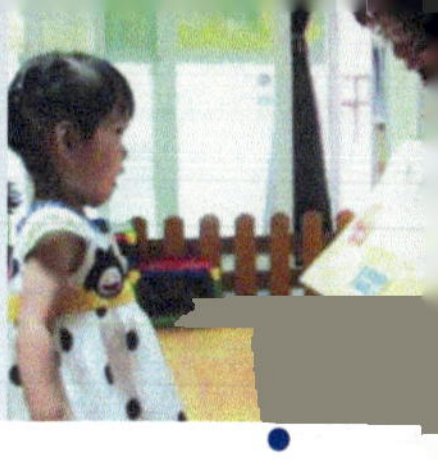

〈활동방법〉

① 2명의 유아가 가위 · 바위 · 보를 하여 이긴 유아가 먼저 카드를 뒤집어 사진을 확인한다.

② 주사위를 던져 나오는 숫자만큼 나뭇잎을 붙인다.

③ 이때, 각자의 나무에 산성비에 의해 피해를 입기 전의 사진이 나오면 초록색 나뭇잎을 붙이고, 산성비에 의해 피해를 입은 사진이 나오면 썩은 나뭇잎을 붙인다.

④ 12개의 모든 카드가 다 뒤집어지면 나무에 붙어 있는 초록색 나뭇잎만 떼어 내서 숫자판에 차례대로 붙인다.

⑤ 초록색의 나뭇잎을 세어 본 뒤 더 많은 유아가 이긴다.

〈확장활동 및 유의사항〉

① 충분한 이야기 나누기를 통해 그림카드를 확실하게 이해한 후 게임을 실행한다.

② 뒤집어 놓은 카드는 다시 뒤집어 놓지 않는다.

③ 산성비를 막기 위한 방법에 대해 이야기를 나누어 본다.

④ 그림카드와 활동제목, 활동방법은 포켓으로 만들었기 때문에 교사는 다른 그림으로 교체할 수 있다.

〈과학원리〉

강한 산성인 일산화황과 이산화황은 비에 흡수되면 산성비가 된다.

석탄과 석유와 같은 화석연료가 연소하면 SO_2가 생성되며, SO_2는 대기 중의 산소와 반응하여 SO_3를 만들고, SO_3가 물(H_2O)과 반응하면 H_2SO_4가 생긴다.

이산화황(H_2O)은 자동차와 공장의 배기가스에서 배출되는 질소 산화물(NOx)이 산화되어 각각 묽은황산과 묽은질산의 형태로 빗물에 녹아 내리므로 SO_2와 NOx는 산성비의 원인이 되는 물질이다.

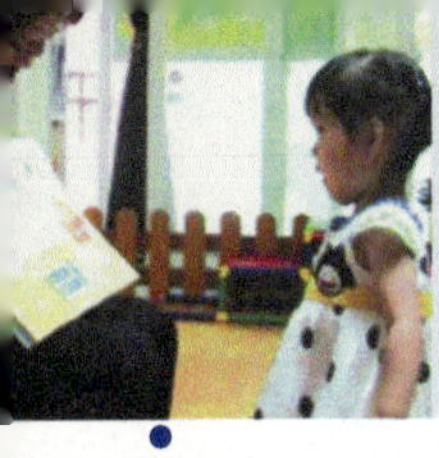

(11) 나비가 되어요

〈목표〉

- 애벌레의 성장과정을 알 수 있다.
- 애벌레를 이동시키며 눈과 손의 협응력을 키울 수 있다.
- 친구와 규칙을 정하고, 지키며 게임할 수 있다.

〈준비물〉

- 폼보드(5T), 하드보드지, 색 한지, 색지, 파스텔, 함석판, 강력자석, 색 테이프, 모양 펀치, 눈알, 뽕뽕이, 모루, 가위, 풀, 자, 본드, 양면테이프, 실, 바늘, 니스

〈제작방법〉

- 게임판

① 폼보드와 하드보드지를 같은 크기(25×30㎝)로 재단하여 붙인다.

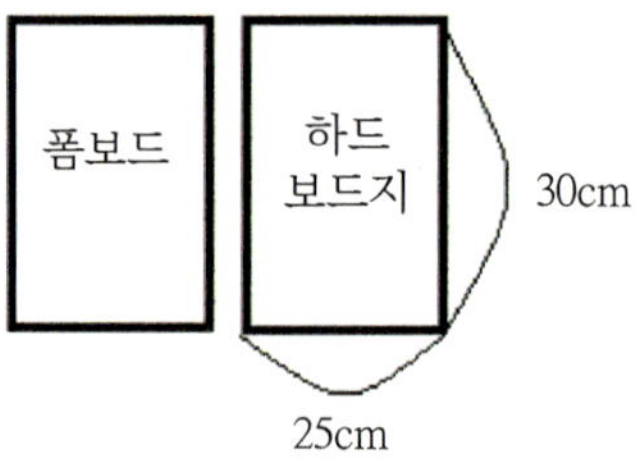

② ①을 하나 더 제작한다.

③ ①의 모서리에 홈을 판 후, 강력자석을 붙인다.

④ ②의 모서리에는 함석판을 얇게 대어 붙인다.

⑤ ①과 ②에 4가지 색의 색지로 나뭇잎 모양을 만들어 게임판을 만든다.

⑥ '출발' 글자를 인쇄하여 글자만 잘라 낸 후, 출발선에 화살표와 함께 붙인다.

⑦ 모양 펀치로 색지를 잘라 결승선을 만들어 붙이고, 결승선 뒤에는 나비 사진을 인쇄하여 붙인다.

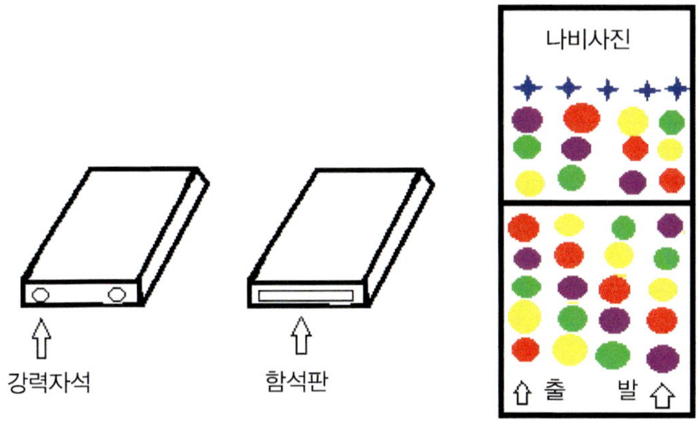

⑧ ①~⑦까지 완성한 게임판을 시트지로 감싼다.

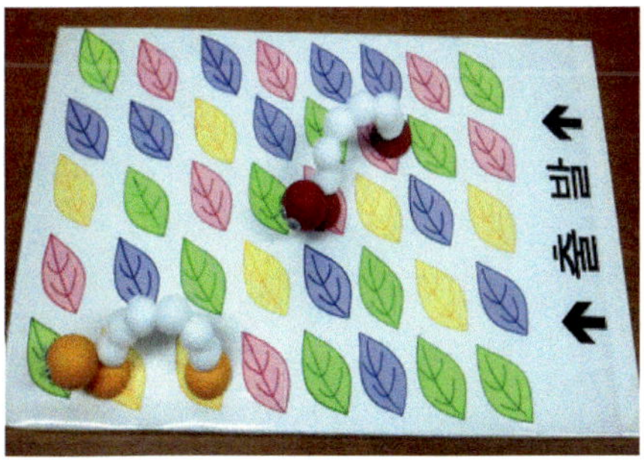

• 애벌레

① 스티로폼 공에 아크릴 물감으로 색깔을 칠한다.

② ①을 이용하여 애벌레 얼굴과 몸통을 만든다.

③ 애벌레 몸통에 작은 뽕뽕이를 사용하여 다리를 만들고, 바닥에 홈을 파고 강력자석을 붙인다.

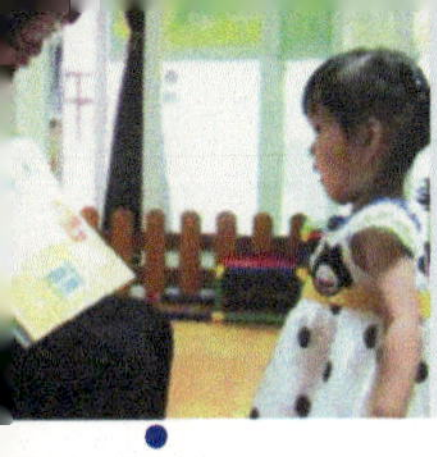

④ 얼굴에 모루와 눈알을 사용하여 애벌레를 완성한다.

• 주사위

① 하드보드지로 삼각뿔 모양의 주사위 면을 재단한다.

② 삼각뿔을 조립한 후, 게임판에 붙인 4가지 나뭇잎을 각 면에 붙인다.

③ ②에 시트지를 감싸고, 각 모서리를 투명 테이프로 깔끔히 처리한다.

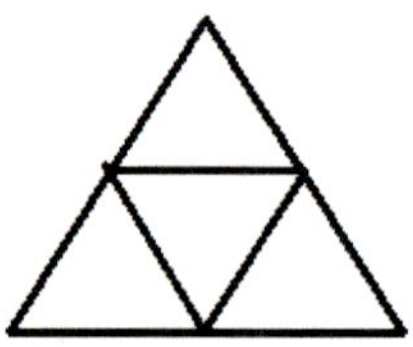

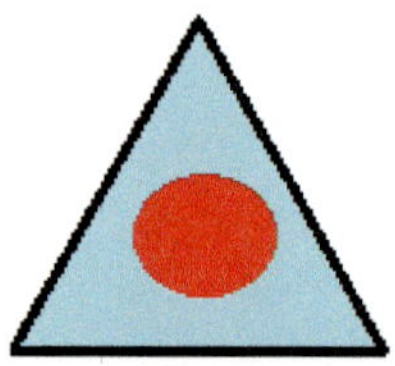

〈활동방법〉

(2~4명의 유아가 함께 게임할 수 있다.)

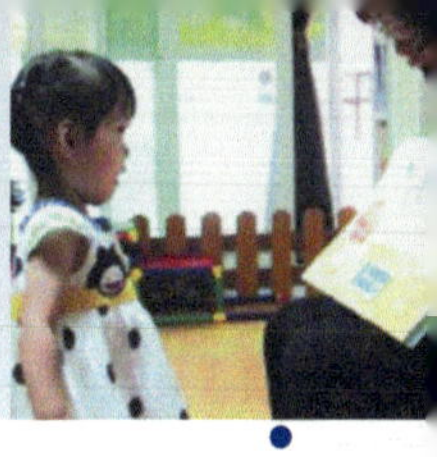

① 자신이 하고 싶은 색깔의 애벌레를 지정하여 출발선에 세운다.

② 주사위를 돌려 나온 색깔의 잎으로 애벌레 앞, 뒷발을 이동시킨다.
(이때, 애벌레는 앞발을 먼저 이동시켜야 한다.)
(또한, 애벌레는 몸통 길이만큼만 이동할 수 있다.)

③ 결승선에 먼저 도착하여 성충(나비)이 되는 유아가 승리한다.

〈확장활동 및 유의사항〉

① 애벌레는 앞발을 먼저 이동시킨 뒤, 뒷발을 이동시켜야 한다.

② 애벌레를 이동시킬 때에는 애벌레의 길이만큼만 이동할 수 있다.

③ 애벌레의 움직임을 보고 자유롭게 신체표현을 할 수 있다

④ 애벌레의 성장과정과 관련한 동화를 듣고, 동극을 해 본다.

⑤ 나비가 되는 과정을 관찰하고 기록하여 책으로 완성한다.

⑥ 과학영역에 실제 애벌레를 키워 보며 성장과정을 직접 관찰한다.

3) 수 · 조작 놀이영역

(1) 동물원 구경

〈목표〉

- 자신의 말 옮기는 방법에 흥미를 갖게 한다.
- 손과 눈의 협응력을 기를 수 있다.

〈준비물〉

- 하드보드지, 자동 머리핀, 시트지(남색, 빨간색, 노란색, 주황색, 투명색), 색상지, 자석, 함석판

〈제작방법〉

① 게임판

㉮ 하드보드지를 반으로 자른 후 노랑색 색상지로 안쪽 면만 싼다.

㉯ 두 하드보드지 사이에 여유를 둔 후 남색 시트지로 안쪽 면의 나머지 부분과 겉면을 싼다(파일식으로).

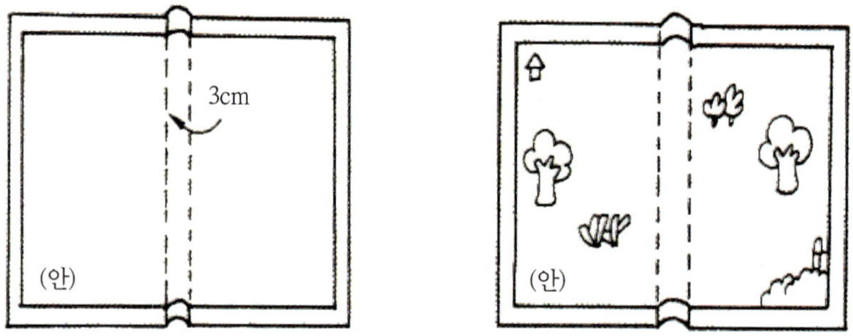

㉰ 안쪽 면을 동물원처럼 꾸미고 투명 시트지로 덮어 싼다.

② 머리핀

㉮ 찢어 붙이기한 동물 그림을 코팅한 후, 그 그림 뒤에 부직포를 붙인다.

㉯ 동물그림을 자동 머리핀 안쪽 면에 실로 꿰매 붙인다.

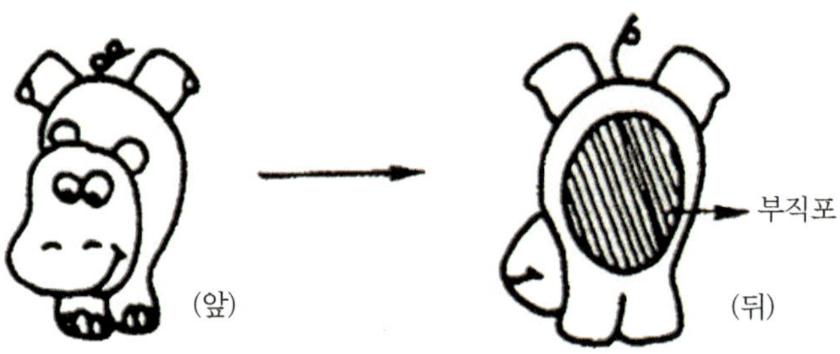

㉰ 부직포로 꾸민 꽃과 나무 모양을 자동 머리핀 겉면에 실로 꿰매 붙인다.

③ 비교판

㉮ 함석판을 잘라 게임판 위 아래에 붙이고, 자석(7개씩)은 남색, 빨간색 시트지로 싸서 붙여 놓는다.

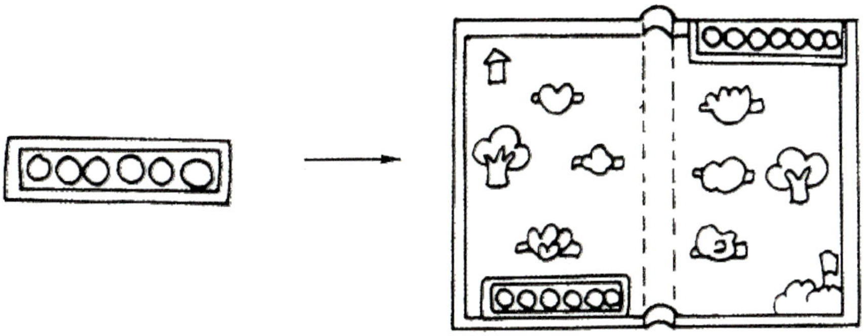

㉯ 하드보드지로 직삼각형 모양이 될 수 있게 접어 만든 후 활용방법과 비교판을 붙여 놓는다.

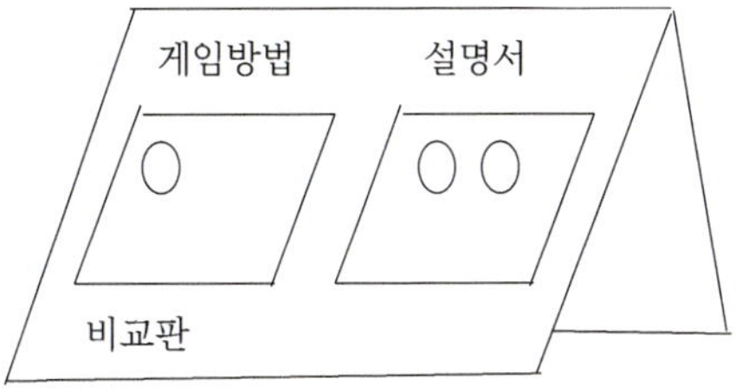

㉰ 게임판 겉면(뒤쪽)에 포켓을 만들어 ㉯를 넣을 수 있게 한다.

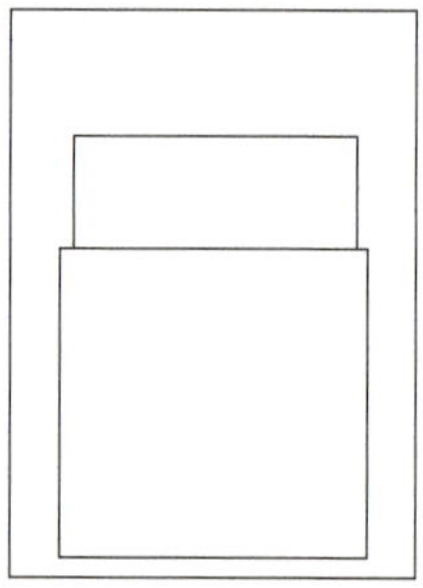

〈활용방법〉

① 가위 · 바위 · 보로 순서를 정한다.

② 이긴 유아가 먼저 자석의 색깔을 선택한다.

③ 주사위를 던져 나온 수만큼 자동 머리핀을 연다.

④ 열어 놓은 자동 머리핀의 동물 옆에 자신의 자석을 붙인다.

⑤ 먼저 한 유아와 같은 위치에 도달했을 경우 자신의 자석으로 바꿀 수 있다.

⑥ 울타리 있는 곳에 가면 한 번 쉰다.

⑦ 나가는 곳에 4개의 자석이 먼저 도착한 유아가 이긴다.

비고 : 철사에 두 개의 주사위를 끼워 동시에 색, 언어, 모양 등의 지시를 할 수 있다.

출처 : 임은숙(2004). 유아를 위한 창의적 교수매체, p. 162 수정 보완.

(2) 내 짝을 찾아라

〈목표〉

- 인지 능력을 기른다.
- 연상 능력을 기른다.

〈준비물〉

- 하드보드지, 시트지, 색상지, 우드락, 코팅지

〈제작방법〉

① 주사위

하드보드지로 가로, 세로 7㎝의 정육면체를 만들고 시트지로 싼다.

② 게임판

㉮ 창문틀

㉠ 하드보드지로 직사각형의 창문(16개)을 만든다.

㉡ 창문틀의 뒷면에 하드보드지를 잘라 붙여 창문을 낄 홈을 만들고, 남색 시트지로 싼다.

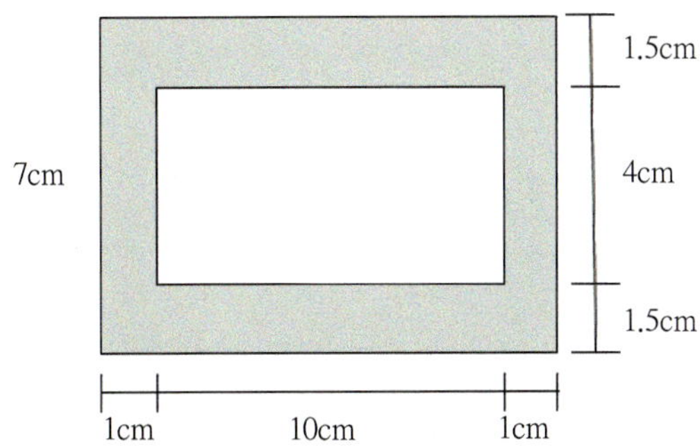

㉯ 창문

㉠ 노란색 색상지(가로, 세로 5cm)를 두 겹씩 코팅한다(16개).

㉡ 코팅한 것을 창문틀의 홈에 끼워 준다.

㉰ 본판

㉠ 하늘색 우드락 위에 창문을 낀 창문틀을 적당한 위치에 붙이고 가운데는 파낸다.

㉡ 우드락 뒷면에 하드보드지를 잘라, 카드를 갈아줄 수 있는 홈을 만들어 준다.

㉢ 홈에 코팅한 사람그림을 끼운다.

㉣ 창문 위치에 숫자와 모양을 붙인다(8개).

〈활용방법〉

① 가위 · 바위 · 보로 순서를 정한다.

② 본판에서 모양이 나오도록 창문을 민 후, 모양의 위치를 확인하고, 숫자가 보이도록 닫는다.

③ 주사위를 던져 나온 숫자와 같은 숫자가 있는 창문을 열어 그림을 보고, 그 반대 그림을 연상하여 찾는다.

④ 반대 그림을 찾았으면 그림이 보이도록 창을 열고, 그림을 찾지 못했으면, 창을 닫고 다음 유아가 한다.

⑤ 그림이 보이도록 창문을 먼저 다 열은 유아가 이긴다.

비고 : 그림과 숫자는 바꿔 낄 수 있으므로 언어교구 등으로도 활용할 수 있다.

출처 : 임은숙(1995). 유치원교육을 위한 창의적 교수매체, p. 122.

(3) 만져보세요

〈목표〉

- 여러 가지 재료를 만져 봄으로써 다양한 촉감 경험을 할 수 있다.

〈준비물〉

- 기본판(4절지 코르크판 1장)
- 촉감카드(4절지 코르크판 1장, 사포 · OHP 필름 · 눈망사 · 융천 · 와트만지 · 골판지 등)
- 주사위(8절 하드보드지 1장, 파랑색 테이프 1개, 사포 · OHP 필름 · 눈망사 · 융천 · 와트만지 · 골판지 등)
- 촉감상자(4절 하드보드지 2장, 하늘색 시트지 1마, 파랑색 융천 ⅛마)

〈제작방법〉

- 기본판

① A4 크기의 코르크판을 2장 준비한다.

② 한 장은 6개의 네모를 파내 틀을 만든다(7×7.5㎝).

③ 다른 코르크판에 ②를 붙인다.

④ 파낸 부분엔 동물그림(코끼리, 돼지, 다람쥐, 닭, 사자, 펠리컨)을 붙인다.

- 촉감카드

① 코르크 카드(6.7×7.2㎝)를 기본판에 붙인 동물그림 모양대로 파낸다(동물의 형태만 보임).

② 같은 크기로 자른 코르크판에 다양한 재료를 붙인 후 ①을 붙인다.

• 주사위

① 하드보드지로 주사위를 만든다(4×25㎝).

② 주사위의 각 여섯 면에 구멍을 뚫는다(2×9㎝).

③ 뚫린 주사위 안쪽에 다양한 재료를 붙인 후 파란색 테이프로 싼다.

• 촉감상자

① 촉감카드 넣을 상자를 하드보드지를 이용해 만든다.

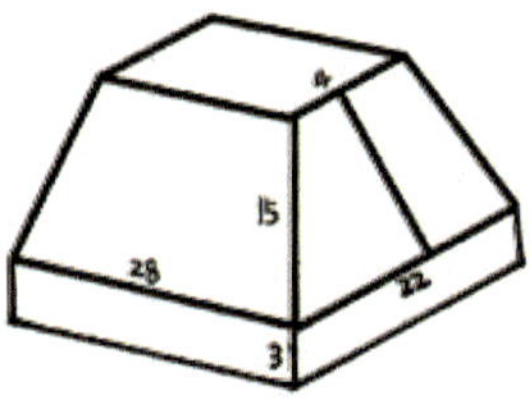

② 측면의 한 면을 반으로 나눠진 파란색 융천으로 붙인다(손을 넣을 수 있도록 하기 위해서).

③ 기본판 보관상자를 만든 후 ① 아래에 붙인다(22×28×3㎝).

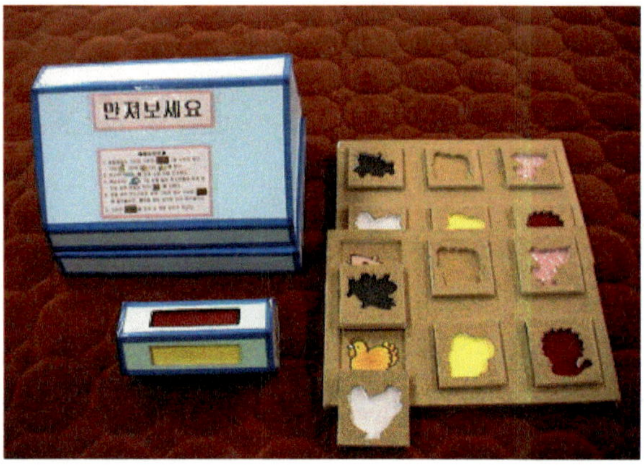

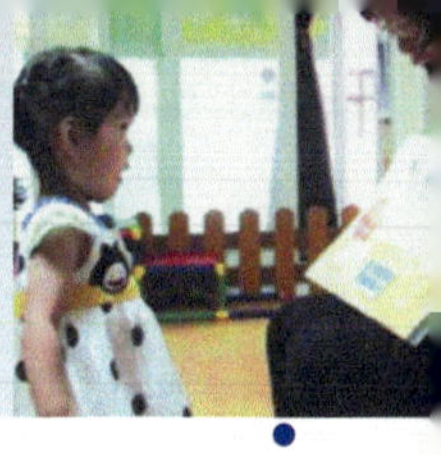

〈활용방법〉

① 동물 형태가 그려진 기본판을 나누어 갖고, 순서를 정한다.
② 주사위를 던져 나온 면을 손으로 만져 본다.
③ 촉감상자에 손을 넣어 주사위에서 만져 본 면과 같은 재질의 카드를 꺼낸다.
④ 맞을 경우 카드 그림과 같은 그림이 있는 기본판에 올려놓는다. 틀렸을 때는 상자 안에 다시 집어 넣는다(카드에는 동물의 형태만 있고, 기본판에는 정확한 모습의 동물 그림이 있다).
⑤ 기본판을 먼저 다 채운 유아가 이긴다.

(4) 꿀단지를 모아요

〈목표〉

① 10 이내의 수 세기를 할 수 있다.
② 소근육을 발달시킨다.

〈준비물〉

- 하드보드지, 함석판, 볼트와 너트, 스냅, 시트지, 색상지, 뽕뽕이, 리본테이프, 고무줄, 빨대, 찍찍이, 백압제, 자석, 헝겊테이프, 모루

〈제작방법〉

① 상자
㉮ 하드보드지로 육면체(30×10×16㎝)를 만들고 시트지로 싼다.
㉯ 윗면에는 지름 6㎝의 원 두 개를 뚫고, 뚜껑을 만든다.
㉰ 옆면에 스냅과 고무줄을 단다.
㉱ 또 다른 옆면에 리본테이프를 단다(게임판을 고정시킬 수 있도록 찍찍이를 붙인다).

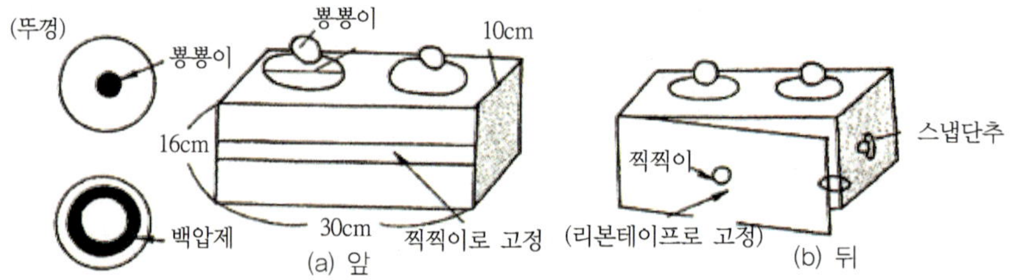

② 함석판

함석판(30×16㎝) 4장을 헝겊테이프로 연결한 후 시트지로 싼다.

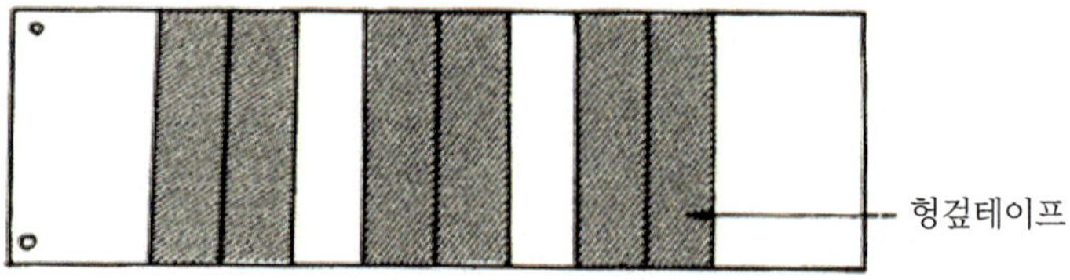

③ 상자와 함석판 연결하기

㉮ 상자와 함석판에 구멍을 뚫어 함석판을 볼트와 너트로 상자 앞면에 고정시킨다.

㉯ 시트지로 게임판을 꾸민다.

㉰ 꿀단지 상자(10×10×5㎝)를 만든 후, 바닥에 함석판(9×9㎝)을 깔고 상자 밑면은 찍찍이를 붙인다.

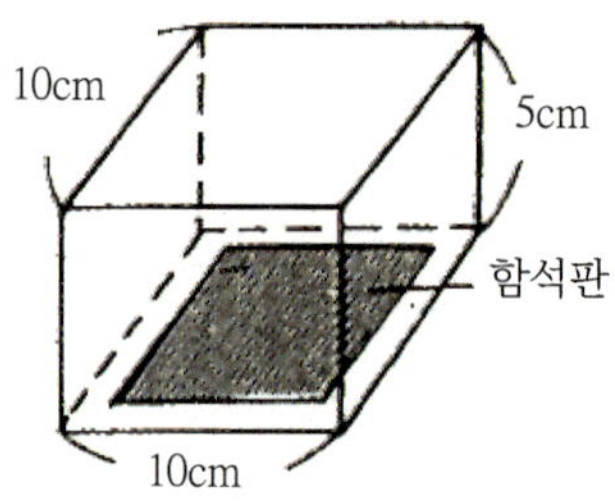

④ 색상지로 꿀단지를 만들어 코팅하고 자석을 붙인다.

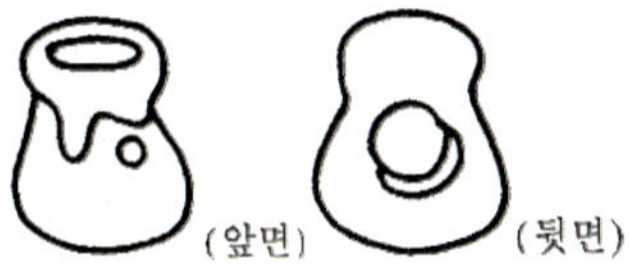

⑤ 뽕뽕이와 모루를 사용하여 말을 만들고 자석을 붙인다.

⑥ 수 막대와 수 막대 통을 만든다.

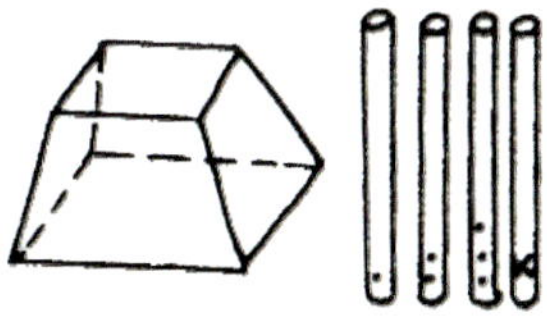

〈활용방법〉

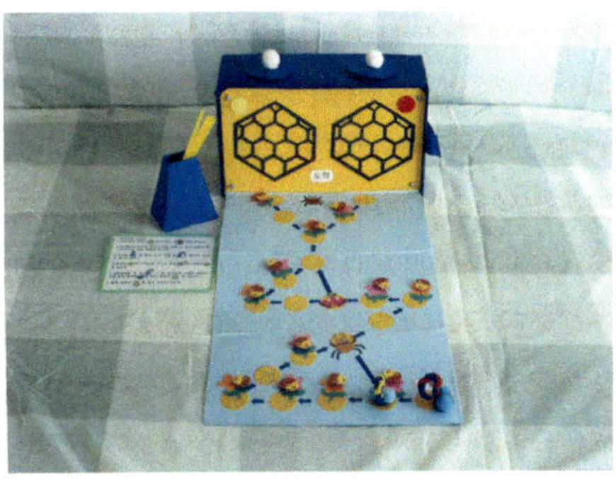

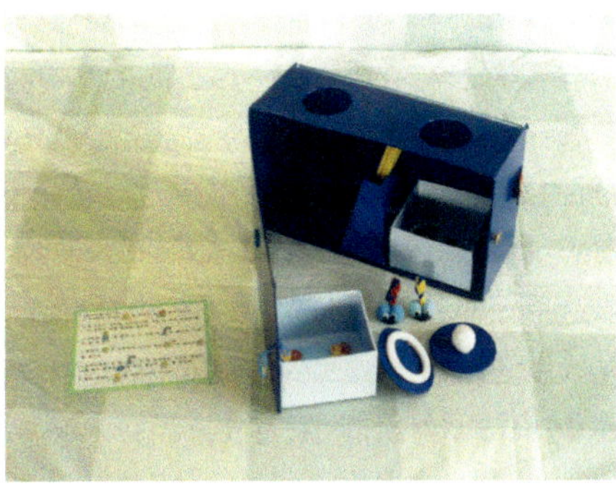

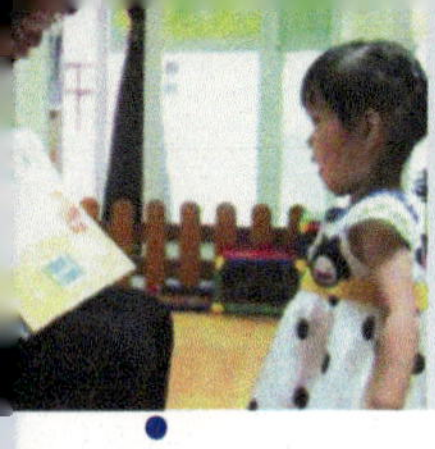

① 상자에서 꿀단지 를 꺼내어 꽃  위에 붙인다.

② 두 유아가 순서를 정하고(가위 · 바위 · 보 또는 수 막대 뽑기) 각자의 말을 출발선에 놓는다.

③ 수 막대 를 뽑아 그 수만큼 말 을 옮긴다.(×표는 한 번 쉰다.)

④ 꿀단지 에 도착하면 자신의 벌집 에 꿀단지 를 붙인다.

⑤ 도착지점에 두 개의 말이 다 도착하면 윗뚜껑 을 열고 자신의 꿀단지 수를 세면서 꿀단지 상자 속으로 넣는다. 

⑥ 많은 꿀단지를 얻은 유아가 이긴다.

출처 : 임은숙(2004). 유아를 위한 창의적 교수매체. p. 231.

교육과학기술부(2009). 유치원 지도서1(총론). 교육과학기술부.

국립국어연구원(1999). 표준국어대사전.

김경배 외(2001). 교과교육론. 학지사.

김성균(2001). 김성균유아동요 1집. 김성균음악교육연구소.

김영봉 외(2008). 교육학개론. 서현사.

김예경 · 김홍은 · 문혁준 · 박은혜 · 유애열 · 임혜영 · 장영희 · 조혜진(2002). 효과적인 영아보육을 위한 지침서 : 영아반 운영의 실제, 다음세대.

김정원 · 김유정 · 박현미(2005). 영유아를 위한 교재 · 교구 연구 및 지도법. 양서원.

박인학(2002). 교사를 위한 교재연구 및 지도법의 이해. 대왕사.

변영계 외(2000). 교육방법 및 교육공학. 학지사.

서울대학교 교육연구소편(1994). 교육학 용어사전. 도서출판 하우.

유혜령(1993). 유아 교수매체의 이론과 실제. 창지사.

윤석중(2006). 달 따러 가자. 비룡소.

이기숙(2000). 유아교육과정. 교문사

이대균 · 송정원(2006). 영유아를 위한 교재 · 교구 연구 및 지도. 양서원

이성호(1999). 교수방법론. 학지사.

이영자(1987). 유아를 위한 교수매체. 교문사.

이영자 외(1999). 유아교육교수매체. 교문사.

임은숙(1995). 유치원교육을 위한 창의적 교수매체. 동문사.

임은숙(2004). 유아를 위한 창의적 교수매체. 동문사.

정용부 · 오성숙(2007). 교과교재연구 및 지도법. 학지사.

정해왕(2000). 아빠가 들려주는 밤하늘 이야기. 웅진주니어.

호재숙외(1989). 교육방법 및 교육공학. 정민사.

Comenius, J. A. 남혜승 역(1999). 세계 최초의 그림교과서(ORBIS SENSUALIUM PICTUS). 씨앗을 뿌리는 사람.

Curtis Annabella and Hindly Judy(1975). *The Knowhow Book of Paper Fun*. Usborne Publishing

Ltd.

Dale, Edgar(1969). *Audiovisual Methods in Teaching*, New York : Holt, Rinehart and Winston Inc.

Day, D. E.(1983). *Early childhood education* : A human ecological approach. Glenview : Scott, Foresman.

Decker, C. A. & Decker, J. R.(1992). *Planning and Administering Early Childhood Programs(6th ed.).* Charles E. Merril Publishing Co., Ohio, USA.

Gerlach, V. S. and Ely, D. P.(1971). *Teaching and Media ; A systematic approach.* New York : Prentic-Inc.

Hoban, C. F.(1960). *The Usable Residue of Educational film Research* in New teaching Aids for the American Classroom (California: Stanford University).

Olsen, E. G.(1945). Community and School. NJ : Prentice-Hall, Inc.

Seels, B. B. & Richey, R. C.(1994). *Instructional Technology: The definition and domains of the field.* Washington. DC : AECT.

Tomb Robert(1984). *Easy-To-Make Cardboard Box Craft Projects.* Dover Publications. Inc New York.

Violet Philpott and Mary Jean McNeil(1975). *The Knowhow Book of Puppets.* Usborne Publishing Ltd.

저자 소개

✍ 임은숙

〈약력〉

• 이화여자대학교 교육학과(학령전교육 전공) 졸업(학사)
• 이화여자대학교 대학원 교육학과(유아교육전공) 졸업(문학석사)
• 서울여자대학교 대학원 아동학과(유아교육전공) 졸업(문학박사)
• 현, 인천재능대학교 유아교육과 교수

유아교사를 위한

교과교재연구 및 지도법

초판발행 2010년 12월 28일
10판발행 2022년 3월 10일

2022. 3.

저 자 임 은 숙
발행인 김 현 태
발행처 태영출판사

주 소 (08301) 서울 구로구 구로동 104-10 동남오피스텔 201호
전 화 02 · 839-3757, 839-3752
팩 스 02 · 837-3754

등 록 2005년 5월 30일 제12-421호
홈페이지 http://www.taeyeongbook.co.kr
E-mail tys2005@hanmail.net
ISBN 978-89-6302-049-5 93370
정 가 18,000원

NAVER 태영출판사

* 잘못 만들어진 책은 교환해 드립니다.